ATENÇÃO

Prezados(as) Alunos(as): todas as atividades serão inseridas diretamente no Portifólio referente à disciplina. O objetivo é aumentar a interação do(a) aluno(a) com a plataforma, além de atualizar as atividades. Entrem com sua senha e acompanhe as atividades no sistema. Se preferir, imprimam as atividades e anexem no seu material impresso. Guias de estudo que contenham as atividades são guias de estudo antigos, onde as atividades já foram modificadas. Por favor, observem.

Atenciosamente,

Direção da UNIGRANET

Graduação a Distância 5º SEMESTRE

Ciências biológicas

FILOSOFIA
E ÉTICA

UNIGRAN - Centro Universitário da Grande Dourados

Rua Balbina de Matos, 2121 - CEP 79.824 - 9000
Jardim Universitário
Dourados - MS
Fone: (67) 3411-4141 / Fax: (67) 3411-4167

Os direitos de publicação desta obra são reservados ao Centro Universitário da Grande Dourados (UNIGRAN), sendo proibida a reprodução total ou parcial de acordo com a Lei 9.160/98.

Os artigos de sites e revistas indicados para a leitura foram registrados como nos originais.

Apresentação do Docente

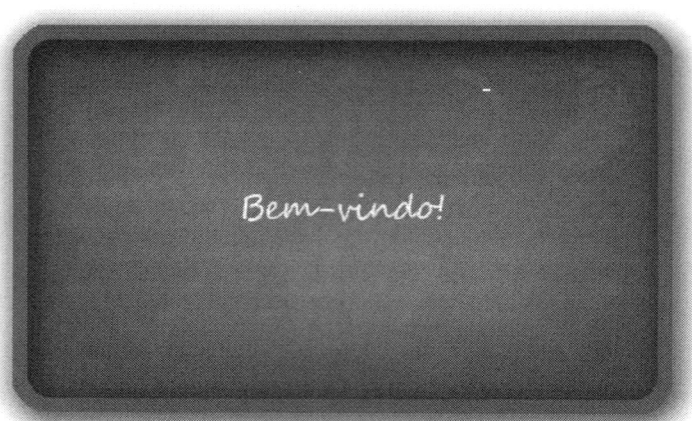

GIVALDO MAURO DE MATOS é graduado em Direito pelo Centro Universitário da Grande Dourados (UNIGRAN) e em Teologia pela Faculdade Teológica Batista Ana Wollerman (STBAW). É Mestre em Ciências da Religião pela Universidade Metodista de São Paulo (UMESP). Leciona as disciplinas de Filosofia Geral, Filosofia do Direito, Filosofia da Religião, Ética, Direitos Humanos, Criminologia e Antigo Testamento para os cursos de Direito, História, Geografia e Teologia. Para o curso de Filosofia, leciona Antropologia Filosófica e História da Filosofia Antiga

MATOS, Givaldo Mauro de. Filosofia e Ética. Dourados: UNIGRAN, 2021.

70 p.: 23 cm.

1. Filosofia. 2. Razão.

Sumário

Conversa inicial *4*

Aula 01
Introdução à filosofia *5*

Aula 02
O período pré-filosófico *13*

Aula 03
Introdução à filosofia grega - Os Pré-Socráticos *21*

Aula 04
Os patronos da filosofia grega *27*

Aula 05
Os períodos filosóficos *35*

Aula 06
A maioridade da razão *43*

Aula 07
A filosofia moderna e a contemporânea *51*

Aula 08
A filosofia encontra a ética: aspectos fundamentais *61*

Referências 68

Conversa Inicial

Prezados(as) estudantes:

Bem-vindos(as) à disciplina de Filosofia e Ética, que visa promover iniciação à Filosofia e a seus temas principais, relacionando-os com a ética, com a educação e com a capacidade de aprender e de ensinar.

Para que seu estudo se torne mais proveitoso, esta disciplina foi organizada em oito aulas, atendendo aos objetivos do processo de ensino-aprendizagem. Na aula 01, analisaremos a filosofia em termos conceituais. Na aula 02, discutiremos como era a construção das ideias, teorias e verdades no período anterior à filosofia. Na terceira aula, abordaremos a filosofia dos pré-socráticos, que inauguraram a filosofia grega. Na aula 04, faremos uma análise da filosofia grega, suas principais ideias e expoentes. Nas aulas 05, 06 e 07, dissertaremos sobre a filosofia no Ocidente, a partir da ascensão do Cristianismo no século IV até o período contemporâneo. Por fim, em nossa última aula, faremos uma análise da ética, em sentido mais objetivo e em sua relação com a filosofia.

Esperamos que, até o final da disciplina, vocês possam ampliar a compreensão sobre o que é a filosofia, seus períodos, temas e metodologias principais, bem como acerca da importância da filosofia para as ciências humanas como um todo.

Fonte da figura: OSBORNE, Richard. Filosofia para Principiantes. Rio de Janeiro: Objetiva Editora, 1998. p. 7.

Para tanto, a metodologia da disciplina se dá a partir de aulas dissertativas e provocativas, procurando estabelecer sempre relações com temas ou matérias práticas. Porém, antes de iniciar a leitura, gostaríamos que vocês parassem um instante para refletir sobre algumas questões:

1. Que tipos de conhecimentos existem, e como julgar a confiabilidade de cada um deles? Que métodos foram desenvolvidos para a conquista do conhecimento? Existe uma forma universal e segura para aquisição do saber?

2. Nossa capacidade de aprendizagem e de ensino pode ser influenciada por fatores alheios à nossa consciência?

3. Quais as principais preocupações da filosofia na atualidade?

Não se preocupem, não precisam responder de imediato a estas questões. Mas acreditamos que, até o final, vocês terão muitos elementos para debater acerca destas e outras questões.

Vamos, então, à leitura das aulas?

Boa leitura!

Aula 1º

Introdução à filosofia

> "Cada aula de filosofia procura provocar uma sacudidela nos jovens, fazê-los 'quebrar a cabeça', derrubar suas certezas e provocar suas dúvidas, violar suas virgindades, fazê-los perder irreparavelmente inocências e canduras. Toda aula de filosofia exerce violência para provocar no outro um movimento. Um movimento rumo ao... imprevisível". Mauricio Langón

Nesta aula, vamos conhecer a Filosofia! Amada por uns, odiada por outros. A que grupo vocês pertencem? Existe um terceiro grupo: os que ainda não a conhecem suficientemente para dela formar uma opinião. Se, à primeira vista, parece um conhecimento difícil, convido vocês para uma viagem, uma experiência através das aulas desta matéria em sua Graduação. Acredito que, após o término das seções de estudo seguintes, vocês terão uma visão muito mais positiva acerca da Filosofia.

Para vencer estas barreiras iniciais, julgamos ser de fundamental importância uma apreciação de 'boas-vindas', ou seja, uma visão geral do conteúdo e do contexto em que se inscreve a Filosofia. Vocês acham que é muita coisa? Fiquem tranquilos(as). Vão se familiarizar rapidinho com estes conhecimentos! Portanto, reservamos como conteúdo inicial, os seguintes itens, que se constituem em objetivos para o aprendizado de vocês, conforme segue.

Bons estudos!

Objetivos de aprendizagem

Ao término desta aula, vocês serão capazes de:
- definir o que seja a Filosofia;
- apresentar suas características principais;
- conceituar e diferenciar a Atitude Filosófica da Reflexão Filosófica;
- reconhecer os tipos de conhecimento que usamos para interpretar a realidade;
- destacar qual seja a finalidade e utilidade da Filosofia.

Seções de estudo

1 - O que é a Filosofia?
2 - Características da Filosofia
3 - A Atitude e a Reflexão Filosófica
4 - Tipos de Conhecimento
5 - Qual é a Finalidade e Utilidade da Filosofia?

1 - O que é a filosofia?

Quando se inicia um curso sobre Filosofia nas universidades é muito comum um estranhamento logo a princípio. O que é Filosofia? Para que serve? Qual a diferença entre Filosofia e Ciências? Parece ser um conhecimento inacessível para as pessoas comuns. Veja o cartoon:

Figura 1 e 2 (LAVADO, J. S. (Quino).

Toda a Mafalda. São Paulo: Martins Fontes, 2010. p. 194.

Neste *cartoon*, vemos a menina Mafalda pedindo ao seu pai uma definição de Filosofia. Seu pai é observado em uma longa pesquisa para tentar responder a ela. A imagem apresentada, portanto, é a de que se trata de um conhecimento enciclopédico, muito difícil de ser alcançado, fora das capacidades das pessoas comuns.

Por outro lado, a Filosofia pode ser confundida também como alienação, algo que deixa as pessoas 'fora da realidade'. É como se o Filósofo vivesse no mundo da lua, pensando em temas nada relevantes para uma pessoa comum. A abordagem dada por este curso, no entanto, segue perspectiva inversa: trata-se tanto de um conhecimento quanto de uma atitude a ser assumida por todo aquele que quer compreender melhor a realidade do mundo. Então, o que é a Filosofia?

CONCEITO Atribui-se ao filósofo Pitágoras de Samos (séc. V a.C.) o uso pela primeira vez da palavra 'filosofia'. É um termo composto de duas raízes gregas: *philo* + *sophia*. Philo, derivada de *philia*, relaciona-se à amizade e amor fraterno. [Podemos notar esta raiz em uma outra palavra da língua portuguesa, Filantropia (*philo* + *ántropos*), que significa amor à humanidade (*ántropos*).] O segundo termo – *sophia* – quer dizer sabedoria. Etimologicamente, a junção destas duas palavras vem a significar 'amizade pela sabedoria' ou 'amor pelo saber'.

Qual foi a origem deste termo, na experiência de Pitágoras? O escritor Diógenes Laércio, que viveu na metade do século III d.C., atribuiu a Pitágoras, que aplicou a si mesmo, quando, ao ser admirado pela sua sabedoria, teria afirmado: "Ninguém pode dizer-se sábio a não ser Deus. Quanto a mim, sou filósofo (amigo da sabedoria)" (Cf. CHAUÍ, 1999, p. 25). Em outras palavras, Pitágoras negou-se a ser chamado de sábio, mas assumiu seu grande interesse pela sabedoria.

A partir da modernidade, verifica-se uma tendência de afastamento quanto à pretensão de se "encontrar a verdade". A Filosofia passa a ser um instrumental para analisar a lógica dos discursos que se apresentam como verdadeiros. Cada escola filosófica oferecerá um método que servirá como parâmetro para analisar as teorias, as ideias e os discursos acerca da verdade.

2 - Características da Filosofia

O filósofo brasileiro José Arthur Giannotti destaca que "a palavra grega *filosofia* significa 'amigo da sabedoria', por conseguinte recusa da adesão a um saber já feito e compromisso com a busca do correto" (GIANNOTTI, 2011, p. 22). Em outras palavras, a busca filosófica reclama autonomia, não é servil a um conjunto de ideias institucionais, já pré-formadas. Da etimologia, pois, da palavra filosofia, poderíamos destacar duas características intimamente ligadas a este conceito, a saber:

2.1 - Humildade

Como ponto de partida, a filosofia recomenda o reconhecimento dos limites do seu saber, diversamente do pensamento dogmático, que declara estar de posse da verdade absoluta. Segundo o filósofo alemão Friedrich Nietzsche, *'as convicções são inimigas mais perigosas da verdade do que as mentiras'*. Na medida em que alguém assume uma certeza intocável, não mais exerce a pesquisa naquela área do conhecimento. Se estiver errado, morrerá fechado em seu erro.

Esta certeza dogmática pode ser encontrada nas mais diversas áreas humanas. No campo do debate político, por exemplo, tem sido comum a classificação de "direita e esquerda, liberais e totalitários, etc.", entre alguns expoentes, atribuindo ao debatedor oposto as características extremadas de um e outro pensamento, reduzindo assim a possibilidade de diálogos autênticos.

Do lado das ciências, este comportamento pode redundar no que a filosofia chama de 'pensamento reducionista', ou seja, a crença de que é possível explicar toda a realidade a partir de apenas uma de suas dimensões. É o caso daqueles que acreditam que o comportamento humano pode ser explicado completamente a partir de sua dimensão biológica, excluindo aí o papel de outras ciências, como a psicologia, psicanálise, antropologia, etc., negando que existam outras dimensões que deveriam ser analisadas quando se fala no fenômeno humano.

Fonte da Charge: https://tusmedes.nl/atheisme_in_wdsh/. Acesso em: 22/10/2020.

Já na esfera da religião, a atitude do absolutismo, ou da 'certeza absoluta', é reconhecida como dogmatismo e/ou fundamentalismo, crença que transforma em dogmas inquestionáveis os conceitos religiosos, provocando uma reação de comodismo e desestímulo à dinâmica busca da verdade e da sabedoria.

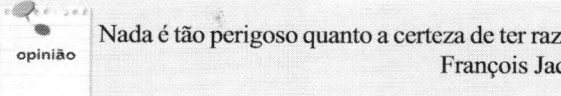

Nada é tão perigoso quanto a certeza de ter razão.
François Jacob

Quando Pitágoras negou a si o título de Sábio, estava contrariando a atitude do dogmatismo. Ele queria permanecer como aprendiz, e não fechar-se em respostas prontas, acabadas, incoerentes com a realidade. Tal atitude de abertura é o que possibilita o aumento do conhecimento, provocado não pelas certezas, mas pelas dúvidas que atormentam o espírito humano. As dúvidas, e não as respostas, são as que nos movem na busca do conhecimento.

2.2 - Pensamento Crítico

Mesmo reconhecendo que seu conhecimento era relativo, mutável e minúsculo frente aos grandes mistérios do Universo, Pitágoras não se entregou a uma aceitação passiva do conhecimento já produzido pela tradição. Ao declarar-se 'amante da sabedoria', estava firmando uma atitude crítica em relação ao conhecimento. Antes de adotar qualquer ideia, analisava os argumentos que a fundamentavam, procurando identificar a força dos argumentos, bem como prever as implicações daquela fundamentação, se adotada e aplicada a outras áreas do conhecimento.

Fonte da Charge: https://brainly.com.br/tarefa/31581251. Acesso em: 20/11/2020.

Infelizmente, tais características nem sempre são desestimuladas por setores como a família, religião, política e instituições sociais, refletindo as palavras do filósofo Immanuel Kant, em sua dissertação sobre o Esclarecimento (KANT, 2008, p. 63):

> Mas ouço clamar de todas as partes: não raciocinai! O oficial diz: não raciocinai, mas fazei o exercício! O conselheiro de finanças: não raciocinai, mas pagai! O ministro religioso: não raciocinai, mas crede! (Só existe um senhor no mundo que diz: raciocinai o quanto quiserdes, e sobre o que quiserdes, mas obedecei!). Em toda parte só se vê limitação da liberdade.

Sócrates, um dos filósofos gregos mais importantes

da Filosofia Grega, irá pagar com a própria vida por sua oposição a esta manipulação e coibição do pensamento livre. Mas fará isto, insistindo, até o final, no que considerou sua vocação divina: ser um espírito livre e perseguir o esclarecimento. Ora, é esta busca que, conforme nos aponta novamente Kant, nos torna pessoas maduras, adultas.

> O que é o Esclarecimento?
> "Esclarecimento é a saída do homem de sua minoridade. Minoridade é a incapacidade de se servir de seu próprio entendimento sem a tutela de outro. Para isto é preciso coragem. É tão cômodo ser menor. Se possuo um livro que possui entendimento por mim, um diretor espiritual que possui consciência em meu lugar, um médico que decida acerca de meu regime, etc., não preciso eu mesmo a esforçar-me. Não sou obrigado a refletir se é suficiente pagar. Outros se encarregarão por mim da aborrecida tarefa (KANT, 2008, p. 63).

A partir de I. Kant, pode-se dizer que a vocação humana não é para a subserviência à mente de outrem. É para o esclarecimento, para a autonomia, para o desenvolvimento das potencialidades inerentes à condição humana.

3 - A Atitude e a Reflexão Filosófica

Para atingir a finalidade do aprendizado contínuo, a filosofia se desdobra em duas atividades básicas: a atitude filosófica e a reflexão filosófica. Importante diferenciar uma e outra. Vejamos:

3.1 - Atitude Filosófica

Atitude Filosófica é a busca por respostas mais profundas às inquietações humanas. Tais respostas só podem vir se o foco das perguntas tocarem a essência das questões. É a pergunta pelas definições dos conceitos, suas características e causas. Em síntese, perguntar o que, como e por que as coisas são como são.

Esta atitude nasce quando a alma sofre uma pressão em virtude de alguma dificuldade insolúvel ou quando se observa um fenômeno como se fosse a primeira vez.

Fonte da imagem: QUINO. Cada um no seu lugar. São Paulo: Martins Fontes, 2005. p. 24.

Exemplificando, é como se antes de responder a questão de se a bondade é uma virtude, buscássemos saber antes *o que seria uma virtude, por que ela é definida assim, quais as definições alternativas que existem*, etc. Após, pergunta-se o que seria a própria bondade, se existem perspectivas diferentes e como adotamos o conceito que defendemos. Seguindo esta linha, iríamos nos perguntar acerca de muitas coisas que até então nunca imaginamos ser interessante saber. O que é a razão? Por que pensamos como pensamos? O que é o pensamento? Como ele se processa? O que é a liberdade? O que é o ser humano? Existe um propósito para a existência humana? O que é a verdade? O que é crença? Quais os tipos de conhecimentos confiáveis? Quais os critérios para se estabelecer uma verdade?

Trata-se, portanto, de uma atitude extremamente questionadora, crítica. Sua característica principal é o fato de não aceitar nenhuma resposta como óbvia ou evidente por si (MATTAR, 2010, p. 08). Antes da aceitação, deve se buscar uma confirmação, uma investigação que possibilite a compreensão.

Não se dobra, portanto, a um tipo de informação somente pelo fato da *autoridade* de quem a repassa. É necessário a razoabilidade do conceito. Por isso mesmo, a Filosofia é, muitas vezes, representada pela Coruja – um pássaro que está sempre atento e que, por girar completamente seu pescoço, possuí um ângulo de visão completo acerca de tudo o que está à sua volta.

Tal atitude nasce em nós quando nos damos conta de que a maior parte dos conceitos que carregamos foram adotados sem preocupação crítica, analítica ou busca de comprovação. Simplesmente os aceitamos porque alguém de nossa confiança nos repassou tais conhecimentos, dentro da família, escola ou comunidade religiosa. Já parou para pensar em como foi que estas autoridades desenvolveram os seus conceitos? Provavelmente do mesmo modo que adotamos, ou seja, sem questionamentos.

É mais ou menos isto que Sócrates, Platão e Aristóteles queriam dizer. Para Sócrates, a Filosofia nasce quando se desenvolve em nós o relativismo de nossas respostas e a consciência da infinidade de questões que não temos como responder. 'Só sei que nada sei', irá afirmar o filósofo. Platão, por sua vez, dirá que a Filosofia nasce da admiração, enquanto Aristóteles dirá que se inicia com o espanto. Nasce quando olhamos para a realidade como se fosse a primeira vez, e percebemos que existe algo nela que não havíamos pensado antes, mas que cobra nossa atenção (CHAUÍ, 1999, p. 12).

O ensino de filosofia não precisa ser complexo, intrincado. Relaciona-se com atitudes simples, como a curiosidade, a mania de fazer perguntas, algo que perdemos na cultura ocidental quando envelhecemos. Jostein Gaarder, autor do romance filosófico O Mundo de Sofia.

3.2 – Reflexão Filosófica

Por outro lado, quando a Filosofia volta seu olhar para o próprio conhecimento, para a razão, para suas possibilidades de conhecimento, então, temos algo que é chamado reflexão filosófica. Reflexão, levando em conta a imagem reflexa no espelho, é o olhar sobre si mesma.

Para ilustrar, considere o seguinte exemplo: um amigo muito confiável nos conta que viu em seu quarto duendes verdes, chamando-o para desenterrar um tesouro no jardim. Nesta situação, a primeira tendência é a de afirmar que o sujeito está inventando mentiras. Mas, é possível perceber que em alguns casos o sujeito não está mentindo. Então, o que pensar sobre sua declaração? Não é o de simplesmente perguntar se o indivíduo está mentindo ou não, mas de questionar se a imagem que ele viu pode ser considerada real ou ilusória. Em outras palavras, questionamos acerca da possibilidade da própria razão fabricar imagens, capazes de enganar até a si mesma. Será que a razão pode conhecer tudo? Quais são os limites da razão? Como ela desenvolve o conhecimento? Ela é confiável, em suas formulações acerca da realidade? A razão pode querer nos enganar, deliberadamente? Existem mecanismos que controlam nossa razão, sem que percebamos? Qual a relação entre 'razão perfeita' e 'esquizofrenia', doença que incapacita a própria razão de fugir de suas fantasias?

Todas estas questões irão constituir o campo da Filosofia que irá investigar as possibilidades do conhecimento, chamado de 'Teoria do Conhecimento', tema de uma área específica da Filosofia.

Nesta linha de reflexão, a famosa lenda hindu sobre os cegos e o elefante reclama uma profunda reflexão. Para a lenda, a realidade é experimentada de forma diferente por cada pessoa. Uma criança a percebe de forma diferente do adulto e o que compreendia-se como verdade ontem, hoje pode ser compreendido como erro. A realidade está distribuída em dimensões que não são experimentadas todas de uma só vez e, a despeito da experiência de cada observador ser autêntica, nunca esgota a totalidade do objeto experimentado. Vejamos a lenda na íntegra:

> Numa cidade da Índia viviam sete sábios cegos. Como os seus conselhos eram sempre excelentes, todas as pessoas que tinham problemas recorriam à sua ajuda. Embora fossem amigos, havia uma certa rivalidade entre eles que, de vez em quando, discutiam sobre qual seria o mais sábio. Certa noite, depois de muito conversarem acerca da verdade da vida e não chegarem a um acordo, o sétimo sábio ficou tão aborrecido que resolveu ir morar sozinho numa caverna da montanha. Disse aos companheiros: – Somos cegos para que possamos ouvir e entender melhor que as outras pessoas a verdade da vida. E, em vez de aconselhar os necessitados, vocês ficam aí discutindo como se quisessem ganhar uma competição. Não aguento mais! Vou-me embora. No dia seguinte, chegou à cidade um comerciante montado num enorme elefante. Os cegos nunca tinham tocado nesse animal e correram para a rua ao encontro dele. O primeiro sábio apalpou a BARRIGA do animal e declarou: – Trata-se de um ser gigantesco e muito forte! Posso tocar nos seus músculos e eles não se movem; parecem paredes… – Que palermice! – disse o segundo sábio, tocando nas PRESAS do elefante. – Este animal é pontiagudo como uma lança, uma arma de guerra… – Ambos se enganam – retorquiu o terceiro sábio, que apertava a TROMBA do elefante. – Este animal é idêntico a uma serpente! Mas não morde, porque não tem dentes na boca. É uma cobra mansa e macia… – Vocês estão totalmente alucinados! – gritou o quinto sábio, que mexia nas ORELHAS do elefante. – Este animal não se parece com nenhum outro. Os seus movimentos são bamboleantes, como se o seu corpo fosse uma enorme cortina ambulante… – Vejam só! – Todos vocês, mas todos mesmos, estão completamente errados! – irritou-se o sexto sábio, tocando a pequena CAUDA do elefante. – Este animal é como uma rocha com uma corda presa no corpo. Posso até pendurar-me nele. E assim ficaram horas debatendo, aos gritos, os seis sábios. Até que o sétimo sábio cego, o que agora habitava a montanha, apareceu conduzido por uma criança. Ouvindo a discussão, pediu ao menino que desenhasse no chão a figura do elefante. Quando tateou os contornos do desenho, percebeu que todos os sábios estavam certos e enganados ao mesmo tempo. Agradeceu ao menino e afirmou: – É assim que os homens se comportam perante a verdade.

Fonte: http://www.esalq.usp.br/lepse/imgs/conteudo_thumb/mini/Os-Cegos-e-o-Elefante.pdf. Acesso em: 17/09/2020.

A narrativa hindu é rica em possibilidades de aplicações. Todos somos cegos, não porque nada enxergamos, mas porque conhecemos a realidade apenas parcialmente. Nem sempre conseguimos admitir que o outro cego também possa ter certa razão, porque 'a parte que ele experimentou' da realidade tem uma sensitividade diferente da parte que nós experimentamos. Poderiam parecer contraditórias, mas só um conhecimento da totalidade poderia revelar isto. Cada um dos cegos tende a agarrar-se às suas 'verdades absolutas' exatamente porque a experiência que tiveram foi autêntica. Não percebem, no entanto, que tocaram apenas parte da realidade.

ENQUETE O filósofo Francis Bacon lista três tipos de pensadores típicos: a) Os que pensam que conhecem a verdade (dogmáticos); b) os que acreditam que nada pode ser conhecido (os céticos); e c) os que, mesmo possuindo convicções, não tomam o conhecimento como definitivo ou absoluto e por isto, continuam a fazer perguntas, a fim de obter novos conhecimentos ou alterar os que já possuíam (SHATTUCK, 1998, p. 45). Partindo desta análise, em que grupo se inserem os principais formadores de opinião hoje presente na política e nas mídias sociais?

4 - Tipos de Conhecimento

Conhecimento é o nome que damos à apreensão de algum dado da realidade, externa ou interna a nós. É o resultado da relação entre o observador e o objeto observado.

É construído a partir de nossas experiências com o mundo, com pessoas, com a literatura etc.

Podemos falar basicamente em quatro tipos ou fontes de onde retiramos conhecimento: o senso comum, a religião, a ciência e a filosofia. Embora possam apontar para respostas comuns, partem de metodologias diferentes para a apreensão da realidade, e é muito mais possível que terminem resultando em respostas diferentes quanto a determinados temas. Vejamos:

4.1 - Senso comum

Também chamado de conhecimento empírico ou vulgar, porque obtido ao acaso, através de experiências não planejadas, e que não distingue a essência da aparência das coisas. É construído também a partir da escuta das respostas do meio onde se vive, sobretudo das ofertadas pelos canais midiáticos. Assuntos complexos como a crise política, econômica, cultural e militar no Oriente Médio ganham respostas simples que, pela difusão e repetição, acabam por se tornar verdadeiras. É um conhecimento que se completa, na medida em que atende as necessidades do indivíduo.

Embora não possamos desqualificar o senso comum, ele apresenta alguns limites, que podem ser observados nos seguintes exemplos:

- Se partíssemos do senso comum, sem o aparato científico, diríamos que o Sol é maior ou menor do que a Terra? Qual globo parece girar sobre o outro?
- Os canais midiáticos que nos fornecem informações sobre as crises políticas nacionais e internacionais são confiáveis? Pode-se dizer que nunca atendem interesses mercadológicos ou setoriais?
- Quando é que formamos nossas convicções sobre os temas mais importantes da existência: na infância, adolescência ou juventude? Já havia capacidade analítica para julgar e identificar alternativas do que nos foi passado?

Estes três exemplos nos mostram como nossos conhecimentos podem ser seduzidos pelas aparências, pelo imediatismo ou pelo conformismo do senso comum.

4.2 - Religioso

Também chamado conhecimento teológico, por estar relacionado à fé em uma Revelação Divina. Desta forma, não se preocupa em ser negado ou afirmado pelas ciências. Dependerá muito mais de uma opção radical do crente de uma determinada tradição religiosa, do que uma coerência lógica, racional ou científica.

Tal conhecimento se dá a partir da percepção de que a realidade e a possibilidade de conhecimento do mundo não se esgota naquilo que pode ser verificado pelas ciências ou pela razão lógica. Na vida do crente, há uma abertura ao que se chama de transcendente, de sagrado, de Absoluto, Deus.

Comumente, reproduz-se a partir de Dogmas, verdades consideradas infalíveis e inquestionáveis pelos representantes da religião, embora possam passar por movimentos de 're-interpretações' doutrinárias ou novas experiências místicas, originadoras de novas crenças.

4.3 - Científico

É o conhecimento obtido a partir da análise das relações de causa e efeito, em repetidas experiências analisadas pela metodologia científica. Relaciona-se com fatos concretos e objetivos (não lida com questões que estão além da experimentação, como, por exemplo, a existência de Deus, da alma ou da liberdade humana). Em razoável medida, difere do método religioso, filosófico e do senso comum, desdobrando-se a partir de pesquisas que podem ser contrastadas, desafiadas ou reelaboradas, visando método, precisão, clareza e verificabilidade (HYRNIEWICZ, 2006, p. 89).

4.3.1 - Áreas do Conhecimento Científico

O conhecimento científico pode ser dividido em três áreas.

É importante anotar, certo?

a) Conhecimento de princípios científicos: a lei de causa e efeito; conhecimento dos microorganismos e seus efeitos na natureza; conhecimento dos genes e sua relação com o comportamento dos organismos, a física quântica; etc.

b) Aplicações das teorias científicas: curas de doenças a partir da percepção de suas causas e de preventivos efetivos (vacinas); previsão meteorológica a partir da análise da configuração das nuvens, temperatura, vento etc.; geradores de energia etc.

c) Interpretações de fatos, como é a teoria do surgimento do Universo, a partir da percepção do movimento dos astros a partir de um centro comum (Big Bang); teoria da evolução, a partir da análise de fósseis que possuem relações anatômicas ou genótipos convergentes; teoria dos determinismos físicos ou genéticos, a partir da análise do movimento mecânico dos átomos ou das relações entre comportamento animal e genética etc.

4.4 - Conhecimento Filosófico

A Filosofia é a análise crítica acerca das afirmações que se fazem acerca da realidade (de qualquer tema) e da possibilidade do próprio conhecimento (estudo de seus princípios e limites da racionalidade, dos valores; das formas da consciência, ilusão e preconceito; percepção, linguagem, memória, inteligência, experiência, reflexão, vontade, comportamento, paixões e desejos etc.). Nas palavras de João Mattar, "a filosofia pode ser compreendida como o conhecimento sobre o conhecimento, o conhecimento que toma o próprio conhecimento como seu objeto" (2006, p. 07). Ainda:

> "A filosofia não ensina verdades, mas métodos de raciocínio; não ensina os resultados ou as soluções dos problemas, mas as formas de explorá-los, investiga-los e procurar suas soluções. Não ensinamos filosofia: ensinamos o filosofar" (2006, p. 08).

Neste sentido, instaura-se como instrumento crítico

do Senso Comum, da Religião (Filosofia da Religião), da política (Filosofia Política), do Direito (Filosofia do Direito), da historiografia e de seus discursos (Filosofia da História) e da própria Ciência (Filosofia da Ciência). Por fim, a Filosofia desempenha ainda o papel de inquirir pela possibilidade de conhecimento do fundamento e sentido último da realidade, ou seja, do princípio organizador de toda a racionalidade e existência.

5 - Qual é a Finalidade e Utilidade da Filosofia?

A filosofia, em geral, não serve para garantir uma gorda conta bancária. Poderá até ajudar indiretamente ao acúmulo de recursos, mas sua função básica não é esta. Então, para que serve?

A resposta mais frequente e simples a esta pergunta seria que é para conquistar a felicidade. Como a arte e a música, a Filosofia possui sua dimensão contemplativa. Já imaginou um mundo sem música? Assim é também com a Filosofia: um exercício e uma atitude que produzem felicidade, simplesmente pela contemplação da verdade.

Além desta própria relação com a felicidade, A. C. Ewing (EWING, 1984, p. 14) atenta para o fato de que muitas ideias que hoje são populares, mas fundamentais para o pensamento em geral, tiveram sua elaboração por parte de filósofos. É o caso, por exemplo, da influência das concepções filosóficas no âmbito da política: tanto a Revolução Francesa de 1789 quanto a Constituição norte-americana devem, em grande parte, suas existências às ideias desenvolvidas por filósofos como John Locke, Charles Montesquieu, Voltaire, Diderot, Jean Jacques Rousseau, entre outros.

Olhando a partir desta perspectiva, notamos o grande papel exercido pela filosofia em construir um 'pano de fundo' intelectual, que irá ser determinante na formação geral de uma civilização.

Além desta observação de Ewing (1984), pode-se ler ainda as contribuições de outros filósofos (CHAUÍ, 1999, p. 24):

> Platão definia a Filosofia como um saber verdadeiro que deve ser usado em benefício dos seres humanos. Descartes dizia que a Filosofia é o estudo da sabedoria, conhecimento perfeito de todas as coisas que os humanos podem alcançar para o uso da vida, a conservação da saúde e a invenção das técnicas e das artes. Kant afirmou que a Filosofia é o conhecimento que a razão adquire de si mesma para saber o que pode conhecer e o que pode fazer, tendo como finalidade a felicidade humana. Marx declarou que a Filosofia havia passado muito tempo apenas contemplando o mundo e que se tratava, agora, de conhecê-lo para transformá-lo, transformação que traria justiça, abundância e felicidade para todos. Merleau-ponty escreveu que a Filosofia é um despertar para ver e mudar nosso mundo. Espinosa afirmou que a Filosofia é um caminho árduo e difícil, mas que pode ser percorrido por todos, se desejaram a liberdade e a felicidade.

Em síntese, a filosofia nos ajudará na "ampliação de nossa compreensão sobre a realidade, nos permitindo observar coisas que não enxergávamos antes" (MATTAR, 2006, p. 9). Com ela perde-se a ingenuidade, os preconceitos, o espírito dócil e servil a uma postura dogmática frente a vida, abrindo-se para uma jornada de contínua busca pelo conhecimento.

Qual a relação entre Tradição e Filosofia? Leiam o texto abaixo e reflitam sobre o tema.

A Velha Ignorância

Em 1793, Willian Blake retratou a tensão que existe entre Tradição e Filosofia, em seu quadro Aged Ignorance [Velha Ignorância], em uma das gravuras que fez em seu livro de ilustrações The Gates Of Paradise [Os Portões do Paraíso]. Na figura, temos a imagem de uma criança alada sendo atraída pelo sol, e um ancião com óculos profissionais e uma grande tesoura nas mãos, de costas para a luz. Ele abre a tesoura e apara as asas da criança. A imagem retrata a curiosidade e o desejo de conhecimento das pessoas que ainda são jovens ou ávidas pela sabedoria e, por outro lado, a atitude do ancião, representando a tradição ou os dogmas estabelecidos que, satisfeita por crer já estar de posse da verdade, poda a liberdade da criança contemplar a luz do conhecimento. O quadro retrata perfeitamente a tensão que pode existir entre tradição, conhecimento estabelecido e a busca por novas respostas. Por um lado, a tradição é o depósito dos conhecimentos úteis adquiridos pela sociedade. Por outro, ela pode muitas vezes trancar-se em si mesma, impedindo que novas reflexões possam iluminar a o tempo presente, marcado pela presença de novas problemáticas.

Fonte da Figura Aged Ignorance: https://www.britishmuseum.org/collection/object/P_1940-0713-26-15. Acesso em: 23/08/2020.

 Vocês compreenderam bem os conteúdos desta aula? Então, tentem responder: Qual a importância da filosofia, para a construção do conhecimento? Se precisar, consultem novamente o texto, para se familiarizar com esta questão.

Estamos apenas começando, estão preparados para continuar? Resta ainda discutir sobre qual era a forma para descrever a realidade usada no período anterior ao surgimento da filosofia (também chamado de período mitológico). Também, analisar as principais características e funções dos mitos, seus limites e problemas e, principalmente, refletir sobre a razão do imaginário mítico ter vigorado como forma única de pensamento durante tanto tempo na história da humanidade. Estes serão alguns dos temas da próxima aula.

Retomando a aula

Terminamos a primeira aula. Vamos relembrar os conceitos centrais antes de iniciar a segunda aula?

Nesta primeira aula, conseguimos uma boa introdução à filosofia, não foi? Vejamos:

1 - O que é a Filosofia?

Na seção 1, percebemos que a filosofia é, sobretudo, um método de desenvolver nossa apreciação da realidade, de forma crítica.

2 - Características da Filosofia

Na seção 2, percebemos que a característica principal da filosofia, enquanto busca do saber, é a humildade (abertura para o conhecimento) e a seriedade (método racional).

3 - A Atitude e a Reflexão Filosófica

Na seção 3, aprendemos que o exercício filosófico se dá a partir de uma disposição de não aceitar nenhuma ideia por imposição, bem como a partir da compreensão de que existem fatores nem sempre conscientes que podem influenciar o resultado de nossa busca pelo conhecimento.

4 - Tipos de Conhecimento

Na seção 4, verificamos que existem formas diferentes de adquirir conhecimento, sendo que as principais são a forma religiosa, a do senso comum, a científica e a filosófica, sendo que esta última, faz sempre uma análise racional das outras formas.

5 - Qual é a Finalidade e Utilidade da Filosofia?

Por fim, verificamos que o objetivo principal da filosofia não é o de promover habilidades técnicas. Sua finalidade principal é nos ensinar a pensar, a analisar criticamente as ideias que nos chegam para pensarmos.

Vale a pena

Vale a pena ler,

CHAUÍ, Marilena. *Convite à Filosofia*. São Paulo: Ática Editora, 1999.

EWING, A. C. *As Questões Fundamentais da Filosofia*, Rio de Janeiro: Zahar, 1984.

GAARDER, Jostein. *O Mundo de Sofia*. São Paulo: Companhia das Letras, 1996.

GIANNOTTI, J. A. *Lições de Filosofia Primeira*. São Paulo: Cia das Letras, 2011.

HYRNIEWICZ, Severo. *Para Filosofar*. Rio de Janeiro: Lumen Juris Editora, 2006.

KANT, Immanuel. *Resposta à pergunta:* O que é o Esclarecimento? In: Textos Seletos. Trad. Floriano de Souza Fernandes. Petrópolis: Vozes, 2008.

LANGÓN, Mauricio. *Filosofia do ensino de filosofia*. IN: Filosofia do Ensino de Filosofia. Petrópolis/RJ: Vozes, 2003.

MATTAR, João. *Introdução à Filosofia*. São Paulo: Pearson Prentice Hall, 2010.

OSBORNE, Richard. *Filosofia para principiantes*. Rio de Janeiro: Objetiva Editora, 1998.

SHATTUCK, Roger. *Conhecimento Proibido*. São Paulo: Companhia das Letras, 1998.

STEIN, Ernildo. *Uma breve introdução à filosofia*. Ijuí: Unijuí Editora, 2002.

Vale a pena assistir,

300 (2008) – A película explora ficticiamente a experiência do Rei Leônidas de Esparta em questionar a religião e a mitologia, expressando a nova mentalidade grega e a racionalidade lógica.

A Guerra do Fogo (1981)

A Vila (2004) – O filme explora a influência da cosmovisão familiar e social na configuração de nossa forma de ver o mundo.

Matrix (1999) – O filme explora a possibilidade de nossa visão de mundo ser manipulada por instâncias produtoras de conhecimento falso.

O Show de Truman (1998) - A película explora a possibilidade de nossos hábitos cotidianos nos impedirem de enxergar uma realidade criada artificialmente para manipulação das massas.

Minhas anotações

Aula 2º

O período pré-filosófico

Vocês estão prontos(as) para continuar a caminhada filosófica?

Acredito que depois da primeira aula, algumas barreiras iniciais já foram superadas, não é? Já conseguimos definir melhor os conceitos iniciais da filosofia, os tipos de fontes de conhecimento, sua finalidade, entre outras abordagens. Nesta aula, buscaremos compreender melhor o contexto da mentalidade pré-filosófica, presente não apenas na Grécia, mas onde a mentalidade mítica se desenvolveu. Na verdade, buscaremos compreender a mentalidade mítica em si, em suas diferenças em relação à mentalidade filosófica.

Bons estudos!

Objetivos de aprendizagem

Ao término desta aula, vocês serão capazes de:
- entender como se dava a apreensão da realidade no período anterior à Filosofia (período pré-filosófico);
- analisar as principais características, funções e limites do pensamento mitológico ou pré-filosófico;
- entender por que a forma mítica de pensar vigorou durante tanto tempo na história da humanidade, como forma exclusiva de interpretar a realidade;
- compreender a dimensão da ruptura com o mundo antigo, que a filosofia grega inaugurou.

Seções de estudo

Seção 1 – A Linguagem Pré-Filosófica acerca da Realidade
Seção 2 - O que era a Linguagem Mítica?
Seção 3 – Formas de Interpretação dos Mitos
Seção 4 – Tipos e Funções dos Mitos
Seção 5 - Limites e Problemas da Linguagem Mítica
Seção 6 – As Narrativas Míticas acerca da Liberdade do Conhecimento

1 - A Linguagem Pré-Filosófica acerca da Realidade

Como destacado na aula anterior, nem sempre a humanidade estabeleceu a racionalidade filosófica como critério para a interpretação da realidade. No período anterior ao da Filosofia Grega, o modo de interpretação do mundo se dava a partir da mentalidade religiosa, também chamada mentalidade mítica.

A compreensão do quão radical a proposta filosófica representou na Grécia, ao seu tempo de origem, passa pela análise do lugar e do significado que esta mentalidade representava naquele contexto. Qual era o espaço que a religião ocupava na cultura grega?

Em sua obra Mito e Religião na Grécia Antiga, Jean-Pierre Vernant assinala que, semelhantemente às outras nações, a religião na Grécia estava imbrincada com todos os aspectos da existência da sociedade. Vejamos:

> Entre o religioso e o social, o doméstico e o cívico, portanto, não há oposição nem corte nítido, assim como entre sobrenatural e natural, divino e mundano. A religião grega não constitui um setor à parte, fechado em seus limites e superpondo-se à vida familiar, profissional, política ou de lazer, sem confundir-se com ela. Se é cabível falar, quanto à Grécia arcaica e clássica, de "religião cívica", é porque ali o religioso está incluído no social e, reciprocamente, o social, em todos os seus níveis e na diversidade dos seus aspectos, é penetrado de ponta a ponta pelo religioso (VERNANT, 2006, p.7-8).

No entanto, ainda segundo Vernant, diferentemente das sociedades monoteístas, na Grécia Antiga a religião não possuía um caráter dogmático. Não se desenvolveu o conceito de Revelação, nem surgiram figuras como a dos profetas ou dos messias. No entanto, repassada e naturalizada às pessoas, desde a infância, por meio da voz dos poetas e da tradição oral, dentro dos lares, nas histórias contadas pelas mulheres, nas conversas do cotidiano, o universo dos deuses era absolutamente familiar a todas as pessoas, sendo inconcebível qualquer tipo de questionamento acerca de sua legitimidade como intérprete da realidade. Vernant dirá:

> Rejeitar esse fundo de crenças comuns seria, da mesma maneira que deixar de falar grego e deixar de viver ao modo grego, deixar de ser si mesmo (VERNANT, 2009, p. 14).

Ora, a filosofia como se estabelecerá na Grécia irá representar exatamente uma ruptura com esta forma de pensar. Antes de avançar para a descrição das origens da filosofia grega (a filosofia pré-socrática), cumpre aprofundar a análise sobre a mentalidade mítica com a qual a filosofia irá disputar seu lugar.

2 - O que era a Linguagem Mítica?

Pode-se dizer que o mito era uma das linguagens da humanidade antes do surgimento da Filosofia. Isto não significa dizer que não existia racionalidade lógica em todas as elaborações teóricas acerca da realidade, mas que o predomínio era o do pensamento mitológico, com lógica própria. Trata-se de um tipo de linguagem que, da forma com que era produzida e apreendida, constituiu-se como imprescindível momento no desenvolvimento da forma de refletirmos acerca da realidade.

Nas palavras de Ernest Cassirer (1972, p. 243), "a humanidade não poderia começar com o pensamento abstrato ou com uma linguagem racional. Tinha de passar pela era da linguagem simbólica do mito e da poesia". A princípio, portanto, trata-se de uma linguagem pela qual a humanidade se expressava e se expressa acerca da realidade.

Cabe perguntar: o que é um Mito? Conforme Severo Hryniewicz (2006, p. 56), em seu sentido etimológico, o termo grego *mythós* significa *palavra, discurso, ação de recitar, mensagem, anúncio*.

Seguindo a dissertação de Marilena Chauí (1999, p. 34), "o mito é uma narrativa sobre a origem de alguma coisa". Mais que isso, o mito seria um discurso pronunciado ou proferido para ouvintes que recebem a narrativa como verdadeira, porque confiam naquele que narra.

Essa autoridade nasce do fato de que aquele que pronuncia a narrativa presenciou os fatos ou a recebeu de quem as presenciou, ou seja, de *Deus* ou dos *deuses*. Sendo assim, quanto à autoridade religiosa que recebeu o mito, "sua palavra – o mito – é sagrada porque vem de uma revelação divina. O mito é, pois, incontestável e inquestionável" (Idem. p. 34).

A abrangência das narrativas míticas alcançavam todas as áreas da existência humana: economia, natureza, relações políticas e sociais, organização moral e jurídica, entre outras. As explicações mitológicas desencadearam um processo de organização do caos, onde a realidade como um todo passou a ser representada como portadora de ordem. A linguagem mítica apresentava tanto uma arqueologia da existência (de onde viemos?) como também uma finalidade, uma teleologia (para onde vamos?), promovendo, desta forma, um sentido para a existência.

O problema do sofrimento, por exemplo. Quanto às suas causas, ao serem interpretadas como que originadas nas insatisfações das divindades quanto a alguma ação humana, que deveria ser corrigida a partir de algum sacrifício ou oferenda, dava sentido a fenômenos da existência acerca dos quais a sensação de que eram aleatórios causava mais sofrimento do que a concepção de que respondiam a uma ordem e sentido divino.

Por outra via, como eram veiculados pela religião, ganhavam contornos sagrados, que poderiam servir de explicações para fins libertários usados por grupos sem poder econômico ou militar ou para justificar interesses de pessoas poderosas, legitimando a manutenção de uma classe dominante no poder político.

3 - Formas de Interpretação dos Mitos

Como vimos em nosso curso de Antropologia Filosófica, a linguagem mítica é hoje estudada sob perspectivas diversas. Destacam-se: a) as perspectivas evolucionistas, que com Friedrich Hegel, compreendem o mito como um instrumento didático histórico e processual, representando um momento necessário ao amadurecimento do pensamento; b) a perspectiva de Jean-Pierre Vernant, que compreende o mito como uma racionalização da realidade sob uma lógica diferente da filosófica; c) a perspectiva da fenomenologia, que compreende o mito como uma das linguagens da consciência; d) a perspectiva de Martin Heidegger, que considera o mito como sendo uma das expressões mais autênticas da realidade.

Para nossa didática, resta ainda perguntar: como os gregos e como os povos antigos interpretavam seus mitos, e como esta interpretação foi determinante para o surgimento da filosofia? Será que os gregos acreditavam que suas narrativas míticas deveriam ser interpretadas de forma literal, em seu sentido histórico?

Severo Hryniewicz afirma que sim, alegando que quando o mito é contado, quer ser acreditado como verdadeiro em sua literalidade, e aceito como tal.

> Nós, que vivemos fora do contexto daquela sociedade onde o mito é apresentado, consideramos estas narrativas como lendas, porque, para nós, apesar de interessantes, não se referem a fatos reais e em muito se parecem com os contos da carochinha. Consideramo-las como fruto da imaginação de pessoas não civilizadas, destituídas de raciocínio lógico. No entanto, para os membros daquele grupo, os mitos não só são histórias que relatam fatos reais como também são histórias sagradas, pois, não se referem a pessoas ou fatos comuns, mas a entidades ou acontecimentos especiais, responsáveis pela existência e manutenção das coisas, quer daquelas favoráveis, quer das desfavoráveis (1996, p. 56).

Em sua obra *A Invenção do Povo Judeu* (2008, Parte II), o historiador israelense Shlomo Sand, relembrando a forma pela qual o historiador judeu Flávio Josefo narrou em suas Antiguidades Judaicas, as origens do mundo e do povo judeu, exemplifica como, em meados do primeiro século da Era Cristã, a narrativa judaica da criação era tomada como narrativa historiográfica literal:

> Judeo-helênico crente e, segundo Seu próprio testemunho, orgulhoso de sua "ascendência sacerdotal privilegiada", ele começou seu ensaio com as seguintes palavras: "No princípio Deus criou o céu e a Terra. Esta não era visível; ela estava escondida sob profundas trevas, e um sopro do alto corria em sua superfície. [...]
> Para esse judeu crente do final do século I d.C., parece totalmente lógico misturar sua pesquisa genealógica sobre os judaenses de sua época à história de Adão e Eva e de seus descendentes, da mesma forma que a descrição do Dilúvio e dos fatos e atos de Noé. Na própria sequência de seu relato, intervenções divinas e ações humanas se entrecruzam harmoniosamente, sem nenhuma separação nem ingerência inútil de sua parte. [...]

No século I de nossa era, os mitos antigos ainda palpitavam e podia-se então servi-los novamente depois de temperar seus fatos humanos com condimentos narrativos pertencentes ao "outro mundo" (SHLOMO SAND, Segunda Parte).

Ora, é esta apreensão literal das narrativas mitológicas que mais entrará em choque com a mentalidade inaugurada pela filosofia, justamente por ser aquela com a qual os povos mais tiveram contato.

4 - Tipos e Funções dos Mitos

4.1 Tipos de Mitos

O conjunto de mitos da Antiguidade podem ser classificados de diversas formas. Neste sentido, destacam-se as obras de Jean-Pierre Vernant, Mircea Eliade, Joseph Campbell, entre outras. Entre estes, no entanto, existem algumas divisões comuns, descritas também por Severo Hryniewicz (2006, p. 57-58), para quem os mitos podem ser tipificados em cinco tipos:

a) mitos teogônicos, que dissertavam sobre a origem dos deuses e assim, da nação com status de superioridade sobre as demais. O deus nacional é também o deus primordial, criador dos deuses das outras nações.

b) mitos cosmogônicos, que narravam a origem do mundo e dos seres humanos, definindo assim o que passou a se chamar de "ordem social natural". Cada nação desenvolveu sua compreensão do que seria a ordem social natural, a partir de seus mitos cosmogônicos. Visualizamos isto nas narrativas egípcias, babilônicas, gregas, romana, judaica, da criação dos seres humanos. O mito dará forma à sociedade, estabelecerá lugares, hierarquias e papéis sociais. É o caso do Sistema de Castas na Índia, cujo poder de organização social perdura até hoje.

c) mitos de heróis, que descreviam grandes líderes ou personagens do mundo antigo, que agiam com poderes extraordinários em prol de seus povos e assim, exercem poder configurador da identidade destes povos, como é o caso das narrativas de Hércules, Aquiles, Sansão, entre outros;

d) mitos sobre os fenômenos da natureza, que explicam

o tempo e as estações. Nestas narrativas é que se explicam as secas, as chuvas, os eventos cataclísmicos etc.

e) mitos escatológicos, tratando sobre a morte e o fim do mundo. O sentido da história será dado, em grande medida, por estes mitos. Nas narrativas egípcias, por exemplo, existe a perspectiva de que se o deus Apep (ou Apófis) vencesse Rá em suas batalhas diárias, uma era de escuridão sobreviria sobre a humanidade. A história, neste sentido, está sempre sob a ameaça de um caos total. Por outro lado, nas narrativas judaicas, existe a expectativa de uma vitória da justiça na história humana, advinda de um processo de amadurecimento da humanidade. Algumas versões escatológicas fundamentalistas do cristianismo enxergam um fim iminente para a história, quando uma liderança global assumir o poder.

Outras tipologias podem ser encontradas em autores diversos. Como exemplo desta análise, citamos aqui as obras *O Conhecimento Sagrado de Todas as Eras*, de Mircea Eliade e *O Herói de Mil Faces*, de Joseph Campbell, que nos permitem visualizar áreas comuns às narrativas míticas antigas, de forma a apreendermos como a religião partia de demandas e metodologias comuns, no desenvolvimento de suas narrativas míticas. Neste sentido ainda, a obra *Mito, Leyenda y Costumbre en El Libro del Genesis*, de Theodor H. Gaster, ilustra como o texto mais conhecido na literatura ocidental - o Antigo Testamento Bíblico – é construído em diálogo com narrativas míticas já existentes na Antiguidade, dando interpretações e sentidos próprios a estas narrativas.

4.2 Funções das Narrativas Míticas

Ainda segundo Hryniewicz (2006, p. 59), podemos destacar três funções básicas dos mitos, na antiguidade:

1) Conhecimento – na atualidade, a maneira mais confiável para apreciar determinadas realidades, como as doenças e os fenômenos naturais, é a ciência. Na antiguidade, não existiam os métodos científicos. No entanto, havia a necessidade de conhecer a realidade, da mesma forma que temos, e isto se dava através das narrativas míticas. Elas pretendiam revelar a realidade à sociedade. Com uma diferença: as interpretações dadas pelos mitos não poderiam ser questionadas!

2) Acomodação – como a humanidade sempre sofreu problemas originados de fatores naturais e sociais, sempre desejou conhecer a origem do mal e como enfrentá-lo. Os mitos, ao narrarem sobre a origem do mal, oferecia à antiguidade uma forma de suportá-lo ou controlá-lo. O problema da fome ou da miséria, por exemplo, eram interpretados como se fossem pragas ou maldições da divindade, devida a algum pecado ou desobediência cometida. Por vezes, os líderes religiosos e políticos usavam os mitos para gerarem acomodação social, desviando o povo das verdadeiras causas do sofrimento do povo: a exploração e as injustiças sociais.

3) organização social – na atualidade, a organização social é garantida, sobretudo, pelo poder de força que o Estado detém. Imagine se o Estado não possuísse este poder, como se manteria a sociedade, frente aos conflitos externos e internos, frente às quadrilhas organizadas, contra as máfias e a crescente criminalidade? Na antiguidade, este controle era garantido pelas narrativas míticas, pois as sociedades se submetiam ao imaginário criado pelos mitos.

5 - Limites e Problemas da Linguagem Mítica

A filosofia surge na Grécia como proposta alternativa de interpretação da realidade. Alternativa, no sentido de que irá conviver ao lado da forma mítica. No entanto, se apresentará, ao longo da história, como uma forma necessária. Sendo assim, pergunta-se: por qual razão a filosofia se contrapõe à forma mítica de interpretar a realidade? Quais foram os limites deste sistema, encontrados pelos filósofos ao longo da história? Quais os problemas expressos a partir desta linguagem ou metodologia de explicar a realidade?

5.1 Perspectiva de Análise dos Mitos

Na didática que adotamos para estudar o período pré-filosófico, é importante destacar que o mito pode ser visto em pelo menos três perspectivas:

a) Criação cultural que espelha a compreensão de mundo de uma determinada época, portador de uma lógica própria e inerente. Trata-se de uma compreensão da realidade a partir de uma intuição fundamental, onde os diversos fenômenos experimentados no cotidiano, são personificados sob a forma de seres e ações divinas;

b) Narrativa de passagem, entre um período em que a realidade se mostrava caótica, sem elos entre o passado, o presente e o futuro, para uma realidade ordenada, que promove sentidos para a existência humana, um marco arqueológico (as narrativas das origens) e um marco teleológico (as narrativas de sentido, de direção e de lugar e função social, política, jurídica etc.);

c) Narrativas de controle e/ou ordenação social, manuseadas por grupos ligados aos detentores do poder que, fundados no medo inerente ao Sagrado que os povos possuem, passam a elaborar narrativas subjugadoras das mentalidades, coibidoras da contestação, das críticas e das tentativas de mudanças históricas.

Neste contexto, de ordenação única e inquestionável da realidade é que a filosofia se insurge.

5.2 Limites da Mentalidade Mítica

Embora a mentalidade mítica tenha, sem dúvida, promovido uma organização da realidade, a partir de uma grande e abrangente narrativa, que situava cada elemento da realidade numa ordem cósmica, gerando assim, um sentido ordenador do caos, esta forma de pensar também carregava consigo limites que a Grécia está prestes a confrontar. Que limites eram estes?

5.2.1 Possibilidade de Alienação da História

Quando se adentra no contexto grego, a forma pela

qual a mentalidade mítica era interpretada, era a literalista. Os mitos eram apreendidos como revelações literais das divindades, originadores de uma poderosa organização social. Ora, aqui já se revela o primeiro limite apresentado à forma literalista de apreensão do mito: a possibilidade de alienação que pode promover em relação aos eventos históricos. Como isto é feito?

Alienar é o contrário de aliar. Significa desfazer o nexo de causalidade material entre um evento e outro. Assim, o sofrimento gerado pela fome em uma região, por exemplo, pode estar relacionada à exploração que a elite econômica faz à massa trabalhadora, à exacerbada concentração de renda, à especulação financeira no preço das sementes de cereais e outros, além do controle latifundiário da terra. Pode relacionar-se também a deficiência do solo, clima inadequado para o plantio, inabilidade técnica para o manuseio do solo, entre outras causas. Os problemas geradores deste tipo de sofrimento podem ser identificados em sua causalidade histórica. O sofrimento daí gerado tem causa histórica, portanto.

O mito, por sua vez, comumente interpreta eventos materiais a partir do sagrado, ligando-o como causa dos acontecimentos. Atribui-se o sofrimento à vontade da divindade. O filósofo romano Lucrécio (98 a.C. a 50 d.C.), em sua obra Da Natureza, nos fornece um exemplo desta alienação dos eventos históricos, bem como do pavor dos deuses sentidos pelas pessoas do período:

> Ó raça dos homens tão infeliz por ter tudo atribuído aos deuses e por lhes ter juntado as cóleras acerbas. Quantos lamentos para si próprios, quantas feridas para nós, quantas lágrimas para nossos descendentes não originaram eles! [...] A quem não aperta o pavor dos deuses? A quem não arrepiam os membros quando a terra abrasada treme com o choque terrível dos raios, quando os rugidos percorrem o céu? Não tremem povos e nações, não encolhem o corpo soberbos reis, tomados todos pelo pavor dos deuses, com receio que tenha chegado o terrível tempo de sofrer castigo por algum crime vergonhoso ou alguma palavra insolente (CHAUÍ, 2010, p. 282).

Assim, as causas geradoras da miséria e/ou sofrimento humano acabam não sendo identificadas para devido enfrentamento.

5.2.2 Potencial para Manipulação

Em segundo lugar, pode-se notar o uso que os grupos de poder - não apenas na Grécia - fizeram dos mitos e da própria religião para legitimarem suas atitudes. Muitos mitos eram criados a pedido dos reis, das cortes reais ou por grupos poderosos, para justificarem um determinado comportamento opressivo e injusto.

Eventos como as guerras, as doenças, as injustiças, o poder do rei e a riqueza de sua corte, eram vistos como reflexos da vontade dos deuses, não podendo ser alterados. Lideranças usaram as narrativas míticas para criar uma organização social favorável aos opressores, justificando como naturais as desigualdades sociais, como, por exemplo, a dominação do homem sobre a mulher, do patrício sobre o estrangeiro, do nobre sobre a plebe, do sacerdote sobre os leigos, dos brancos sobre os negros e os índios etc. Esta maneira de ver o mundo, com certeza, impedia qualquer tipo de mudança e de avanços sociais. Felizmente, nem todos os mitos serviam a estas finalidades. Também os espoliados criavam seus mitos, contrários à dominação!

5.2.3 Inquestionabilidade

Em terceiro lugar, devemos atentar para o fato de que, como os mitos eram produzidos pela religião, possuíam um caráter de inquestionabilidade. Apesar de cada povo possuir sua interpretação específica acerca de todas as coisas, suas mitologias eram adotadas como 'revelações sagradas', descrições perfeitas e exatas da realidade. Na medida em que eram repassados pela religião ou pelos anciãos, tais interpretações não poderiam ser questionadas pela população, sob o risco de serem acusadas de 'heresia' ou 'subversão da ordem criada pelos deuses', crimes que eram punidos com a morte.

5.2.4 Inverificabilidade

Soma-se a tudo isto a impossibilidade de verificação dos próprios mitos. Um discurso que atribuía ao rei um caráter sagrado, por exemplo, não poderia ser verificado, se verdadeiro ou falso, dando ao rei legitimidade para fazer o que bem entendesse. Dependia unicamente da fé e da força da imposição. Como usavam o argumento de que a fé e as doutrinas não precisavam de comprovação, sempre obtiveram sucesso no processo de dominação, criando sempre uma situação de tensão entre os livres pensadores e a religião.

Na medida em que as cidades gregas acentuavam o conflito uma com as outras, as narrativas míticas justificadoras de suas práticas (costumes, leis, hierarquias, etc.) entravam em questionamentos.

Vocês poderão ver uma ilustração desta afirmação no filme 300 de Esparta (2007), que retrata a Batalha das Termópilas, em 480 a.C. O rei Leônidas é impedido de levar seu exército contra os Persas porque os Sacerdotes de Esparta, simulando terem recebido revelações divinas, indicaram que a vontade dos deuses era contrária à participação do exército espartano naquela guerra. Na película, a "revelação" dada pelos sacerdotes mostrou-se manipulada: quando o rei Leônidas sai do ambiente dos sacerdotes, um oficial persa entra no cenário e lhes recompensa pelo serviço prestado. Em síntese, a dita revelação tinha sido, na verdade, negociada entre os sacerdotes e os persas.

Ora, o que estava em jogo na consulta do rei Leônidas aos sacerdotes? A sorte de Esparta. No quadro retratado, a autoridade civil do rei estava subjugada à autoridade da religião. Sendo assim, a dúvida sobre a fiabilidade das palavras dos sacerdotes entrou em cena. De que forma este conhecimento era obtido? Como ele poderia ser verificado, comprovado? Como explicar as divergências entre um e outro sacerdote, entre uma e outra narrativa mítica e entre as narrativas míticas dos povos? Como garantir que decisões com grandes implicações existenciais não fossem tomadas pela influência de charlatães religiosos?

O que os pré-socráticos estão fazendo, portanto, é inaugurar as bases para a aquisição de um conhecimento que possa ser participado, compreendido, testado por todos. Por essa razão, na medida em que a prerrogativa para participar dos debates públicos deixa de ser o pertencimento ao sacerdócio religioso, mais e mais pessoas entravam nos debates, insistindo em que as "verdades, teses e reivindicações" se sustentassem de forma discursiva, no convencimento, e não na autoridade de quem tinha o poder da fala.

6 - As Narrativas Míticas acerca da Liberdade do Conhecimento

Além dos fatores acima elencados, as narrativas míticas traziam consigo um outro fator inibidor da autonomia da razão, frente à religião: sua interpretação sobre o significado da busca autônoma do conhecimento.

Como a religião era considera a mediadora da verdade divina, qualquer busca que se desse fora deste espaço, era desestimulada, tomada como fraqueza, falta de fé e de caráter. Vejamos:

6.1 - A Narrativa de Prometeu e o Fogo dos Deuses

Na mitologia grega, Prometeu é um titã grego que criou os seres humanos. Desejando a evolução destes, roubou o fogo de Zeus, a fim de que não perdurassem como os animais, mas alcançassem existência superior. Por esta atitude, Zeus o condena ao sofrimento eterno, amarrado a um rochedo, sendo ferido por uma grande ave. O fogo que Prometeu dera aos seres humanos, no mito, simboliza o conhecimento.

6.2 - Eva, a Caixa de Pandora e o Pecado da Curiosidade

No mito de Pandora, a mulher é criada por Zeus como uma espécie de punição contra os homens. As mulheres são criadas para seduzirem os homens e consumirem suas forças, ao mesmo tempo que demonstram ingratidão pelo bem recebido. Não satisfeitos com a criação de Pandora, Zeus prepara ainda uma "caixa de maldades" para derramar sobre o gênero humano. Por sorte, Prometeu consegue esconder esta caixa a tempo, levando-a para seu irmão, Epimeteu.

As desgraças preparadas por Zeus, no entanto, não ficaram presas na Caixa. Pandora, movida pelo mais problemático mal da antiguidade – a falta de continência ante o desejo por conhecimentos que deveriam permanecer ocultos – a leva a abrir a Caixa e espalhar sobre a humanidade o que na versão cristã teria sido originado por Eva: o pecado original e as desgraças dele decorrentes. Em um e outro mito, é a curiosidade por conhecimentos que deveriam permanecer ocultos que desencadeiam os males e sofrimentos que doravante a humanidade irá enfrentar.

Para Roger Shattuck, a narrativa cristã da "queda e do pecado original" foi uma das narrativas mais utilizadas no Ocidente para desestimular a busca pelo conhecimento. Em suas palavras:

> Durante boa parte da Idade Média, a busca pelo conhecimento foi comparada à atitude de Eva em desejar o conhecimento proibido. Foi apenas após 'O Progresso do Aprendizado', de Francis Bacon, no século XVII, que a busca pelo conhecimento alcançou um status positivo, abrindo novos campos de pesquisa (SHATTUCK, 1998, p. 41).

Embora saibamos que estes relatos podem ser interpretados de forma diferente, algo neles se sobressai: uma explicação acerca da entrada e presença do mal no mundo, associada à curiosidade, ao desejo de saber, à incontinência frente ao mistério - o ser humano deseja profundamente conhecer, compreender, experimentar o conhecimento por si mesmo.

Desta forma, é possível detectar na coibição exercida pela tradição e pela religião à liberdade de pensamento, como um dos fatores engessadores do pensamento, responsável pela *demora* do surgimento do método filosófico. A condenação de Sócrates, séculos após o início da filosofia, revela o quanto a tradição e a religião grega sofreram com os desafios desta nova forma de pensar a realidade. É neste clima que a Filosofia vai se desenvolver na Grécia, um método de análise da realidade relativamente autônomo em relação à religião. É o assunto de nossa próxima aula.

Retomando a aula

Mais uma aula de Filosofia. Então, já estão melhorando sua impressão sobre a filosofia? Vamos relembrar os temas que aqui foram tratados, para poder assinalar o que vem pela frente:

1 – A Linguagem Pré-Filosófica acerca da Realidade

Na seção 1, verificamos o fato de que antes do surgimento da filosofia, o método para pensar a realidade era diferente do que temos hoje: era o metafórico-simbólico, diferente da lógica racionalista grega.

2 - O que era a Linguagem Mítica?

Na seção 2, conceituamos a linguagem mítica e analisamos como a linguagem mítica foi importante para o desenvolvimento de outras linguagens, que viriam a se desenvolver na história da humanidade, como é o caso da linguagem científica e a filosófica.

3 – Formas de Interpretação dos Mitos

Na seção 3, refletimos sobre as perspectivas

contemporâneas acerca da linguagem mítica, atentando principalmente para a forma pela qual era interpretada na antiguidade pré-filosófica.

4 – Tipos e Funções dos Mitos

Na seção 4, debatemos as principais características e os tipos de mitos mais presentes na literatura. Ainda, que os mitos tinham como funções principais dar às pessoas conhecimento da realidade, levá-las à aceitarem a existência como interpretavam que era desde o início e, sobretudo, promover organização social. Infelizmente, foi usado também para impor visões de mundo para atender os interesses de classes sociais privilegiadas.

5 - Limites e Problemas da Linguagem Mítica

Na seção 5, estudamos que, como qualquer forma de pensamento, os mitos tinham seus limites, tais como: a possibilidade de serem usados como instrumentos de manipulação, apresentarem-se como inquestionáveis e quase sempre desvincularem os fatos de suas causas materiais, o que acabava por dificultar a interferência social nos rumos das coletividades humanas.

6 – As Narrativas Míticas acerca da Liberdade do Conhecimento

Embora com graves fragilidades, o mito como método de interpretação majoritário da realidade perdurou durante muito tempo. Isso seu deu, sobretudo, por sua associação com a religião, que era uma das instituições de maior poder na época. Questionar os mitos e a religião foi, não raras vezes, interpretado como uma transgressão à vontade divina, como um pecado.

Em nossa próxima aula, estudaremos as primeiras reflexões filosóficas na Grécia, que irão romper com a metodologia mítica de descrever a realidade. São os pré-socráticos.

Vale a pena

Vale a pena assistir,

Morte Negra (2010) - Neste filme, observamos o quadro da chamada Peste Negra na Europa, sendo investigada por agentes da Igreja Católica no período medieval. Duas imagens se destacam: o fato de que as doenças eram interpretadas a partir da religião, como pragas divinas, e o fato de que também no paganismo, as imagens religiosas se sobrepunham a uma visão materialista da realidade.

O Nome da Rosa (1986) – Nesta película, inspirada na obra de Umberto Eco, observamos um quadro típico da Idade Média, que era a censura do conhecimento e o problema da investigação. Durante o período, foram elaboradas listas oficiais a partir da religião, de que tipo de literatura poderia ser escrita, impressa, comercializada e lida, de modo a não permitir mudanças profundas na ordem social estabelecida.

Minhas anotações

Minhas anotações

Aula 3º

Introdução à filosofia grega – os pré-socráticos

E então, você conseguiu visualizar melhor o que é a Filosofia e sua importância na história da humanidade? Parecia bem mais difícil, não é mesmo? Acreditamos que suas dificuldades estejam diminuindo, pois avançamos razoavelmente.

Na aula passada, realizamos uma avaliação de como o conhecimento era produzido e apreendido no período anterior à Filosofia, ou seja, no período mítico. Estudamos as características principais dos mitos, seus tipos e funções, ainda, a razão pela qual o mito foi a forma preferida para produzir conhecimento na antiguidade. Embora os mitos possam ser interpretados de várias maneiras, a forma literal foi a que mais predominou no Ocidente, justificando muitas vezes, o comportamento de grupos de poder. Os métodos pelos quais os mitos eram produzidos não possibilitavam uma análise objetiva de seus conteúdos, sendo que, em diversas tradições, os mitos não poderiam ser questionados.

Sendo assim, a Filosofia forçou a superação da ideia de que o mito era forma exclusiva de se interpretar a realidade. Nesta aula, iremos trabalhar como esta atividade se deu, na Grécia. Será uma visão geral sobre o primeiro período da Filosofia Grega, que representou uma gigantesca ruptura com o mundo antigo, trazendo para a humanidade, definitivamente, uma preocupação com a forma pela qual o conhecimento é apreendido, fundamentado em argumentos lógicos, racionais, muito mais acessíveis do que o eram os mitos, pois quanto a estes, a sociedade só poderia acatar e obedecer.

Bons estudos!

Objetivos de aprendizagem

Ao término desta aula, vocês serão capazes de:
- conhecer a Filosofia Pré-Socrática e suas preocupações iniciais;
- identificar os fatores históricos para a emergência da Filosofia na Grécia;
- conhecer o método da Filosofia e seus aspectos distintivos;
- analisar o que estava em jogo, na superação dos mitos e no estabelecimento da Filosofia.

Seções de estudo

1 - Importância da filosofia Pré-Socrática
2 - Perguntas da Filosofia Pré-Socrática
3 - Fatores históricos para a emergência da Filosofia
4 - O método da filosofia
5 - Os Pré-Socráticos
6 - O que estava em jogo na pergunta dos Pré-Socráticos?

1 - Importância da filosofia Pré-Socrática

A Filosofia pré-socrática é aquela que se desenvolve antes de Sócrates (por volta do século VII a.C., até VI a.C.). Além deste fator de diferenciação, está principalmente a do tipo de preocupação que domina este período, que é a questão cosmológica (a origem do mundo e a conceitualização da natureza).

Hoje, poucos conhecem as ideias defendidas pelos filósofos pré-socráticos. Na verdade, a maior parte dos conceitos já não são mais adotados, podendo-se dizer que o maior mérito deste período não é o conteúdo produzido, propriamente dito, mas a radical inovação na maneira de pensar. Saindo do método mítico de interpretar a realidade, irão instaurar a racionalidade lógica como exigência para se responder a uma série de perguntas de ordem cosmológica.

> **OPINIÃO:**
> Isso é notável, porque os pré-socráticos foram os primeiros livre-pensadores. Eles abalaram as fundações da religião, tanto da moderna quanto da antiga, e suas formulações arrojadas constituem a base sobre a qual se assentam 2500 anos de especulação filosófica (STONE, 2005, p. 268).

2 - Perguntas da Filosofia Pré-Socrática

Qual foi o ponto de partida dos filósofos pré-socráticos? Quais eram os seus questionamentos? A Filosofia pré-socrática é também chamada de cosmológica, porque ela pergunta pelo cosmo (mundo): Qual a sua origem? Quais são os fatores que o levam ao movimento que apresenta? Qual é o movimento do cosmo (cíclico, caótico ou histórico)?

> **SABER MAIS:**
> Movimento cíclico é aquele que sempre volta. É como dizer: o que aconteceu ontem, vai continuar acontecendo hoje e sempre. Não há espaço para mudanças. O movimento caótico é aquele que não manifesta nenhum sentido. Não há garantias para prever, planejar ou controlar os eventos futuros. Eles acontecem ao acaso. Já o movimento histórico é aquele em que o homem constrói o mundo, através de suas ações. Se alguns fatos voltam a acontecer, ou se manifestam como o caos, é porque o ser humano não agiu sobre eles.

Marilena Chauí apresenta uma longa lista das questões apresentadas por este período. Vejamos:

Por que os seres nascem e morrem? Por que os semelhantes dão origem aos semelhantes, de uma árvore nasce outra árvore, de um cão nasce outro cão, de uma mulher nasce uma criança? Por que os diferentes também parecem fazer surgir os diferentes: o dia parece fazer nascer a noite, o inverno parece fazer surgir a primavera, um objeto escuro clareia com o passar do tempo, um objeto claro escurece com o passar do tempo? Por que tudo muda? A criança se torna adulta, amadurece, envelhece e desaparece. A paisagem, cheia de flores na primavera, vai perdendo o verde e as cores no outono, até ressecar-se e retorcer-se no inverno. Por que um dia luminoso e ensolarado, de céu azul e brisa suave, repentinamente, se torna sombrio, coberto de nuvens, varrido por ventos furiosos, tomado pela tempestade, pelos raios e trovões? Por que a doença invade os corpos, rouba-lhes a cor, a força? Por que o alimento que antes me agradava, agora, que estou doente, me causa repugnância? Por que o som da música que antes me embalava, agora, que estou doente, parece um ruído insuportável? Por que o que parecia uno se multiplica em tantos outros? De uma só árvore, quantas flores e quantos frutos nascem! De uma só gata, quantos gatinhos nascem! Por que as coisas se tornam opostas ao que eram? A água do copo, tão transparente e de boa temperatura, torna-se uma barra dura e gelada, deixa de ser líquida e transparente para tornar-se sólida e acinzentada. O dia, que começa frio e gelado, pouco a pouco, se torna quente e cheio de calor. Por que nada permanece idêntico a si mesmo? De onde vêm os seres? Para onde vão, quando desaparecem? Por que se transformam? Por que se diferenciam uns dos outros? Mas também, por que tudo parece repetir-se? Depois do dia, a noite; depois da noite, o dia. Depois do inverno, a primavera, depois da primavera, o verão, depois deste, o outono e depois deste, novamente o inverno. De dia, o sol; à noite, a lua e as estrelas. Na primavera, o mar é tranqüilo e propício à navegação; no inverno, tempestuoso e inimigo dos homens. O calor leva as águas para o céu e as traz de volta pelas chuvas. Ninguém nasce adulto ou velho, mas sempre criança, que se torna adulto e velho (CHAUÍ, 1999, p. 25).

Todas estas questões também eram debatidas por outras fontes de conhecimento da época. A novidade não consistirá de novas perguntas, mas novas maneiras de se apresentá-las, bem como novos métodos para se alcançar suas respostas. A maneira antiga, a da mitologia, já não correspondia mais aos anseios e exigências deste período. Quais foram os motivos para tal mudança?

3 - Fatores históricos para a emergência da Filosofia

O surgimento da Filosofia não se deu de maneira miraculosa, como fenômeno desconectado das condições históricas pelas quais passava a Grécia naquele período. Ao contrário, é perfeitamente compreensível seu surgimento, dado os fatores possibilitadores de uma nova racionalidade.

Na passagem do Período Arcaico para o Período Clássico na Grécia (Séc. VII a.C. ao VI a.C.), mudanças de diversas ordens estão acontecendo, que irão alterar os rumos da cidade e do mundo. A monarquia, forma de governo adotada em quase todo o mundo antigo, está sendo substituída na Grécia por uma forma rudimentar de democracia, o que vai possibilitar liberdade aos cidadãos de participarem dos comícios públicos, opinando sobre diversos assuntos. O que até então era monopólio do rei, de sua corte e principalmente da religião, agora é distribuído a todos os cidadãos gregos.

Aliado a esta reforma política, está o desenvolvimento do comércio, que implicará em viagens marítimas e na criação da moeda, um novo sistema cambial. Pode-se citar ainda a invenção do calendário e da escrita alfabética e o surgimento da vida urbana.

> **Mas... em que tais fatores interferiram na forma de pensar antiga?**

Na medida em que os mercadores viajavam, saindo ou vindo para a Grécia, estabeleciam contatos com outras culturas, o que lhes possibilitava ter contato com pelo menos duas impressões, que serão decisivas na mudança do pensamento grego:

Primeiro, que os seres mitológicos, monstros, semideuses etc., não se encontravam em lugar algum: nem no mar nem nas longínquas terras por onde passavam. Até então, acreditava-se que existiam, mas em terras não exploradas, ou no oceano ainda não navegado, ou em rotas que ainda não tinham sido trafegadas. Na medida em que se percorre a terra e o mar, mas nada se encontra, vai ficando claro de que eles não existiam de fato. Esta impressão contribuiu, em grande parte, para uma desmitificação do mundo.

Segundo, as narrativas míticas estavam em todos os lugares, com conteúdos diferentes, mas formas semelhantes. Cada povo possuía a sua cosmogonia, suas interpretações míticas acerca dos diversos aspectos da realidade. No entanto, cada um lutava por afirmar a superioridade de sua tradição e revelação, mesmo sendo suas crenças desprovidas de lógica ou coerência interna, bem como serem inverificáveis. A impressão gerada por esta experiência não poderia ser maior, gerando um desencantamento acerca da verdade das narrativas locais.

Quanto ao surgimento da escrita alfabética, foi fundamental para a desconstrução dos mitos. O que até então era repassado apenas pela tradição, pelos anciãos ou pelos religiosos, agora poderia ser repassado, analisado, comparado e criticado por quem quer que tivesse uma cópia dos mitos nas mãos.

Por sua vez, o surgimento da política vai gerar um desencantamento acerca da divindade do rei e dos destinos da história humana. Na medida em que os cidadãos vão participando na direção dos negócios públicos, mais e mais fica claro que a história não é um eterno retorno, ou um fato dirigido pelos deuses, mas uma construção humana. Ademais, com a democracia, o espaço que até então era reservado apenas ao rei, aos poetas e aos sacerdotes religiosos, que é o da fala e da interpretação da realidade, vai sendo ocupado por leigos, que lutam por afirmar outras formas de entendimento.

4 - O Método da Filosofia

Na medida em que as narrativas míticas iam sofrendo o relativismo, junto com um desencantamento do mundo, estabelecia-se a necessidade de se criar um critério que pudesse ser compartilhável, universal e acessível a todos quantos desejassem procurar pelas respostas propostas.

O critério a ser utilizado vai ser o da argumentação lógica, acessível a qualquer pessoa. Caso uma resposta não fosse provada racionalmente, não mais era aceita.

Até o surgimento da Filosofia, uma opinião poderia ser considerada verdadeira, tendo em conta a autoridade de quem a emitia. Se era um ancião experiente, um sacerdote ou um poeta inspirado, era aceita. Caso fosse um leigo comum, era desconsiderada. A partir dos pré-socráticos, a verdade deveria ser demonstrada racionalmente, independente de quem estivesse falando. Isso era feito, através de regras universais do pensamento, como, por exemplo, 'o princípio da identidade', que diz que uma coisa não pode ser algo e o seu contrário ao mesmo tempo (ou é maçã ou pera; ou é homem ou animal; ou é noite ou é dia). Parece simples, mas esta simples regra vai colocar limites ao pensamento mitológico. Como continuar defendendo a existência de sereias, por exemplo, a partir de então? Ou é uma mulher ou é um peixe. Não há como ser as duas coisas ao mesmo tempo, nem tampouco metade uma coisa e metade outra. Se uma fala possui contradição, ela passa a ser posta em dúvida ou ser considerada falsa.

Na medida em que vão se estabelecendo regras para o raciocínio correto, as mesmas passam a ser aplicadas a todos os fenômenos passíveis de racionalização, gerando uma nova maneira de pensar a realidade. Tornou-se um fenômeno irreversível, do qual somos herdeiros até os dias de hoje.

> **CURIOSIDADE:**
> Raramente os filósofos elaboravam afirmações religiosas, pois o método filosófico se restringia a observar o que é passível de conhecimento lógico e experimental. Exemplo desta indiferença quanto à religião pode ser vista no filósofo (ou sofista) Protágoras: "Quanto aos deuses, não tenho meios para verificar se eles existem ou não existem. Pois muitos são os obstáculos a esse conhecimento, tanto a obscuridade da questão em si quanto a curta duração da existência humana" (STONE, 2005, p. 281).

5 - Os Pré-Socráticos

A Filosofia pré-socrática é aquela que se desenvolve antes de Sócrates (por volta do século VII a.C., até VI a.C.).

Além deste fator de diferenciação, são filósofos pré-socráticos também aqueles que, mesmo vivendo após Sócrates, centralizam-se nas mesmas preocupações que dominam este período, a saber, a questão cosmológica (a origem do mundo e a conceitualização da natureza), visualizada em pelo menos três características que dominam este período filosófico. Vejamos:

Em primeiro lugar, os pré-socráticos são os pensadores que irão romper com a forma mítica e sobrenatural de interpretar a realidade e passam a analisá-la a partir da razão. Acreditam ser possível encontrar as respostas para as questões acima assinaladas, em virtude da existência de uma ordem racional no mundo. Trata-se de uma radical ruptura com uma forma milenar de interpretar o mundo.

Em segundo lugar, imediatamente derivada desta primeira perspectiva, os filósofos pré-socráticos buscavam apreender a relação entre estas leis e os fenômenos naturais. Acreditam que, ao contrário da tese de que o mundo era reflexo da vontade e dos caprichos dos deuses, ou de um destino por eles determinado, havia uma série de princípios e leis que se impunham universalmente sobre a natureza, provocando o movimento que chamamos de causalidade.

Em terceiro lugar, a filosofia pré-socrática buscará identificar o princípio originador de todas as coisas, ou aquele que seja capaz de as unificar. Segundo Stone:

> Isso é notável, porque os pré-socráticos foram os primeiros livre-pensadores. Eles abalaram as fundações da religião, tanto da moderna quanto da antiga, e suas formulações arrojadas constituem a base sobre a qual se assentam 2500 anos de especulação filosófica (STONE, 2005, p. 268).

Os pré-socráticos foram os primeiros pensadores da filosofia grega. Estão presentes a partir do século VI a.C., e tiveram como preocupação maior a origem do Universo e as origens e causas dos fenômenos da natureza. Os primeiros filósofos surgem na Jônia (mais especificamente, em Mileto, em Éfeso e na Clazômenas). Surgem depois na região da Magna Grécia, que compreende Eléia, Crotona e Agrigento. Finalmente, estarão presentes na Grécia Continental, mais especificamente em Abdera e em Atenas.

Infelizmente, seus escritos não estão mais disponíveis. Os conhecemos através de outros filósofos e de comentaristas e historiadores do período antigo, chamados de doxógrafos, compiladores que agregavam o que havia restado da escrita e do ensino dos primeiros filósofos.

Ao contrário de seus predecessores, que embasavam o pensamento na linguagem mitológica, passaram a buscar explicações através da razão e do conhecimento científico. Neste contexto, estão os físicos Tales de Mileto, Anaximandro, Heráclito, Pitágoras, Demócrito, Leucipo, entre outros.

Como já assinalado, esta fase inaugura uma nova mentalidade, baseada na razão, e não mais no sobrenatural e na tradição mítica. As principais escolas deste período são a Escola Jônica (ou Escola de Mileto), a Eleática, a Atomista e a Pitagórica.

Os pensadores da Escola Jônica, como Anaxímenes (585 a.C.-525 a.C.), Anaximandro (610 a.C.-547 a.C.), Tales de Mileto (624 a.C.-545 a.C.) e Heráclito (540 a.C.-480 a.C.), buscam explicações para o mundo na ideia de que existe uma natureza comum a todas as coisas, que está em eterno movimento. É de Heráclito a expressão "não nos banhamos duas vezes no mesmo rio", expressando o movimento contínuo de todas as coisas. Com a expressão ele quer dizer que tudo muda, já que o rio em que eu entro para me banhar já não é o mesmo de quando eu saio, pois já é composto de outras águas. Tudo está em movimento.

Já para os pensadores da Escola de Eléa, como Parmenides (515 a.C.-440 a.C.) e Anaxagoras (500 a.C.-428 a.C.), pensam que o 'ser', ou a substância comum a tudo na natureza, é imóvel e imutável, completo e perfeito.

Ainda, na Escola Atomista, onde exerce pensamento Leucipo (460 a.C.-370 a.C.) e Demócrito (460 a.C.-370 a.C.), defende-se a ideia de que o Universo é formado de átomos indivisíveis e infinitos reunidos aleatoriamente.

O filósofo Pitágoras (580 a.C.- 500 a.C.) afirma que a substância de todas as coisas é a alma imortal, que existe antes de todas as coisas. O corpo é para a alma uma espécie de castigo, por erros cometidos em existência anterior. Podemos considerar suas ideias como sementes das ideias de Platão.

6 - O que estava em jogo na pergunta dos Pré-Socráticos?

As cosmologias traziam consigo respostas a questões fundamentais para o estabelecimento e continuidade da ordem dominante. Os mitos fundamentavam, entre outras ideias, a justificação da existência da escravidão, a tese da inferioridade dos povos estrangeiros, a do papel do povo frente ao poder e autoridade do rei ou imperador, a divisão da sociedade em classes, entre outras ideias.

No caso grego, a filosofia pré-socrática esta próxima de ameaçar o status quo da classe aristocrática, dos governantes e dos sacerdotes religiosos, cuja posição fora construída a partir dos imaginários míticos. Em certa medida, a filosofia posterior de Platão e a de Aristóteles também oferecia justificativas para a organização social aristocrática, de modo que devemos nos perguntar sobre a influência da perspectiva mítica sobre seus pensamentos. No entanto, por ser a partir de um viés racional, poderia ser confrontada, sem que este enfrentamento representasse um atentado contra a ordem divina. Sendo assim, a mudança de fundamentação será decisiva para posteriores reflexões sobre como a ordem social está justificada.

Vejamos a aplicação desta análise em duas narrativas míticas, ambas ambientadas fora da Grécia, de maneira a visualizarmos como o surgimento e desenvolvimento da filosofia irá afetar, ao longo da história, a organização social em todos os lugares onde sua influência chegar. Na primeira análise, investigaremos a narrativa babilônica acerca da criação da humanidade, e na segunda, a criação hindu da humanidade.

6.1 – Mito babilônico da criação do ser humano

No mito babilônico Enuma Elish, em seu tablete 06, tem-se a descrição da criação do ser humano, bem como o motivo pelo qual foi criado pelos deuses.

Após ouvir o apelo dos deuses, para que se crie um serviçal para fazer o plantio e a colheita, Marduk afirma: "Quero criar este ser humano, este Homem, para que, encarregado do serviço dos deuses, estes tenham paz".

Após criar o ser humano, os deuses querem homenagear Marduk, e fazem isto construindo um grande templo na Babilônia, que será o lugar de suas habitações:

> Agora, meu senhor, que tu estabeleceste nossa liberação, qual será o sinal de gratidão nossa a teu respeito? Ora, façamos o que terá por nome o Santuário: que em tua câmara santa seja onde passemos a noite; aí repousemos. Sim, fundemos um santuário; seu lugar será nossa base terrena: o dia em que chegarmos, encontremos aí o repouso (ELIADE, 1995, p, 83).

O mito estabelece a Babilônia como a cidade onde todo o mundo surgiu, e o lugar onde a maior divindade mora. Quem controla a religião, neste período e, portanto, controla todo o povo que segue suas doutrinas.

Esta narrativa serve perfeitamente para ilustrar uma das funções do mito, trabalhadas na aula passada: a de acomodação e controle social. Se alguém questionasse sobre o sentido da vida humana, o mito respondia: trabalhar para os deuses. Deveriam plantar e colher, criar animais e produzir, para satisfazer as necessidades das divindades. Só havia um problema: as divindades não desciam nos templos para recolher o produto gerado pelos camponeses. Tudo era recolhido pelo Rei e por sua Corte, que iriam usufruir do fruto do trabalho da população campesina, em um ciclo interminável de exploração!

6.2 - Mito hindu da divisão social em castas

De acordo com a mitologia hindu, presente no livro de Manu (escrito provavelmente entre 600 e 250 a.C.), do corpo do deus Brahma foram criados os seres humanos, divididos em quatro classes distintas. Da cabeça do ser divino nasceram os brâmanes, que são sacerdotes e os nobres. Dos braços nasceram os xátrias, que eram os guerreiros. Das pernas nasceram os vaixas, que são os comerciantes e camponeses. Dos pés nasceram os xudras, que são os serviçais. Existe ainda alguns que não se encaixam em nenhuma casta, que são os parias ou intocáveis, da classe mais baixa, submetidos aos trabalhos mais degradantes e mal pagos da Índia. Estes são os dalits, que teriam nascido da poeira embaixo do pé de Brahma. Acerca disto, assim se manifestou o filósofo brasileiro Mario Sergio Cortella:

> Para nós, ocidentais, é absolutamente estranho que a gente tenha uma condição de uma sociedade onde não haja uma mobilidade social. Mas se você perguntar para um hinduísta, é provável que ele diga: 'mas este é o dharma que eu tenho que fazer aqui, é o meu dever'. Quando você estabelece estruturas fechadas e mantém uma base religiosa que diz que é assim porque é assim que tem que ser, se cria aí uma condição de facilidade de domínio. Fonte: http://g1.globo.com/jornaldaglobo/0,,MUL887724-16021,00-FE+CAMINHOS+DO+HINDUISMO.html. Acesso em: 04 dez. 2020.

Neste imaginário, as divisões sociais de classes seguem um plano divino, a posição social de uma pessoa é hereditária e está para sempre atrelada à casta que pertence, razão pela qual os casamentos entre pessoas de castas diferentes são proibidos. Neste sentido, a religião acabou por se tornar um poderoso elemento de dominação e de discriminação.

Retomando a aula

Mais uma grande seção de conhecimentos trabalhada. Foi muito conteúdo, não foi? Logo, logo estará familiarizado com tudo isto. Vamos agora relembrar um pouco do que aprendemos, antes de avançar. Nesta aula, estudamos:

1 - Importância da filosofia Pré-Socrática

Na seção 1, verificamos que o maior mérito deste período foi o de ter inaugurado uma outra forma de pensar a realidade, a saber, o da inquirição lógica, racional.

2 - Perguntas da Filosofia Pré-Socrática

A busca dos filósofos deste período, como observamos, tinha a ver com a natureza, pois era respondendo a esta questão que iriam ter soluções para diversos outras questões que são relevantes, inclusive, até os dias de hoje.

3 - Fatores históricos para a emergência da Filosofia

Na seção 3, notamos que diversos fatores materiais contribuíram para o surgimento da filosofia, como o comércio, que gerava um intercâmbio cultural capaz de relativizar muitas verdades absolutas do período.

4 - O método da filosofia

Enquanto os mitos eram repassados pela tradição religiosa, de forma hierárquica, a filosofia passou a adotar a argumentação lógica, acessível a um número bem maior de pessoas.

5 - Os Pré-Socráticos

Na seção 5, realizamos uma pequena análise das escolas filosóficas deste período, chamada pré-socrática por anteceder, no que toca ao método e objetos de análise, ao grande filósofo Sócrates, marco divisor da filosofia.

6 - O que estava em jogo na pergunta dos Pré-Socráticos?

Por fim, observamos que as questões levantadas pelos filósofos deste período possuíam grandes implicações. Uma delas, e a mais importante, trata da fundamentação das práticas políticas e sociais, que se embasavam no mito e na religião, não podendo ser questionadas. A partir da filosofia, será possível questionar e reinventar a fundamentação destas práticas.

É importante destacar que a mentalidade mítica pode ser utilizada para dominação ou para libertação. Sendo assim, fica claro como é importante o exercício filosófico sobre a realidade, a fim de nos livrarmos de todo imaginário ideológico que queira determinar o sentido de nossa vida, tendo em vista ações desumanizantes e opressoras.

Vale a pena

Vale a pena ler,

CHAUÍ, Marilena. *Convite à Filosofia*. São Paulo: Ática Editora, 1999.
ELIADE, Mircea. *O Conhecimento Sagrado de Todas as Eras*. São Paulo: Mercuryo Editora, 1995.
GAARDER, Jostein. *O Mundo de Sofia*. São Paulo: Companhia das Letras, 1996.
GUTHRIE, William K. C. *Los Filósofos Griegos*. México: Fondo de Cultura Económica, 2010.
KIRK, G. S.; RAVEN, J.E.; SCHOFIELD, M. *Os Filósofos Pré-Socráticos*. Lisboa: Fundação Calouste Gulbenkian, 2010.
OSBORNE, Richard. *Filosofia Para Principiantes*. Rio de Janeiro: Objetiva Editora, 1998.
STEIN, Ernildo. *Uma Breve Introdução à Filosofia*. Ijuí: UniJuí Editora, 2002.
STONE, I. F. *O Julgamento de Sócrates*. São Paulo: Companhia das Letras, 2005

Vale a pena assistir,

Artigo 15 (2019) – O filme problematiza a influência do Sistemas de Castas na Índia na atualidade, exemplificando como as narrativas cosmogônicas organizam a sociedade e, não raras vezes, se impõem como sistemas de dominação de grupos sociais.

Dharm (2007) – A película, ao mesmo tempo que propõe uma forma humanista de interpretar a perspectiva hindu de castas sociais ainda visível na atual Índia, desvela a força deste sistema no cotidiano indiano.

Minhas anotações

Aula 4º

Os patronos da filosofia grega

Finalmente, vamos conhecer Sócrates! Na aula passada, estudamos a filosofia pré-socrática. Analisamos as inquietações iniciais da filosofia, os fatores históricos que lhe favoreceram o surgimento, e ainda qual a sua característica metodológica principal. Por fim, refletimos sobre as consequências de seu surgimento, sobretudo para quem manipulava os mitos para a dominação.

O período pré-socrático recebeu este nome por um motivo muito importante: a filosofia grega se divide em antes e depois de Sócrates, patrono da Filosofia Grega. Ao lado dele, figuram como também importantes para nossa análise, os filósofos Platão e Aristóteles. Juntos, são os três maiores filósofos da Grécia!

Nossos objetivos se darão através de uma visão geral sobre os três filósofos. Na verdade, estes três pensadores produziram material para estudar durante vários anos, mas nosso objetivo aqui será o de estimular vocês a conhecer mais sobre a produção filosófica deste período. Vamos lá?

Bons estudos!

Objetivos de aprendizagem

Ao término desta aula, vocês serão capazes de:
- conhecer melhor os filósofos Sócrates, Platão e Aristóteles e sua contribuição para a Filosofia e para a Educação;
- conhecer o método da Maiêutica e da Lógica;
- distinguir o Idealismo de Platão e o Realismo de Aristóteles;
- identificar os campos de conhecimento, elencados por Aristóteles.

Seções de estudo

1 - Sócrates, a Filosofia e a Educação
2 - Platão, a Filosofia e a Educação
3 - Aristóteles, a Filosofia e a Educação
4 - Filosofia e Religião

1 - Sócrates, a Filosofia e a Educação

Sócrates é o principal pensador do período filosófico grego. Nasceu em Atenas por volta de 470 a.C. e morreu em 399 a.C., aos 70 anos de idade, condenado pelo tribunal de Atenas a tomar cicuta, substância venenosa. Seu pai, Sofronisco, era escultor e sua mãe, Fenarete, parteira. Consta que tenha saído de Atenas apenas três vezes na vida, como soldado. Alcebíades, também soldado, testemunha ter sido salvo na batalha por Sócrates, descrevendo-o como "infatigável, insensível ao frio, corajoso, modesto, senhor de si quando o exército era derrotado" (CHAUÍ, 1999, p. 178). Marilena Chauí (1999, p. 180), o descreve como personagem chamativa, que gostava de dançar e tocar lira, do convívio com prostitutas e de grandes bebedeiras.

CURIOSIDADE:
A conduta de Sócrates é excêntrica: caminhando a conversar com um amigo, fica plantado atrás, parado numa meditação; conviva refinado e educado, não tem os bons modos de chegar na hora, chegando sempre no meio do banquete; não é pobre, mas vive como um desvalido; anda descalço, mas frequenta a alta sociedade; dizem que só gosta de meninos, mas adora filosofar com as prostitutas; dizem que não têm o dom da oratória, mas quando fala, paralisa o adversário e apaixona o aliado (CHAUÍ, 2002, p. 181).

Por ser extremamente crítico, Sócrates acabou por se afastar da vida política. Sua ideia de patriotismo estava muito mais ligada à tarefa da educação de jovens - de forma que viessem a exercer o poder de forma cidadã -, do que a uma exposição sua na política representativa:

> É que todos os meus passos se reduzem a andar por aí, persuadindo novos e velhos a não se preocuparem nem tanto nem em primeiro lugar com seu corpo e sua fortuna, mas antes com a perfeição de sua alma. (citado por PLATÃO, Apologia de Sócrates, 29D).

Sua atividade filosófica se inicia quando, indo consultar o oráculo de Apolo Delfos, este lhe revela que ele era a pessoa 'mais sábia entre os homens'. Querendo provar o contrário ao oráculo, procura as pessoas que julgava sábias em Atenas, a fim de mostrar a todos que ele não era a pessoa mais sábia ali. Nesta atividade, no entanto, vêm perceber que tais pessoas se julgavam sábias, sem nada saber, ou seja, seus conhecimentos eram equivocados. No entanto, consideravam que sabiam de tudo. Então, compreende o que lhe dissera o oráculo: ele era o mais sábio dentre os homens, por reconhecer, ao menos, que não tinha o conhecimento que seus pares julgavam ter. Ele teria dito: 'Só sei que nada sei'.

> É bem provável que nenhum de nós saiba nada de bom, mas ele supõe saber alguma coisa e não sabe, enquanto eu, se não sei, tampouco suponho saber. Parece que sou um nadinha mais sábio que ele exatamente em não supor que saiba o que eu não sei (Discurso de Sócrates. In: Platão. Apologia de Sócrates, 2008, p. 17).

Ao dar continuidade às entrevistas com os sábios, Sócrates angariou muitos discípulos, pois para chegar ao conhecimento de que a sabedoria dos pretensos sábios era nula, ele procedia um extenso diálogo, onde seu interlocutor caia em uma série inumerável de contradições.

Fonte: https://www.umsabadoqualquer.com/857-socrates-6/.
Acesso em: 19/12/2020.

Isto provocará, por sinal, muitas inimizades, dos conservadores e políticos de Atenas. O resultado final desta insatisfação foi uma acusação e condenação levantada por Mileto, Anito e Licon. Como aponta o filósofo Giannotti, "em 399 a.C. Sócrates, já com setenta anos, foi acusado de impiedade e corruptor da juventude" (GIANNOTTI, 2011, p. 45), acusação que lhe rendeu a morte, por envenenamento – com a cicuta.

Esperou por mais de um mês a morte no cárcere. Neste período, um de seus discípulos providenciou uma fuga, mas Sócrates não quis aceitar, alegando não querer desobedecer as leis da pátria. Entre sua prisão e sua morte, é que desenvolveu a grande parte das palestras que posteriormente foram escritas por seus discípulos. Foi Platão quem mais escreveu sobre Sócrates, tendo destaque sua obra '*Apologia de Sócrates*'. Morreu em 399 a.C. com 71 anos de idade (CHAUÍ, 2002, p. 179).

VOCÊ SABIA?

Você sabia que Sócrates não nos deixou nenhum escrito? Sua filosofia foi repassada por seus discípulos, especialmente Platão. Existem pelo menos quatro escritores gregos que nos relatam a vida de Sócrates, com imagens ligeiramente diferentes: Platão, Xenofonte, Aristófanes e Aristóteles (STONE, 2005, p. 24).

Um exemplo é a obra Górgias, em que Platão cita um diálogo de Sócrates com Polo:

Polo: Então tu preferirias ser vítima duma injustiça a cometê-la?
Sócrates: Eu propriamente não quereria nem uma coisa nem outra. Mas se tivesse de escolher entre praticar e sofrer uma injustiça, preferiria sofrê-la.

1.1 – O Início do Conhecimento

Para Sócrates, o autoconhecimento é o ápice da sabedoria. 'Conhece-te a ti mesmo', e 'Só sei que nada sei' são axiomas resultantes de sua análise. Se relaciona com o fato de que no reconhecimento da própria ignorância se abre um mundo a ser conhecido, pesquisado, explorado.

O filósofo parte do pressuposto da existência de uma lei natural que subsiste independentemente da vontade do ser humano. Esta é a lei estabelecida pela vontade divina que, estando acima das leis humanas, constitui-se em sua origem. A finalidade da Filosofia seria, portanto, o de alcançar o conhecimento destas leis, que instruiriam o ser humano em suas condutas morais.

1.2 – Educação pela Maiêutica – A arte de dar nascimento às ideias

O método que Sócrates desenvolveu para alcançar o conhecimento foi batizado de 'Maiêutica'. Etimologicamente, é um termo que tem como sinônimo a palavra obstetrícia, uma área da medicina que acompanha o período de gestação na mulher até o nascimento do filho. Em Filosofia, veio a significar o método de "dar à luz ideias, conceitos, a partir da busca da verdade que já existe dentro do próprio ser humano". Sócrates acreditava, portanto, que todos nós já carregamos a verdade dentro de nós, bastando para isto, aplicarmos as perguntas certas para trazê-las à luz. Tal método, logo, implica em um autoconhecimento, uma reflexão. Por isto, a expressão 'conhece-te a ti mesmo', de Sócrates, se tornou tão conhecida.

Para alcançar o conhecimento, tarefa que é chamada de 'gnosiologia', Sócrates fará uso de 6 passos metodológicos: ironia, maiêutica, introspecção, ignorância, indução, definição. O primeiro passo é o de desembaraçar a mente dos preconceitos, ideias erradas, das opiniões superficiais. Para tanto, será necessário reclamar a liberdade do pensamento livre, contra a imposição das autoridades e da tradição. A seguir, buscará identificar no imaginário do interlocutor a verdade que já nela existe, através da maiêutica, questionamentos que levariam a pessoa a "trazer para fora" conceitos e ideias que podem ser compreendidas como verdadeiras pelo próprio interlocutor. Trata-se, portanto, de um caminho que busca a autonomia, contrário a qualquer forma de imposição de fora.

Este método foi uma das razões que levou Sócrates a ser rejeitado em sua cidade. Ele e seus discípulos questionavam os " detentores do conhecimento" e, na medida em que tais entravam em contradição em suas respostas, mais e mais se tornava perceptível que aqueles que se julgavam sábios, eram mais cheios de si do que de sabedoria.

CONCEITO De acordo com o dicionário de Filosofia, de Nicola Abbagnano, a **ironia socrática** é a forma pela qual Sócrates se utiliza para fazer seu adversário o subestimar, para ao final, vencê-lo por imprudência no discurso. Simulava que não sabia uma questão, dando a entender que acreditava que seu adversário sabia. Ia de pergunta a pergunta, até embaraçar completamente o seu interlocutor, revelando sua incoerência. Este método, com certeza, provocou muitos inimigos a Sócrates, como revela o jornalista I. F. Stone (2005, p. 108):

> O que havia de mais humilhante – e irritante – no método socrático de investigação era o fato de que, ao mesmo tempo que era demonstrada a realidade da ignorância dos outros, estes eram levados a pensar que a suposta ignorância de Sócrates era puro fingimento e ostentação. [...] Seus interlocutores sentiam que, por trás da 'ironia', da máscara de falsa modéstia, Sócrates na verdade estava rindo deles. É essa crueldade que se esconde nas entrelinhas do relato platônico, com todo o seu fino humor aristocrático.

1.3 – Fundamentação das Ideias

Para fazer avançar seu método, Sócrates desenvolve a diferença entre opinião e conceito. A opinião é a crença que se toma como verdadeira, mas que é obtida sem nenhuma análise crítica ou preocupação de atestar sua coerência e possibilidade. Já o conceito pode ser definido como teoria elaborada a partir de método sério, razoável e fundamentado na realidade, capaz de nos levar à essência do objeto pesquisado ou, em outras palavras, à definição correta, verdadeira do tema ou objeto pesquisado. A tarefa do filósofo é libertar-se das opiniões, descobrindo o conceito, a essência de todas as coisas pesquisadas.

Recentemente, o dicionário Oxford anunciou o surgimento de um novo verbete, a saber, o termo *Post-truth (pós-verdade)*, que traz a seguinte definição: "relativo ou referente a circunstâncias nas quais os fatos objetivos são menos influentes na opinião pública do que as emoções e as crenças pessoais". Fonte: Brasil El País: http://brasil.elpais.com/brasil/2016/11/16/internacional/1479308638_931299.html. Acesso em: 17/11/2016.

O termo refere-se à situação na qual a verdade objetiva,

factual, não tem mais nenhuma importância na formação da opinião de um indivíduo ou grupo social. O que importa é a crença pessoal, ainda que infundada, incoerente e contraditória. Nesta situação, os fatos são abertamente ignorados, ocultados ou distorcidos, a fim de fazer prevalecer a vontade do expoente. Em períodos de crescimento do uso das redes sociais, inventa-se uma notícia falsa e o que importa é o número de vezes em que ela é compartilhada, bem como o sentimento e ações que a mesma desencadeia em seus leitores ou seguidores. Trata-se do triunfo da "opinião fraudulenta ou rasa" sobre o "conceito ou verdade" sobre o tema em questão.

Sobre este mesmo tema tem advertido o filósofo norte-americano Harry G. Frankfurt que, para combater o excesso de "opiniões rasas" nos debates públicos, teorizou filosoficamente sobre o termo "falar merda". Para Frankfurt, "falar merda" é o termo que descreve a argumentação que alguém usa quando não possui nenhuma fundamentação sobre um tema que requer, necessariamente, fundamentação sólida, razoável e científica sobre o mesmo. Em outras palavras, o debatedor ou interlocutor emite mil opiniões sobre temas, fundado meramente em achismos ou chavões populares, que carecem de qualquer razoabilidade (FRANKFURT, 2005, p. 64).

Uma adequada abordagem sobre a redução da maioridade penal no Brasil, políticas públicas acerca do aborto, do aumento ou diminuição de impostos, da necessidade ou não de regular o mercado, requerem uma razoável gama de conhecimentos interdisciplinares, teóricos, técnicos e práticos. De igual forma, o mesmo se requer nos debates sobre o problema do aumento da criminalidade no país, a descriminalização e/ou legalização das drogas, as questões de gênero, o conceito de família, homoafetividade e homofobia, reforma política, democracia, ditadura e intervenção militar, meritocracia e liberdade, igualdade e desigualdade social, racismo, cotas raciais e/ou sociais, questões ambientais, privatização e estatização, religião, teísmo e ateísmo, limites da liberdade de expressão e censura, limites entre o humor e o bullying, direitos humanos, entre outros temas. São debates extremamente necessários, mas que quando empreendidos por interlocutores munidos apenas com preconceitos, acabam redundando em soma negativa, no que se diz respeito à conquista de respostas efetivas e úteis sobre tais temas.

ENQUETE: Considerando a diferenciação entre opinião e conceito (Sócrates), o verbete pós-verdade (D. Oxford) e o termo falar merda (Frankfurt), promova uma pesquisa entre seus amigos sobre por que concordam ou discordam da frase abaixo, do escritor norte-americano Harlan Ellison: "Você não tem direito de expressar sua opinião. Você tem direito de expressar a sua opinião fundamentada. Ninguém tem o direito de ser ignorante."

1.4 - O que significa dizer 'Só sei que nada sei'?

Fonte: QUINO. Cada um no seu lugar. São Paulo: Martins Fontes Editora, 2005. p. 107.

A expressão "Só sei que nada sei" possui significados extremamente graves. Dentro de uma sociedade absolutista e tradicional significa afirmar que já não se tem como verdadeiras as verdades clássicas e estabelecidas. É colocar em dúvida todo um sistema construído a partir de um imaginário específico. É iniciar um processo de reconstrução das ideias que deverão governar as ações humanas, e isto consiste em alterar a ordem reinante, que, por sua vez, implica em mexer com os interesses e com o status dos que detém um poder de controle legitimado pelo imaginário vigente.

Vamos dar um exemplo: na Antiguidade, os reis eram considerados como os maiores representantes das divindades. Dominavam a todos, como bem entendiam, e faziam o povo acreditar que suas ações eram divinas e, portanto, inquestionáveis. Podiam oprimir, praticar injustiças etc., com este manto ideológico. Então, quando alguém admirado por muitas pessoas, como era o caso de Sócrates, tecia uma afirmação de que 'não tinha mais certeza de nada', estava querendo dizer que não tinha mais certeza das ideias que eram consideradas certas pelos governantes, e que os legitimavam. Na medida em que tal dúvida fosse tomando conta de mais pessoas, mais e mais a ordem iria ser questionada, colocando em xeque as ações do poder. Acerca destes fatos, nos adverte a filósofa Marilena Chauí:

> Sabemos que os poderosos têm medo do pensamento, pois o poder é mais forte se ninguém pensar, se todo mundo aceitar as coisas como elas são, ou melhor, como nos

dizem e nos fazem acreditar que são. Para os poderosos de Atenas, Sócrates tornara-se um perigo, pois fazia a juventude pensar (CHAUÍ, 1999, p. 38).

Essa razão nos leva a compreender um pouco mais porque Sócrates foi condenado à morte. Sua filosofia estava desestabilizando a maneira da sociedade ser organizada, relativizando as posições sociais. Quando não existe mais a certeza, o ser humano já não obedece tão calmamente a ordem social, quanto antes. Abre-se o espaço para as buscas por mudanças, para as lutas por novos direitos e para a conquista da liberdade.

2 - Platão, a Filosofia e a Educação

Nascido em Atenas por volta de 428 a.C., Platão teve vida econômica muito diferente da de Sócrates, pois era filho de pais aristocráticos e ricos. Conhece Sócrates por volta de seus 20 anos, e permanece com ele durante oito anos, recebendo sua instrução. Neste período, aprofunda seus estudos acerca dos pré-socráticos. Após a morte de seu mestre, viaja para Megára, para junto de Euclides.

Esteve envolvido profundamente com a política, o que explica a preocupação de algumas de suas obras, consideradas utópicas. Além de *A República*, uma de suas obras mais conhecidas, conhecem-se ainda muitas outras de suas obras completas. Existe uma outra variedade de obras apócrifas, que foram escritas para se fazer passar como de autoria platônica.

2.1 – Platão e a Educação

Platão é conhecido por ter sido não somente um dos maiores filósofos na Grécia, mas também como o primeiro pedagogo segundo o conceito moderno.

Sua instrução se deu em meio a muitas viagens, nos anos de 390 a 388 a.C. No ano posterior, fundou em Atenas uma academia de Filosofia, que recebeu exatamente este nome – Academia, por estar localizada nos jardins de Academo. É conhecida uma propriedade que adquiriu, perto de Colona, onde teria levantado um templo às Musas, que acabou por se tornar propriedade da escola até sua destruição no império de Justiniano, em (529 d.C.).

Para Platão, o ser humano é um ser mutável. Possui uma incrível capacidade para aprender o bem, o correto. Neste sentido, o papel da educação será o de despertar no estudante a direção para onde deverá caminhar, a fim de alcançar seu máximo bem-estar, individual e social:

> "O homem pode converter-se no mais divino dos homens, sempre que se o eduque corretamente; converte-se na criatura mais selvagem de todas as criaturas que habitam a terra, em caso de ser mal-educado" (PLATÃO, As Leis, 766a).

O filósofo acreditava que a educação fortalece o cidadão e, consequentemente, enriquece o Estado. Por essa razão, defendeu que a educação deveria ser responsabilidade do Estado, com acesso universal e oferecida tanto a meninos quanto a meninas. Suas ideias foram consideradas radicais para seu período e só foram adotadas tardiamente no Ocidente.

2.2 - Teoria das Formas

A principal ideia de Platão é a do 'mundo das ideias' ou 'teoria das formas'. Acreditava que o mundo é dividido em duas partes: o mundo das ideias, eterno, fixo e imutável, verdadeiramente real, e o mundo físico, carnal, onde tudo muda, de opinião em opinião. O mundo das ideias é a fonte de estrutura e ordem do mundo material.

Daí seu conceito de diferenciação entre opinião e conhecimento. Qualquer afirmação que se relaciona com o mundo físico, só pode ser considerada como opinião. Para chegar à dimensão da 'verdade em si', há que se aplicar a razão, única maneira de atingirmos o conhecimento verdadeiro.

Uma das formas pelas quais Platão tentou usar para esclarecer seu conceito foi a do mundo físico em perspectiva matemática. Em nossa mente, por exemplo, conseguimos conceber um círculo perfeito, mas ao desenhar, nunca chegamos à perfeição absoluta, com pontos que apresentam a mesma distância de seu eixo. A ideia, neste caso, é perfeita, mas a experiência dela não.

Conceitos como beleza, justiça, bondade, entre outros, serão explicados da mesma forma pelo filósofo. Em sua maneira de ver, quando manifestamos virtudes como estas, devemos entender que se trata de representações das verdadeiras virtudes, que estão no plano ideal.

2.3 - O Mito da Caverna

As ideias de Platão, esboçadas acima, podem ser facilmente compreendidas quando analisamos a alegoria que escreve, na sua obra '*A República*', chamada 'O Mito da Caverna'.

> Imaginemos uma caverna subterrânea onde, desde a infância, geração após geração, seres humanos estão aprisionados. Suas pernas e seus pescoços estão algemados de tal modo que são forçados a permanecer sempre no mesmo lugar e a olhar apenas a frente, não podendo girar a cabeça nem para trás nem para os lados. A entrada da caverna permite que alguma luz exterior ali penetre, de modo que se possa, na semiobscuridade, enxergar o que se passa no interior.
> A luz que ali entra provém de uma imensa a alta fogueira externa. Entre ele e os prisioneiros – no exterior, portanto – há um caminho ascendente ao longo do qual foi erguida uma mureta, como se fosse a parte fronteira de um palco de marionetes. Ao longo dessa mureta-palco, homens transportam estatuetas de todo tipo, com figuras de seres humanos, animais e todas as coisas.
> Por causa da luz da fogueira e da posição ocupada por ela os prisioneiros enxergam na parede no fundo da caverna as sombras das estatuetas transportadas, mas sem poderem

ver as próprias estatuetas, nem os homens que as transportam. Como jamais viram outra coisa, os prisioneiros imaginavam que as sombras vistas são as próprias coisas. Ou seja, não podem saber que são sombras, nem podem saber que são imagens (estatuetas de coisas), nem que há outros seres humanos reais fora da caverna. Também não podem saber que enxergam porque há a fogueira e a luz no exterior e imaginam que toda a luminosidade possível é a que reina na caverna.

Que aconteceria, indaga Platão, se alguém libertasse os prisioneiros? Que faria um prisioneiro libertado? Em primeiro lugar, olharia toda a caverna, veria os outros seres humanos, a mureta, as estatuetas e a fogueira. Embora dolorido pelos anos de imobilidade, começaria a caminhar, dirigindo-se à entrada da caverna e, deparando com o caminho ascendente, nele adentraria.

Num primeiro momento ficaria completamente cego, pois a fogueira na verdade é a luz do sol e ele ficaria inteiramente ofuscado por ela. Depois, acostumando-se com a claridade, veria os homens que transportam as estatuetas e, prosseguindo no caminho, enxergaria as próprias coisas, descobrindo que, durante toda a sua vida, não vira senão sombra de imagens (as sombras das estatuetas projetadas no fundo da caverna) e que somente agora está contemplando a própria realidade.

Libertado e conhecedor do mundo, o prisioneiro regressaria à caverna, ficaria desnorteado pela escuridão, contaria aos outros o que viu e tentaria libertá-los.

Que lhe aconteceria nesse retorno? Os demais prisioneiros zombariam dele, não acreditariam em suas palavras e, se não conseguissem silenciá-lo com suas caçoadas, tentariam fazê-lo espancando-o e, se mesmo assim, ele teimasse em afirmar o que viu e os convidasse a sair da caverna, certamente acabariam por matá-lo. Mas, quem sabe alguns poderiam ouvi-lo e, contra a vontade dos demais, também decidissem sair da caverna rumo à realidade.

O que é a caverna? O mundo em que vivemos. Que são as sombras das estatuetas? As coisas materiais e sensoriais que percebemos. Quem é o prisioneiro que se liberta e sai da caverna? O filósofo. O que é a luz exterior do sol? A luz da verdade. O que é o mundo exterior? O mundo das ideias verdadeiras ou da verdadeira realidade. Qual o instrumento que liberta o filósofo e com o qual ele deseja libertar os outros prisioneiros? A dialética. O que é a visão do mundo real iluminado? A Filosofia. Por que os prisioneiros zombam, espancam e matam o filósofo (Platão está se referindo à condenação de Sócrates à morte pela assembleia ateniense)? Porque imaginam que o mundo sensível é o mundo real e o único verdadeiro.

Fonte: PLATÃO. In: CHAUI, Marilena. Convite a filosofia. São Paulo: Editora Ática, 1999. p. 41.

Platão foi o filósofo que mais influenciou a teologia cristã nos primeiros séculos, como é o caso da teologia de Santo Agostinho. Existem severas críticas a esta influência. Uma delas acusa o Cristianismo nascente de ter desvalorizado a dimensão material da vida, passando a se dedicar a abstrações.

3 - Aristóteles, a Filosofia e a Educação

Aristóteles (384-322) é o terceiro filósofo que mais nos interessa dentro do Período Grego da Filosofia. Nascido na Macedônia, de pai médico de grande renome, aos 16 anos Aristóteles chega à Academia fundada por Platão quando este já tinha 61 anos de idade.

O período Aristotélico representa, dentro de todos os anos de produção filosófica grega, uma grande enciclopédia de todo o conhecimento até então acumulado, em suas diversas áreas, situando a Filosofia como um saber que procura conhecer todas as coisas, através de procedimentos diferentes para cada área que pesquisa. Segundo Jostein Gaarder, existem registros históricos que dão conta de cento e setenta títulos assinados por Aristóteles, acerca dos quais conhecemos apenas quarenta e sete (GAARDER, 1996, p. 122).

3.1 - Aristóteles e Platão

Se a formação recebida dos pais pode refletir na formação da estrutura de pensamento de alguém, isto pode ser visualizado claramente em Platão e Aristóteles: enquanto o pai de Platão era matemático (ciência abstrata), o pai de Aristóteles era médico, ciência experimental.

Como deveriam ser formados os conceitos que temos acerca da realidade? Platão acreditava que uma ideia verdadeira vinha à nossa mente através da contemplação. Já Aristóteles, defendia exatamente o contrário: o mundo real é este que vivemos, e a maneira de conhecê-lo é através da experimentação dele. As ideias que temos em nossa mente nos chegam destas experiências. Por essa razão é que Aristóteles realizou estudos acerca de tantos temas ligados à política, retórica, biologia, zoologia e medicina, além dos temas ainda ligados à metafísica.

A diferença entre estes dois pensadores pode ser visualizada no quadro de Rafael, pintor renascentista italiano: no retrato da Academia de Atenas, Platão aparece apontando o indicador para cima, remetendo seus estudantes ao mundo das ideias, enquanto Aristóteles, surge com a mão estendida para baixo, remetendo-nos ao mundo material, sensível, lugar onde o conhecimento pode ser empiricamente demonstrado.

Academia de Atenas. Imagem acessível em: https://visitvaticancity.org/wp-content/uploads/vatican-museum-raffaello.jpg. Acesso em: 16/03/2020.

3.2 - Os campos do conhecimento filosófico e a educação

Duas questões estão na agenda das discussões atuais, que possuem relação com o pensamento de Aristóteles. A primeira delas pergunta sobre qual a finalidade da educação, enquanto a segunda questiona qual o papel do Estado nesta formação: Deve o estado ensinar apenas ciências neutras ou deve também colaborar para a vivência cidadã, através da reflexão sobre valores éticos e morais, tais como cidadania, pluralismo, diversidade, tolerância e igualdade?

Para Aristóteles, a educação possui função dupla: completar o que nos falta em nossa natureza (o ser humano nasce incompleto) e preparar-nos para a vivencia social, colaborando com uma formação moral, ética e política (uma vez que apenas em coletividade nós nos realizamos plenamente).

Aristóteles estabelecerá diferenças entre os diversos tipos de aprendizados, a partir de escalas que vai dos conhecimentos simples e inferiores até os mais complexos e superiores, formando no final a totalidade do conhecimento humano. Cada tipo de conhecimento possui objetos específicos e métodos singulares para a sua compreensão, demonstração e prova. Cada campo do conhecimento é uma ciência (ciência, em grego, é episteme), que procura conhecer as leis gerais que regem o pensamento naquela área.

Ao estudo que pesquisa as formas gerais do pensamento deu-se o nome de lógica, que é, na verdade, não uma ciência, mas um instrumento científico, sendo tomada hoje como um dos ramos do estudo da Filosofia. Aristóteles foi quem a fundou, estabelecendo uma série de normas rígidas para que nossas conclusões pudessem ser consideradas válidas.

Para melhor compreensão de um conhecimento, Aristóteles estabeleceu uma classificação distintiva para cada um, que ainda hoje são utilizadas em sistemas educacionais. Vejamos, conforme Chauí (1999, p. 41-43):

a) ciências produtivas: arquitetura, economia, medicina, pintura, escultura, poesia, teatro, oratória, arte da guerra, da caça, da navegação, etc.;

b) ciências práticas: ética, em que a ação é realizada pela vontade guiada pela razão para alcançar o bem do indivíduo, e política, em que a ação é realizada pela vontade guiada pela razão para ter como fim o bem da comunidade ou o bem comum.

c) ciências teoréticas, contemplativas ou teóricas: física, biologia, meteorologia e psicologia; as matemáticas e a astronomia; a **metafísica e a teologia.**

A partir da classificação aristotélica, definiu-se, no correr dos séculos, o grande campo da investigação filosófica, campo que só seria desfeito no século XIX da nossa era, quando as ciências particulares se foram separando do tronco geral da Filosofia. Assim, podemos dizer que os campos da investigação filosófica são três:

d) 1º Ontologia (o que é o ser?) - Trata-se do conhecimento da realidade última de todos os seres, ou da essência de toda a realidade, através da metafísica e da teologia;

e) 2º Epistemologia (como conhecer o ser?) – Trata-se do conhecimento da capacidade humana de conhecer, isto é, o conhecimento do próprio pensamento em exercício – a lógica, a teoria do conhecimento e o conhecimento científico.

f) 3º Ética e política (qual a direção ideal do ser?) - O do conhecimento das ações humanas ou dos valores e das finalidades da ação humana.

3.3 - Conceitos específicos de Aristóteles

Destacamos por fim, dois conceitos interessantes de Aristóteles, a saber, sua ideia acerca da política, da ética e acerca da mulher (GAARDER, 1996, p. 131-133). Vejamos:

Política – Para Aristóteles, o 'homem é um animal de natureza política', ou seja, é um ser que depende da vivência em sociedade para se realizar plenamente. Por essa razão, o maior campo da demonstração de nossas virtudes estará na sociedade, quando colaboramos para a sua construção, sustentação e equilíbrio.

A Mulher – É importante destacar que, apesar de ser considerado um dos maiores filósofos da história, Aristóteles defendia uma ideia acerca da mulher que hoje é considerada insustentável. Para ele, a mulher era um homem incompleto (Ver Aristóteles, Coleção Os Pensadores, Nova Cultural).

Esta ideia, por influência deste filósofo, perdurou durante toda a Idade Média.

4 - Filosofia e Religião

Este é um período que irá trazer grandes implicações para a Religião. Embora esses três filósofos acreditassem em Deus, o pensamento que desenvolveram irá ser responsável, em grande parte, por uma nova maneira de ver o mundo. Antes, tudo era interpretado com relação aos deuses ou a Deus. A condição e os eventos humanos, a política, a ética, a medicina etc. A partir de agora, instaura-se no pensamento a exigência da razoabilidade, da lógica, da comprovação das verdades defendidas. Neste sentido, a partir de então, a filosofia irá representar um interlocutor desafiador para a religião.

Esta maneira de pensar provocou o que podemos chamar de desencantamento do mundo, ou seja, o que antes era interpretado como vontade de Deus ou dos deuses passou a ser investigado a partir da ideia de causa e efeito, ou como decorrência da ação humana. Com o relacionamento imbricado entre religião cristã e política na Idade Média, no entanto, este movimento sofreu um duro golpe, só retornando completamente com a modernidade.

SABER MAIS

Nesta aula, não deu para estudarmos tudo o que é interessante sobre a filosofia grega. Então, vai ficar como desafio para vocês acrescentarem alguns itens à pesquisa. Vale a pena investigar em futuras pesquisas, informações mais amplas sobre quem eram os sofistas, os estóicos, os epicureus, os ceticistas e os neoplatônicos.

Retomando a aula

Como foi estudar sobre os patronos da Filosofia Grega? Acredito que parecia mais difícil do que foi, não é? Vamos relembrar, para dar prosseguimento a nossa disciplina.

1 – Sócrates, a Filosofia e a Educação

Na seção 1, estudamos brevemente a biografia, a filosofia e a importância do filósofo ateniense Sócrates. Foi ele quem demonstrou a importância da abertura de mente, a fim de que possamos continuar no aprendizado.

2 – Platão, a Filosofia e a Educação

Platão nos revelou o quanto o ser humano pode estar preso a conceitos ultrapassados, simplesmente porque não quer exercitar a atividade racional. Permanecem presos na caverna.

3 – Aristóteles, a Filosofia e a Educação

Na seção 3, verificamos que foi Aristóteles quem melhor teorizou, no período, sobre o método filosófico, criando assim, a lógica, ou seja, a arte de pensar corretamente.

4 - Filosofia e religião

Na seção 4, constatamos como a filosofia irá representar uma interlocução necessária à religião, tendo em vista as diferenças metodológicas de uma e de outra.

Vale a pena ler,

OS PENSADORES. A República de Platão. São Paulo: Nova Cultural, 2003.
OS PENSADORES. Aristóteles. Política. São Paulo: Nova Cultural, 2004.
CHAUÍ, Marilena. Convite à Filosofia. São Paulo: Ática Editora, 1999.
EVILÁZIO, F. Borges Teixeira. A Educação segundo Platão. São Paulo: Ed. Paulus, 2006.
FRANKFURT, Harry G. Sobre Falar Merda. Rio de Janeiro: Editora Intrínseca, 2005.
GAARDER, Jostein. O Mundo de Sofia. São Paulo: Companhia das Letras, 1996.
GIANNOTTI, J. A. Lições de Filosofia Primeira. São Paulo: Companhia das Letras, 2011.
GUTHRIE, W. K. C. Os Sofistas. São Paulo: Paulus Editora, 1995.
HOURDAKIS, Antoine. Aristóteles e a Educação. São Paulo: Loyola Editora, 1995.
PLATÃO. Apologia de Sócrates. São Paulo: L&PM Editores, 2008.
OSBORNE, Richard. Filosofia Para Principiantes. Rio de Janeiro: Objetiva Editora, 1998.
STEIN, Ernildo. Uma Breve Introdução à Filosofia. Ijuí: UniJuí Editora, 2002.
STONE, I. F. O Julgamento de Sócrates. São Paulo: Companhia das Letras, 2005

Minhas anotações

Aula 5º

Os períodos filosóficos

O que vêm depois da Filosofia Grega? Na aula passada, visualizamos um pouco da Filosofia de Sócrates, Platão e Aristóteles, que até hoje continuam provocando novas pesquisas e ideias. Nesta aula, iremos analisar o pensamento filosófico desde a filosofia patrística (dos primeiros séculos da era cristã) até a filosofia contemporânea, do início do século XIX. Acha que é muita coisa? Tem razão, mas vamos avançar gradualmente.

Bons estudos!

Objetivos de aprendizagem

Ao término desta aula, vocês serão capazes de:
- conhecer melhor os períodos filosóficos na História, dentre eles, a Filosofia Patrística, a Filosofia Escolástica, a Filosofia Renascentista, o Iluminismo, a Modernidade e a Filosofia Contemporânea, também chamada por alguns teóricos de Filosofia Pós-Moderna;
- analisar os temas mais importantes da filosofia ao longo dos séculos, tais como a relação entre filosofia e religião, o dogmatismo e a intolerância, as leis da natureza e o surgimento das ciências empíricas, o racionalismo, a expectativa de mudar o mundo através da razão política etc.

Seções de estudo

1 - A Filosofia na História
2 - Os principais períodos da Filosofia

1 - A Filosofia na História

Como já observamos, a Filosofia é uma disciplina entranhada na materialidade e na história. Passou por transformações, dando origens a novas questões, métodos e disciplinas (como é o caso da Psicologia e da Sociologia). Estas mudanças podem ser melhor observadas quando a analisamos a partir das características específicas que desenvolveu em cada período. É o que continuaremos a estudar.

2 - Os principais períodos da Filosofia

2.1 – A Filosofia no Império Romano

Embora o Cristianismo, desde seus primórdios, devotasse uma preocupação profunda em relação aos pobres, escravos e outros marginalizados, bem como à opressão dirigida pelo Império Romano a estes, uma nova fase se inaugura no IV século d.C., com o imperador Constantino, associando religião, política e direito, distinguindo o pensamento filosófico desenvolvido a partir de então, daquele que predominou na Grécia no período anterior:

> O pensamento medieval distingue-se radicalmente do pensamento da Grécia Antiga pela preponderância do Cristianismo que, como estrutura sociopolítica e religiosa, estabelece os parâmetros dentro dos quais a filosofia pode se desenvolver" (GILES, 1995, p. 58)

Sendo um braço do poder político, a religião estabelecerá limites à filosofia, provocando implicações em todas as áreas da vivência social.

2.2 – A Filosofia na Patrística (do século I ao século VII)

A filosofia neste período será chamada de Filosofia Patrística. Inicia-se com as Epístolas de São Paulo e o Evangelho de São João e termina no século VIII, quando teve início a Filosofia Medieval. Divide-se em **patrística grega** e **patrística latina**, tendo entre seus nomes mais importantes os filósofos e teólogos Justino, Tertuliano, Atenágoras, Orígenes, Clemente, Eusébio, Santo Ambrósio, São Gregório Nazianzo, São João Crisóstomo, Isidoro de Sevilha, Santo Agostinho, Beda e Boécio.

A Patrística introduziu no debate ideias até então alheias à preocupação dos filósofos greco-romanos: a criação do mundo, o pecado original, o problema do mal, o livre arbítrio, a responsabilidade humana frente a seus atos, a trindade, a encarnação e morte de Deus-Jesus, o juízo final e a ressurreição dos mortos etc. Trata-se de um esforço que os primeiros representantes do Cristianismo empreenderam para conciliar a nova religião com o pensamento filosófico dos gregos e romanos e para, a partir de então, desenvolver a tarefa da evangelização dos pagãos e da defesa da fé cristã.

A partir de Agostinho, a Igreja adotará uma dupla divisão do conceito de verdade: a verdade superior (ratio superior), que se origina em Deus, nas Escrituras Sagradas e na interpretação do Magistério da Igreja; e a verdade inferior (ratio inferior), que se deriva da experiência empírica e racional (filosofia e ciência). Ao conquistar força política e ser elevada à posição de religião oficial do Império Romano, a Igreja Cristã se elegeu como tutora das mentalidades no Ocidente, relegando a segundo plano a racionalidade puramente filosófica, que passará a ser vista como "serva da teologia". (HRYNIEWICX, 2006, p. 317)

Duas estratégias principais foram promovidas. A primeira será a absolutização dos dogmas decididos nos Concílios das Igrejas. A segunda será o desenvolvimento de uma política pública de criminalização e combate das divergências teológicas (criminalização da heresia, em 380 d.C.) e do paganismo (em 392 d.C.), como pode se ver no Decreto dos imperadores Teodósio e Valenciano Augustus (HILLGARTH, 2004, p. 63):

> Imperadores Teodósio e Valenciano Augustus para Isidoro, Prefeito Pretoriano. Nós proibimos todas as pessoas de mente pagã criminosa de realizar a imolação de vítimas inocentes, sacrifícios condenáveis e de todas as demais práticas proibidas pela autoridade da mais antiga das sanções. Nós ordenamos que todos os seus templos, igrejas e altares, mesmo que não reste nenhum intacto, sejam destruídos por ordem dos magistrados e sejam purificados com a edificação do sinal da venerável religião. Cristã. Todos devem saber que se ficar evidente, com provas adequadas diante de um juiz, que qualquer pessoa que zombou dessa lei, ela deve ser punida com a morte.

O ato da igreja *varrer as heresias e o paganismo de sua órbita* passa a ser interpretado como *serviço feito em prol da salvação da humanidade*, encontrando legitimidade principalmente no dogma do *Pecado Original* e na doutrina do *Inferno*, que passaram a ser usados como instrumentos de imposição e controle de crenças. Segundo tais doutrinas, *todos os seres humanos nasceram condenados pela divindade à punição infinita no inferno*. A única forma de escapar deste castigo seria por meio da adesão à crença de que *Jesus de Nazaré foi sacrificado na cruz como substituto do ser humano*. Aos que aceitassem pela fé esta substituição, e aderissem ao Cristianismo, seriam salvos daquele castigo infinito.

Nem todas as obras de Platão e Aristóteles receberam autorização para serem consultadas. No ano de 529 d.C., o imperador cristão Justiniano determina o fechamento da Escola Filosófica fundada por Platão:

Neste ano, a Academia de Platão, em Atenas, foi fechada. (...) Assim, o ano 529 simboliza o momento em que a Igreja Cristã 'coloca uma tampa' na filosofia grega (GAARDER, 1996, p. 188).

A implicação desta fusão entre religião e poder político serão imensuráveis, sobretudo pelo fato de que o Cristianismo passou a teorizar, cada vez mais, sobre temas que provocarão profundas implicações políticas: liberdade de pensamento; liberdade científica e comercial; formação de leis; procedimentos processuais na esfera penal etc.

2.3 - Filosofia Medieval (do século VIII ao século XIV)

A filosofia medieval tem participação de pensadores tanto da Europa como do mundo judaico e árabe. Compreende o período em que o Cristianismo exerce poder político. Conforme Marilena Chauí, "ungia e coroava reis, organizava Cruzadas à Terra Santa e criava, à volta das catedrais, as primeiras universidades ou escolas" (CHAUÍ, 2000, p. 54). Após o século XII, a filosofia será ministrada em ambiente escolar, e por essa razão, denominou-se de Escolástica.

Deste período, destacam-se os teólogos Abelardo, Duns Scoto, Escoto Erígena, Santo Anselmo, Santo Tomás de Aquino, Santo Alberto Magno, Guilherme de Ockham, Roger Bacon, São Boaventura. Entre os árabes, Avicena, Averróis, Alfarabi e Algazáli e entre os judeus, Maimônides, Nahmanides, Yeudah bem Levi, que tiveram como influências principais Platão e Aristóteles (embora o Platão que os medievais conhecessem fosse o neoplatônico (vindo da Filosofia de Plotino, do século VI d.C.), enquanto o Aristóteles era aquele conservado e traduzido pelos árabes, particularmente Avicena e Averróis.

As tentativas de provar racionalmente a existência de Deus, o dualismo entre Deus e o mundo, o neoplatonismo da divisão entre corpo e alma, a distinção entre fé e razão (submetendo a razão à fé), a compreensão hierárquica do mundo e a submissão do poder civil (reis e demais autoridades) ao poder da Igreja, formam grande parte da preocupação da filosofia medieval (CHAUÍ, 2000, p. 54).

Característica marcante da Escolástica foi o método por ela utilizado: *"uma adaptação da filosofia grego-romana, especialmente de Aristóteles, aos ensinamentos cristãos"* (HRYNIEWICZ, 2006, p. 336). Este processo será chamado de disputa, método que consiste em submeter a filosofia à fé, definindo a verdade não em relação à qualidade de seus argumentos intrínsecos, antes, a partir da força e relação com os argumentos encontrados nas autoridades legitimadas/reconhecidas pela Igreja.

Este controle do pensamento pode ser observado na literatura de Tomás de Aquino, um dos mais brilhantes teólogos e filósofos do período. Sua principal obra é a *Suma Teológica*, em que aborda uma vasta ordem de assuntos. Dentre estes, está a relação que o Estado e a Igreja deve manter para com o hereges e pagãos e, consequentemente, com a liberdade filosófica.

Para Tomás de Aquino (S.Th., II-II, 39, 1, ad 3, S.Th., II-II, 11, 2, c, S.Th., II-II, q.11, a. 3, c.), a defesa da heresia (doutrina diversa da doutrina oficial da Igreja) assemelhava-se a um tipo de crime que deveria ser punido severamente pelo Estado. Vejamos:

> Sobre os heréticos, dois pontos precisam ser observados: um do lado deles e outro, no da Igreja. **Do lado deles há o pecado, pelo qual eles merecem não apenas serem separados da Igreja pela excomunhão, mas também separados do mundo pela morte.** Pois é um problema muito mais grave corromper a fé que alimenta a alma do que forjar dinheiro, que sustenta a vida temporal. De onde se conclui que se os falsificadores de dinheiro e outros malfeitores são condenados à morte por isso pelas autoridades seculares, há muito mais motivos para os heréticos, **tão logo sejam condenados por heresia, sejam não apenas excomungados, mas executados.**

Sobre a prática de religiões diferentes da cristã, também afirmou:

> Os ritos, porém, de outros infiéis, que nada de verdade ou de utilidade apresentam, **não devem ser tolerados** a não ser para evitar algum mal; isto é, o escândalo ou o dissídio que poderiam provir ou o impedimento da salvação daqueles que, aos poucos, se tolerados, se converteriam à fé.

A filosofia se verá, portanto, dentro desta relação entre heresia e doutrina da Igreja: qualquer ideia que pudesse ser interpretada como *"corruptora da fé"* estava passível de punição.

2.4 - Filosofia da Renascença (do século XIV ao século XVI)

Trata-se de um período marcado por intensas inovações conceituais, sobretudo a partir das expedições por frotas navais europeias que trazem de continentes diversos, novas perspectivas teóricas (social, política, antropológica e culturais).

Os nomes mais importantes desse período são: Dante, Marcílio Ficino, Giordano Bruno, Campannella, Maquiavel, Montaigne, Erasmo, Tomás Morus, Jean Bodin, Kepler e Nicolau de Cusa (MATTAR, 2010, p. 74ss). É marcado pela descoberta de obras de Platão desconhecidas na Idade Média, de novas obras de Aristóteles, bem como pela recuperação das obras dos grandes autores e artistas gregos e romanos que haviam se perdido. São três as grandes linhas de pensamento que predominavam na Renascença:

1. Aquela proveniente de Platão, do neoplatonismo e da descoberta dos livros do Hermetismo; nela se destacava a ideia da Natureza como um grande ser vivo; do homem que pode conhecer e agir sobre a natureza através da magia natural, da alquimia e da astrologia.

2. Aquela originária dos pensadores florentinos, que valorizava a vida ativa, isto é, a política, e defendia os ideais republicanos das cidades italianas e do período greco-romano clássico, contra o Império Romano-Germânico, isto é, contra o poderio dos papas e dos imperadores.

3. Aquela que propunha o ideal do homem como artífice de seu próprio destino, através da política (o ideal

republicano), das técnicas (medicina, arquitetura, engenharia, navegação) e das artes.

Substitui-se o princípio da autoridade que vigorava na Escolástica, dando lugar ao espírito crítico (revisionista), que se estabelecerá definitivamente na mentalidade ocidental.

2.4.1 – O Index Librorum Prohibitorum e a Filosofia

Essa efervescência cultural e política provocou críticas profundas à Igreja Romana, culminando na Reforma Protestante, baseada inicialmente na liberdade de crença religiosa. Contra a Reforma, a Igreja Romana conclamou o 19º Concílio Ecumênico na cidade de Trento entre 1545 e 1563 e respondeu com a elaboração da instituição do *Imprimatur*, do *Index Librorum Prohibitorum* e com o recrudescimento do Tribunal da Inquisição, ações que trarão profundas implicações à filosofia.

O *Imprimatur* foi a determinação de que toda literatura que contivesse qualquer relação com assuntos sagrados deveria ser analisada por um Órgão Censor da Igreja, a fim de receber ou não autorização para publicação. Se aprovada, recebia o carimbo *imprimatur (imprima-se)*. Veja o texto do Concílio:

> 786. (Que ninguém) ouse interpretar a mesma Sagrada Escritura contra aquele sentido, que [sempre] manteve e mantém a Santa Madre Igreja, a quem compete julgar sobre o verdadeiro sentido e interpretação das Sagradas Escrituras (...). Os que se opuserem, sejam denunciados pelos Ordinários e castigados segundo as penas estabelecidas pelo direito. (...) **e que a ninguém seja permitido imprimir ou fazer imprimir qualquer livro sobre assuntos sagrados sem o nome do autor, nem vendê-los ou retê-los consigo, se não forem primeiro examinados e aprovados pelo Ordinário** (Concílio de Trento [1543-1563], Sessão III (4-2-1546 - 786).

Junto com esta medida, a Igreja elaborou uma lista de livros que passaram a ser proibidos por serem considerados impróprios em relação às doutrinas e dogmas da Igreja: o Index Librorum Prohibitorum. Esta lista iniciou-se em 1559, seguiu sendo atualizada durante séculos (32 atualizações) e só foi abolida quatrocentos anos depois, no Concílio do Vaticano Segundo, em 1966, quando tinha quatro mil títulos proibidos. Os motivos variavam entre heresias (linhas teológicas divergentes), deficiência moral, sexualidade explícita, incorreção política etc.

Na lista figuraram obras de importantes pensadores da modernidade, tais como Galileu Galilei, Copérnico, Giordano Bruno, Maquiavel, Francis Bacon, Erasmo de Roterdam, Baruch de Espinosa, John Locke, Berkeley, Denis Diderot, Blaise Pascal, Thomas Hobbes, René Descartes, Rousseau, Montesquieu, David Hume, Immanuel Kant, Cesare Beccaria, John Milton, Alexandre Dumas, Voltaire, Erasmus Darwin, Auguste Comte, Jeremy Bentham, Vitor Hugo, Emile Zola, Anatole France, Honoré de Balzac, Jean-Paul Sartre, Simone de Beauvoir, entre outros.

Nos países católicos, tornou-se extremamente difícil encontrar cópias dos livros proibidos, enquanto em países protestantes, encontravam-se listas análogas de proibições, promovendo profundas lacunas de reflexões filosóficas e humanísticas, em séculos que viram surgir um Mundo Novo.

O tema da perseguição a livros tem sido magistralmente abordado por Robert Darnton, que amplia sua análise para períodos diversos, tanto em estados liberais como nos estados comunistas. Veja a obra Os Best-Sellers Proibidos da França pré-revolucionária (São Paulo: Companhia das Letras, 1998) e, do mesmo autor, Censores em Ação (São Paulo: Companhia das Letras, 2016).

2.5 - Filosofia Moderna (do século XVII a meados do século XVIII)

2.5.1 Movimentos Filosóficos na Modernidade

Esse período é conhecido como o Grande Racionalismo Clássico. Segundo Severo Hryniewicz (2006, p. 357-358), é marcado por quatro movimentos que, apesar de carregarem alguns elementos comuns, trazem também perspectivas diferentes entre si. São eles:

O **racionalismo**, representado por Descartes, Malebranche, Spinoza, Leibiniz, Wolff, entre outros. O termo "método cartesiano" derivou-se desta escola, em virtude de Descartes ter desenvolvido a tese de que só a razão é guia seguro para decidir sobre a falsidade ou veracidade de uma ideia.

O **empirismo**, representado por Francis Bacon, Thomas Hobbes, John Locke, Berleley, David Hume, entre outros. Inicia com o questionamento ao racionalismo: se a razão é guia seguro para alcançar a verdade, por qual motivo a humanidade ainda não entrou em consenso sobre temas fundamentais? Diferentemente do racionalismo, os empiristas argumentam que a aceitação de uma ideia só pode se dar se ela puder ser comprovada na experiência. A verdade tornar-se-á relativa e o resultado deverá ser o ceticismo (suspensão temporal do sentimento de que se possui a verdade absoluta), uma vez que mesmo a experiência e experimentação produzem resultados e apreensões variáveis entre povos e culturas diferentes.

O **Criticismo Kantiano,** que provocou uma ruptura definitiva entre os estudos dedicados à metafísica e aqueles dedicados às ciências. Para Kant, a ciência é capaz de tratar apenas das realidades atingíveis pela experiência, devendo permanecer fora de sua análise aqueles temas de ordem metafísica (liberdade, imortalidade da alma, Deus, etc., que serão tratados pela Razão Prática). A partir de Kant, tornou-se consenso de que a existência ou inexistência de Deus está além da comprovação científica ou racional (Ver Crítica da Razão Pura. São Paulo: Ícone Editora, 2007).

O **Iluminismo**, representado por Montesquieu, Voltaire, Diderot, Rousseau, Fitch e Schelling, caracterizou-se pela crença nos poderes luminares da razão, bem como por um sentimento anticlerical (nos países católicos, por acreditarem que a religião era a força legitimadora Regime Antigo), antiabsolutista e antitradicionalista.

Conforme Chauí (2000, p. 57), dentre as teses principais do iluminismo, destaca-se a crença nos poderes da razão, para alcançar os sonhos utópicos da humanidade, de superação do sofrimento, alcance da liberdade e da felicidade. O termo "iluminismo", neste propósito, remete à ideia de que a razão humana, ao ser iluminada pela filosofia e pelas ciências, vai superando seus preconceitos, sombras, ignorâncias, medos e equívocos de qualquer natureza. Isto implicaria em uma disparidade de evolução entre as nações, na medida em que se mantém presas ao pensamento pré-filosófico e científico, ou caminham em direção à superação daquela forma de pensar.

Outro importante pressuposto da iluminismo é a distinção que faz entre "natureza" e "civilização", que consiste na percepção de que, embora existam leis de causalidade na natureza, os seres humanos também se organizam a partir da cultura, podendo aperfeiçoar suas instituições, códigos morais e tecnologias de sobrevivência.

Por essa razão é que o período é caracterizado ainda pelo prestígio das ciências evolucionistas, sobretudo de natureza biológica, pois estas corroborariam a tese da evolução social e cultural da humanidade.

Mesmo antes da Revolução Francesa, dois novos valores filosóficos estavam no auge da reflexão, a saber, o da liberdade e o da igualdade. Surgem questões como: Qual o significado da igualdade de todos os seres humanos, no que toca às divisão da sociedade em plebeus e nobreza, em relação às práticas escravagistas, à subserviência da mulher ao homem e à dominação dos povos indígenas? Deve o Estado promover políticas de equacionamento para superar as desigualdades sociais (naturais ou não) construídas ao longo da história ou deve abster-se de intervir nestes processos, contentando-se com a simples declaração de que todos são iguais perante a lei? Como os indivíduos, grupos e nações que tem suas liberdades e igualdades sonegadas devem agir: esperar pela mudança social paulatina, se organizar e pressionar os poderes públicos por mudanças ou operarem revoluções?

---- SABER MAIS ----
Vale lembrar que até a Revolução Francesa, a nobreza na França era sustentada pelos impostos pagos pela plebe, que também pagava impostos à Igreja Romana e à Coroa. Apesar da Declaração de Independência Americana afirmar que todos são iguais perante a lei em 1776, só em 1865 a escravidão foi abolida e só em 1965 o direito a voto foi plenamente estendido aos negros por lei federal. As mulheres só obtiveram o direito a voto nos EUA em 1919 e no Brasil em 1932. O direito a salários iguais na Inglaterra foi reconhecido apenas em 1970. Ao longo dos séculos, a manutenção de privilégios continuou, sendo enfrentada constantemente pelos grupos prejudicados.

Data também desse movimento o interesse pela compreensão das bases econômicas da vida social e política, crescendo a reflexão sobre a origem e a forma das riquezas das nações, que darão início a diversas teorias filosóficas e econômicas sobre o tema. Vale pensar nas questões enfrentadas: O que determina a diferença econômica entre as nações e entre os indivíduos? Que papel a geografia, a cultura e a tecnologia desempenham na prosperidade de um país? A razão pode interferir positivamente no desenvolvimento econômico de uma sociedade? Em que medida a divisão social do trabalho colaborou para o desenvolvimento econômico? O direito à propriedade privada desempenhou um avanço ou um recuo no desenvolvimento dos povos? Em que medida as relações sociais materiais determinam a divisão de bens? As instituições sociais podem protagonizar algum papel relevante no enriquecimento de um país? Qual o papel das tradições, dos valores sociais antigos e dos valores emergentes e das perspectivas filosóficas, nas determinações da história? Qual o papel desempenhado pelo comércio e pela liberdade comercial neste processo? Há algo que o Estado pode realizar para ajudar os grupos mais pobres a superarem a pobreza? Existindo liberdade, haverá maior ou menor equilíbrio entre os que mais possuem e os que menos possuem? O resultado final colaborará para maior concentração ou distribuição de renda em uma sociedade?

Sobre a relação entre economia e filosofia, neste período e posteriores, vale consultar os nomes de Adam Smith, Karl Marx, David Ricardo, Max Weber, John Stuart Mill, John Neville Keynes, John Maynard Keynes, Milton Friedman, Thomas Piketty, John Rawls, Amartya Sen, Friedrich Hayek, entre outros.

O QUÃO DIFÍCIL É SER UMA CRIANÇA POBRE?

SEGUNDO O RELATÓRIO DA UNICEF SOBRE O ESTADO MUNDIAL DA INFÂNCIA DE 2016, É MUITO DIFÍCIL.

EM PAÍSES COM BAIXA RECEITA, **46% DO GASTO PÚBLICO COM A EDUCAÇÃO COSTUMA IR PARA AS CRIANÇAS QUE PERTENCEM À CAMADA 10% MAIS RICA DA POPULAÇÃO.**

SÃO POBRES PORQUE QUEREM

RICO

REMUNERAÇÃO 10% MAIOR DURANTE A IDADE ADULTA POR CADA ANO DE EDUCAÇÃO ADICIONAL.

POBRE

DOBRO DE PROBABILIDADE DE MORRER ANTES DOS 5 ANOS*.

DOBRO DE TAXA DE DESNUTRIÇÃO ENTRE MENORES DE 5 ANOS*.

PARA AS MENINAS, SEIS VEZES MAIS PROBABILIDADE DE MANTEREM-SE FORA DA ESCOLA*.

*EM COMPARAÇÃO COM AS CRIANÇAS MAIS RICAS DA POPULAÇÃO AVALIADA.

Fonte: https://www.facebook.com/PictolineBrasil/photos/a.232140520463237/298996707110951/?type=3. Acesso em: 10/12/2020.

2.5.2 - A Especificidade da Mudança Filosófica na Modernidade

De acordo com Marilena Chauí (2005, p. 49), em relação ao período anterior, a Filosofia Moderna apresentará as seguintes mudanças no plano científico/filosófico:

1. Com René Descartes surge o debate acerca do "sujeito do conhecimento". Doravante, em vez de analisar prioritariamente os temas filosóficos (Deus, natureza, política, etc.), passará a investigar sobre a real capacidade da razão humana analisar corretamente a realidade que o cerca. A consciência humana volta-se para si mesma, para investigar sua própria capacidade de conhecer a realidade.

O que se chama "sujeito do conhecimento" seria o ente ou o ser no interior humano, distinto de seu corpo material e do restante da realidade. Tendo uma natureza diferente da matéria, passou a se questionar: sendo de uma matéria distinta da realidade material, como este sujeito poderia conhecer esta outra realidade? Quais os elementos de contato entre uma realidade e outra? Se o espírito humano que se chama de sujeito do conhecimento é de uma matéria espiritual (não material), e se tem acesso à realidade material e externa a ele através dos sentidos empíricos, como pode ter certeza de que, na verdade, as impressões que obtém da realidade que lhe é externa não são, na verdade, produtos de sua própria imaginação? Ora, a razão que traduz as informações dos órgãos sensoriais para o intelecto humano poderia muito bem ser a criadora destas "informações".

2. A despeito do conflito que se visualiza na sentença anterior, os modernos assumiram a tese de que o conhecimento é não somente possível, como também pode ser traduzido em conceitos e ideias capazes de serem compreendidas por outros. Isto se dá em virtude de que a realidade é racionalizável e capaz de ser traduzida em termos linguísticos.

3. Como desdobramento desta perspectiva, a modernidade traz consigo a percepção de que a realidade está envolvida em mecanismos racionais e físicos, descritos em uma linguagem matemática, como afirmara Galileu. É esta compreensão que impulsionará a ciência clássica, nas áreas da astronomia, da física, química, medicina, psicologia, política e de todas as outras que partem do pressuposto das relações de causalidade.

Estes mecanismos de causa e efeito passaram a ser pesquisados pelas ciências a partir da experimentação empírica, possibilitando intervenções tecnológicas e transformações na natureza, em uma nova e ampla dimensão.

Para além das ciências exatas, a concepção de que toda a realidade opera segundo mecanismos de causa e efeitos, desenvolveu-se também as perspectiva de que é possível orientar as ações e emoções humanas, dominá-las em uma direção racional e ética, perspectiva que, por sua vez, resultará em maior otimismo em que seja possível intervir na sociedade e na política como um todo.

OPINIÃO

Todo ponto de vista é a vista de um ponto: Ler significa reler e compreender, interpretar. Cada um lê com os olhos que tem. E interpreta a partir de onde os pés pisam. Todo ponto de vista é à vista de um ponto. Para entender como alguém lê, é necessário saber como são seus olhos e qual é sua visão de mundo. Isso faz da leitura sempre uma releitura. A cabeça pensa a partir de onde os pés pisam. Para compreender, é essencial conhecer o lugar social de quem olha. Vale dizer: como alguém vive, com quem convive, que experiência tem, em que trabalha, que desejos alimenta, como assume os dramas da vida e da morte e que esperanças o animam. Isso faz da compreensão sempre uma interpretação. Sendo assim, fica evidente que cada leitor é co-autor. Porque cada um lê e relê com os olhos que tem. Porque compreende e interpreta a partir do mundo que habita. Convidamos você a fazer-se, junto com as forças diretivas do universo, co-criador/co-criadora do mundo criado e por criar.

Fonte: BOFF, Leonardo. A Águia e a Galinha. Petrópolis: Vozes Editora, 1997. p.10.

2.6 - Filosofia Contemporânea

Abrange o pensamento filosófico que vai de meados do século XIX e chega aos nossos dias. Esse período, por ser o mais próximo de nós, parece ser o mais complexo e o mais difícil de definir, pois as diferenças entre as várias filosofias ou posições filosóficas nos parecem extensas, porque as estamos vendo surgir diante de nós. Destacam-se os filósofos Johann Fichte, Georg Hegel, Ludwig Feuerbach, Karl Marx, Augusto Comte, Søren Kierkegaard, Arthur Shopenhauer, Friedrich Nietzsche, Edmund Husserl, Karl Jasper, Gabriel Marcel, Martin Heidegger, Jean-Paul Sartre, Albert Cami, Ludwig Wittgenstein, Karl-Otto Apel, Jurgen Habermas, Gianni Vattimo, Jean Baudrillard, entre muitos outros.

Retomando a aula

Quanto fôlego é necessário para se familiarizar com todo este conteúdo? Não se preocupem... aos poucos, vocês estarão bem familiarizados com tudo. Vamos relembrar como foi nossa aula?

1 - A Filosofia na História

Na seção 1, observamos o quanto a filosofia foi mudando ao longo da história, criando, inclusive, outras disciplinas científicas.

2 - Os Principais Períodos da Filosofia

Na seção 2, passamos brevemente por uma análise dos principais períodos filosóficos pós-filosofia grega, incluindo a filosofia patrística, escolástica, a medieval, a renascentista, a filosofia moderna, a iluminista e, por fim, a filosofia contemporânea. Em toda esta análise, avaliamos os temas mais importantes destas escolas, tais como dogmatismo e intolerância, as leis da natureza e o surgimento das ciências empíricas, o racionalismo, a expectativa de mudar o mundo através da razão política etc. Por fim, avaliamos a relação entre a Filosofia e as Instituições Religiosas Cristãs, ao longo dos séculos.

Vale a pena

Vale a pena ler

CHAUÍ, Marilena. *Convite à Filosofia*. São Paulo: Ática Editora, 1999.

DARTON, Robert. *Censores em Ação*. São Paulo: Companhia das Letras, 2016.

DARTON, Robert. *Os Best-Sellers Proibidos da França pré-revolucionária*, São Paulo: Companhia das Letras, 1998.

GAARDER, Jostein. *O Mundo de Sofia*. São Paulo: Companhia das Letras, 1996.

GILES, T. R. *Curso de Iniciação à Filosofia*. São Paulo: EPU/Edusp, 1995.

HILLGARTH, J. N. *Cristianismo e Paganismo*. São Paulo: Madras Editora, 2004.

HRYNIEWICZ, Severo. *Para Filosofar*. Rio de Janeiro: Lumen Juris, 2006.

Index Librorum Prohibitorum Ss. Mi D. N. Pii Pp. XII Iussu Editus. Published by Typis Polyglottis Vaticanis (1948).

ISRAEL, Jonathan. *A Revolução das Luzes* – o iluminismo radical e as origens intelectuais da democracia moderna. São Paulo: Edipro Editora, 2013.

MATTAR, João. *Introdução à Filosofia*. São Paulo: Pearson Prentice Hall, 2010.

OSBORNE, Richard. *Filosofia Para Principiantes*. Rio de Janeiro: Objetiva Editora, 1998.

STEIN, Ernildo. *Uma Breve Introdução à Filosofia*. Ijuí: UniJuí Editora, 2002.

Vale a pena assistir

A 13ª Emenda (2016)
Anno 1790 (2011)
As Sufragistas (2015)
Cromwell (1970)
Dia de Ira (2006)
Em Nome de Deus (1988)
Jefferson in Paris (1995)
Giordano Bruno (1973)
O Amante da Rainha (2012)
O Conclave (2006)
O Libertino (2000)
O Nome da Rosa (1986)
Os Bórgias (2007)
Os Miseráveis (2000)
Revolução em Dagenham (2010)
Sombras de Goya (2007)
The Book of Negroes (2015)

Minhas anotações

Aula 6º

A maioridade da razão

> Nesta aula, continuaremos com a abordagem dos principais temas da Filosofia Contemporânea, com os temas da ideologia, inconsciente, existencialismo, e campos da reflexão filosófica. Como na aula passada, trata-se de um longo conteúdo, mas passível de análise introdutória, cobrando de nós uma atenção especial.
>
> Bons estudos!

Objetivos de aprendizagem

Ao término desta aula, vocês serão capazes de:
- entender a expectativa principal do Iluminismo, também chamada de 'maioridade da razão';
- discutir o conceito marxista de ideologia, e o de 'inconsciente', de Sigmund Freud, nas suas implicações para o otimismo da Razão;
- dissertar sobre a escola filosófica chamada Existencialismo;
- identificar alguns campos de conhecimento, da Filosofia Contemporânea.

Seções de estudo

1 - A Maioridade da Razão
2 - Conversão do Espírito à Matéria
3 - Campos da Reflexão Filosófica
4 - Questões para Debate

1 - A Maioridade da Razão

Com o Iluminismo, período filosófico também chamado de 'época das luzes', desenvolveu-se a ideia de que tudo poderia ser apreendido pela razão, bem como, e consequentemente, dominado e solucionado pela por ela.

Em lugar dos absolutismos, das imposições e censuras contra o pensamento, estabeleceu-se o otimismo da razão. Entretanto, o otimismo em relação ao ilimitado poder da razão logo veio a sofrer duro golpe, a partir das reflexões de Karl Marx e de Sigmund Freud, que exploraram como o pensamento e a razão podem estar condicionados e/ou influenciados por fatores que estão além da consciência, a saber, de ideologias e o do inconsciente psíquico.

1.1 Ideologia e o Inconsciente

Antes de tratar acerca de Marx e Freud, cumpre ler Francis Bacon, filósofo do Renascimento, em sua apreciação que acabará por se tornar o germe das ideias de ambos. Bacon, falando sobre a influência dos afetos sobre a razão, assim descreve seus limites:

> O intelecto humano não é luz pura, pois recebe influência da vontade e dos afetos, donde se pode gerar a ciência que se quer. Pois o homem se inclina a ter por verdade o que prefere. Em vista disso, rejeita as dificuldades, levado pela impaciência da investigação; a sobriedade, porque sofreia a esperança; os princípios supremos da natureza, em favor da superstição; a luz da experiência, em favor da arrogância e do orgulho, evitando parecer se ocupar de coisas vis e efêmeras; paradoxos, por respeito à opinião do vulgo. Enfim, inúmeras são as fórmulas pelas quais o sentimento, quase sempre imperceptivelmente, se insinua e afeta o intelecto (KONDER, 2003, p. 18).

Existe, portanto, uma série de influências sobre o pensamento, de ordem afetiva que influenciam em grande parte a construção da lógica a ser desenvolvida. A mente pensa a partir de suas experiências emocionais.

O filósofo Leandro Konder elenca outras formas de deformações que interferem na razão, além da emocional.

> Além disso, em diversas ocasiões, surgiram, na história da filosofia, reflexões segundo as quais, além das enormes dificuldades intrínsecas da construção do conhecimento, o esforço do conhecer enfrenta, inevitavelmente, pressões deformadoras provenientes de alguns elementos constitutivos da cultura e da sociedade onde o sujeito cognoscente vive (KONDER, 2003, p. 18).

Outro exemplo de deformação do pensamento é destacada por Fourier, pensador socialista. Para este, a produção conceitual da humanidade, expressa principalmente na literatura, acaba por influir sobre o espírito humano como uma cadeia da qual dificilmente se pode escapar.

> Existe uma venda, uma catarata das mais espessas, que cega o espírito humano. Essa catarata se compõe de 500 mil volumes que discursam contra as paixões e contra a atração, em vez de estuda-las (KONDER, 2003, p. 22).

O que Fourier está a notar é que, frequentemente conceitos são usados como se fossem verdadeiros, antes de aplicar aos mesmos a dúvida cartesiana, a iniciativa de fundamentar aquilo que se toma como certo. Outra nota do autor está em que as informações que já encontramos ao iniciar uma pesquisa acabam por delimitar o alcance de nossa análise, por já lançar por quais bases e paradigmas aquele conceito será analisado. O resultado não poderia ser outro, senão o da deformação e limitação do pensamento.

1.2 Ideologia em Karl Marx

Quem mais influenciou o conceito de ideologia nas ciências humanas foi Karl Marx. Em sua perspectiva, apesar de o ser humano ter a sensação de que seus pensamentos lhe pertencem e foram por ele desenvolvidos a partir da liberdade e da lógica, de um processo autônomo de aquisição de conhecimentos, existem forças teóricas que os condicionam, sem que se perceba. Em outras palavras, em virtude de eficazes mecanismos de massificação da cultura, bem como do controle que alguns grupos exercem sobre os processos informativos e educacionais, meus pensamentos podem ser os pensamentos que um grupo dominante desenvolveu não apenas em mim, mas em toda a sociedade. Nossa maneira de pensar não é naturalmente lógica, antes, somos ensinados a pensar como pensamos.

Sacerdotes, filósofos, cientistas, historiadores, professores, escritores, jornalistas e artistas produzem narrativas que justificam as injustiças sociais e os processos de exploração e desigualdades a partir da perspectiva da classe dominante, a fim de ocultar a presença e os efeitos dos contínuos conflitos dentro de uma sociedade (econômicos, culturais, jurídicos, religiosos etc.).

Neste quadro, a pobreza deixa de ser vista a partir de suas causas históricas, concretas, materiais e conflitantes e passa a ser explicada como se fosse resultante da "vontade divina, inferioridade natural, falta de capacidade mental ou de esforços pessoais". A riqueza, por outro lado, passa a ser vista unicamente como resultado de esforços e de inteligência, ignorando fatores fundamentais para sua construção (ao lado ou alheios aos esforços pessoais, encontram-se também acúmulo histórico de capital, oportunidades privilegiadas, regras favoráveis, contexto econômico, educação de berço, entre outros).

Para Marx, a racionalidade humana pode ser contaminada pelo que veio a chamar de "mente burguesa e mente proletária", ou seja, defende a ideia de que a mente, expressão do sistema cerebral, é parte integrante do corpo, e por isto desenvolve ideias, conceitos e imagens, na medida em que estes asseguram sua sobrevivência e bem-estar. Em suas palavras (no Prefácio de sua *Crítica à Economia Política*. São Paulo: Expressão Popular, 2008. p. 47),

> O modo de produção da vida material determina o processo da vida social, política e espiritual em geral. Não é a consciência que determina o seu ser, mas, pelo contrário, é o ser social que determina sua consciência.

Em síntese, a posição social em que nos encontramos exerce um fator condicionador de nossa consciência. Ampliando esta perspectiva, pode-se chegar à afirmação de que, na verdade, não apenas o lugar social influencia a mente em suas análises, antes, qualquer contexto diferenciador entre um grupo e outro (nacionalidade, momento histórico, religião, especializações científicas, família, experiências traumáticas, etc.).

O quanto uma perspectiva filosófica, política, religiosa ou moral pode influenciar nossa busca pela verdade? Teríamos uma aproximação a esta questão, ao analisar alguns modelos de ideologias. Vejamos:

No direito pode se visualizar duas ideologias que apresentam conflitos entre si. Trata-se do Positivismo Jurídico Clássico, cujo maior expoente foi o filósofo Hans Kelsen em sua *Teoria Pura do Direito* (Martins Fontes Editora, 1994), que defende que as leis jurídicas de um país representam a vontade social e coletiva e por essa razão, devem ser obedecidas de boa vontade e, de outro lado, a escola elaborada por Roberto Lyra-Filho, chamada Materialismo Jurídico em sua obra *O que é o Direito* (São Paulo: Brasiliense, 1996), que contesta a ideia de que a lei representa a vontade popular, argumentando que, na verdade, o processo de criação de leis é de extremo conflito, determinado pelo poder que os grupos envolvidos possuem de influenciar o parlamento para fazerem imperar seus interesses. Neste sentido, a legislação não representa, necessariamente, a vontade popular ou a forma racional de resolução de conflitos, antes, o resultado de conchavos entre os responsáveis por sua elaboração. Neste sentido, os grupos sociais desprivilegiados devem se organizar para pressionar o parlamento, a fim de que suas necessidades e interesses tenham também o abrigo da lei.

Nos movimentos culturais, podemos encontrar um grupo com filosofia moral chamada Conservadores, que argumentam que a conservação da ordem social antiga é a melhor forma de promover a pacificação social (Deus, propriedade e família), ao contrário do grupo chamado Progressistas, que advogam a tese de que não existe uma moral ou consciência social única na sociedade e que por esta razão, o Estado deve promover a tolerância e ouvir os interesses dos grupos minoritários (minorias, no sentido de terem menor expressão social) e determinar políticas públicas de modo a promover a equidade para estes. Veja este respeito a obra de Norberto Bobbio, *Direita e Esquerda* (São Paulo: Editora Unesp, 1995).

Na religião, podemos encontrar um ramo teológico chamado de Ortodoxos, que advogam que a melhor expressão da religião é aquela que foi elaborada pelos teóricos clássicos do início do Cristianismo, enquanto, de outro lado, temos um grupo de teólogos revisionistas, que advogam que as instituições religiosas precisam se adaptar com o mundo moderno e dialogar com outras formas conhecimento (filosofia e ciências).

Inúmeros outros exemplos de posicionamentos antagônicos poderiam ser apresentados, na intenção de demonstrar como a adoção de uma perspectiva específica pode determinar um amplo leque de outras perspectivas. Mesmo o marxismo não conseguiu escapar ao problema que denunciou, vindo a constituir-se numa das mais fechadas ideologias da século XIX e XX.

Importante é compreender que a adoção dogmática de uma perspectiva única impede tanto o diálogo como a experiência de novas descobertas, conflitantes com as que até então nutríamos.

1.3 Distorção do pensamento em Sigmund Freud

Já no campo da vontade, Freud desenvolveu o conceito de *Inconsciente*, que é uma força psíquica e social que atua sobre nossas consciências, levando-nos às preferências, comportamentos e desejos que temos, sem que nós nos apercebamos deste processo. Em sua obra, *Cinco lições sobre a psicanálise* (1996. p. 47), expressa sua tese:

> A psicanálise propõe mostrar que o EU não somente não é senhor na sua própria casa mas também está reduzido a contentar-se com informações raras e fragmentadas daquilo que se passa fora da consciência, no restante da vida psíquica [...]. A divisão do psíquico num psíquico consciente e num psíquico inconsciente constitui a premissa fundamental da psicanálise, sem a qual ela seria incapaz de compreender os processos patológicos, tão frequentes quanto graves, da vida psíquica e fazê-los entrar no quadro da ciência [...]. A psicanálise se recusa a considerar a consciência como constituindo a essência da vida psíquica, mas nela vê apenas uma qualidade desta, podendo coexistir com outras qualidades e até mesmo faltar.

Em outras palavras, nossa dimensão consciente (que julgamos ser o nosso verdadeiro eu, que se expressa através de vontade e razão) é apenas uma dimensão de nosso verdadeiro EU, que age motivado por uma dimensão psíquica a nós inconsciente, que determina em nós tanto vontades, desejos, impulsos e até perspectivas mentais e teóricas, como a própria forma pela qual iremos compreender e justificar tais manifestações.

A extensão da liberdade em nós ficou abalada. Nem toda lógica que possuímos é lógica pura, e nem todo comportamento que achamos que decorre de nossa vontade é livre. Sofremos determinações invisíveis, mesmo sem nossa percepção tomar consciência.

Sendo assim, a discussão sobre os limites da razão se viu reaberta. Entram em cena termos como ilusão, engano, aparências, limites de compreensão, ocultação e criação de verdades, indústria da cultura e do pensamento, domesticação e embrutecimento da razão, todos relacionados aos limites e extensão do poder da razão. Questões como "Somos livres? Se temos liberdade, esta é completa ou é parcial? Temos conhecimento das determinações biológicas, psíquicas, históricas, ideológicas que afetam nossa consciência, vontade e comportamento? É possível libertar-se destes condicionamentos?" trazem novamente às agendas científicas atuais (psiquiatria, neurociências, psicologia evolutiva, genética, psicanálise, etc.) temas como "liberdade, ética, e responsabilidade humana" sobre seus comportamentos.

Em termos anedóticos, pergunta-se até que ponto nossas escolhas mentais e afetivas por cônjuges, partidos políticos ou religiões autoritárias, conservadoras ou liberais não refletem o ambiente doméstico em que se formou nossa psique.

2 - Conversão do Espírito à Matéria

Reorientando os esforços do pensamento, o período filosófico atual retomou uma dimensão que a muito havia sido relativizada, sobretudo pelo pensamento cristão no Ocidente: a dimensão humana, finita e limitada da existência. Durante muito tempo, seguindo o pensamento platônico, o pensamento se debruçou em questões *metafísicas*, que estavam além da realidade que toca imediatamente a realidade humana. A *verdade* sobrepôs-se à própria vida!

Um dos primeiros movimentos a inverter esta dinâmica foi empreendido pelo filósofo alemão **Friedrich Nietzsche**, em suas obras *Para Além do Bem e do Mal*, *O Anticristo*, *A Genealogia da Moral*, *O Crepúsculo dos Ídolos*, *Assim Falou Zaratustra*, entre outros. Para o *filósofo do martelo*, as teorias morais produzidas até então representavam apenas os esforços humanos para codificar aquilo que, em algum momento, um grupo julgou ser útil para ajudá-los a sobreviver. Não representavam, portanto, "verdades intrínsecas e essenciais" como defendidos pela religião e pela filosofia grega, antes, instrumentos de organização e controle social. Neste sentido, alterou o foco tanto da filosofia quanto da existência para a potencialização da vida e não mais da busca da verdade.

A segunda corrente a inverter essa dinâmica é a caracterizada pelo **Existencialismo**. Nesta, compreende-se que o ser humano deveria se preocupar, sobre todas as coisas, com a própria existência, que é a única coisa que provisoriamente lhe pertence. Uma vez que sabe que vai morrer, cumpre a ele definir qual o sentido que dará à sua vida, sendo que é este sentido que irá atribuir a si mesmo o que vai definir a qualidade de sua existência.

O filósofo existencialista **Jean-Paul Sartre** (autor de O ser e o nada, A Náusea, O Existencialismo é um Humanismo, a Idade da Razão, O Muro, etc.), por exemplo, pode ser identificado em sua característica extremamente humanista, marca do sentido que deu à sua vida. Outros irão dirigir suas existências à arte, entre outras possibilidades. A questão é chegar no final da vida e poder fazer a afirmação: Eu vivi!

Outra forma de expressão desta mudança de paradigma está na Filosofia de Karl Marx, chamada de **Materialismo**. Em suas Teses Sobre Feuerbach, ele irá explicitar um dos sentidos de sua análise: "Os filósofos se limitaram a interpretar o mundo de diferentes maneiras; o que importa, no entanto, é transformá-lo" (2005. p.120). A partir deste pensamento, a filosofia foi obrigada a curvar-se diante das questões humanas práticas, convertendo-se em uma disciplina que visa a crítica das estruturas de poder ideológicas e desumanizantes, justificadoras da injusta realidade social. Ironicamente, o próprio marxismo teve que se dobrar ante a perspectiva crítica, que como qualquer outra produção humana, padece de contradições teóricas e históricas.

Entre incontáveis obras, em perspectiva contrária a Marx, ver a obra do filósofo Raymond Aron, *O Ópio dos Intelectuais* (Brasília: Ed. UNB, 1980). Para Aron Raymond, se de um lado Marx considerava a religião como o ópio do povo, o marxismo acabou tornando-se o ópio dos intelectuais. Em perspectiva favorável, ver a obra do filósofo Terry Eagleton, *Marx estava Certo* (São Paulo: Nova Fronteira, 2012). Prefaciado pelo filósofo Luiz Fernando Pondé, que apesar da discórdia com Marx, chegou a afirmar: "Não há dúvida de que Marx é indispensável para entendermos o mundo em que vivemos. Sem ele, somos, de certa maneira, cegos".

Essa marca da Filosofia Contemporânea irá repercutir em outra área ainda: o da busca de certezas universais versus análise das ciências e culturas particulares, onde está presente o múltiplo, o relativo e o diferente. Onde existia uma certeza absoluta, reclama-se hoje a consciência da pluralidade de perspectivas e o respeito às divergências e divergentes.

3 - Campos da Reflexão Filosófica

Não apenas no período contemporâneo, mas em todo o tempo passado entre o surgimento da Filosofia até a atualidade, a Filosofia se debruçou a analisar alguns campos do conhecimento próprios. Marilena Chauí elenca estes temas da seguinte forma (CHAUÍ, 1999, p. 55):

1. **Ontologia** ou **metafísica**: conhecimento dos princípios e fundamentos últimos de toda a realidade, de todos os seres;

2. **Lógica**: conhecimento das formas gerais e regras gerais do pensamento correto e verdadeiro, independentemente dos conteúdos pensados; regras para a demonstração científica verdadeira; regras para pensamentos não-científicos; regras sobre o modo de expor os conhecimentos; regras para a verificação da verdade ou falsidade de um pensamento, etc.;

3. **Epistemologia**: análise crítica das ciências, tanto as ciências exatas ou matemáticas, quanto as naturais e as humanas; avaliação dos métodos e dos resultados das ciências; compatibilidades e incompatibilidades entre as ciências; formas de relações entre as ciências, etc.;

4. **Teoria do conhecimento** ou estudo das diferentes modalidades de conhecimento humano: o conhecimento sensorial ou sensação e percepção; a memória e a imaginação; o conhecimento intelectual; a ideia de verdade e falsidade; a ideia de ilusão e realidade; formas de conhecer o espaço e o tempo; formas de conhecer relações; conhecimento ingênuo e conhecimento científico; diferença entre conhecimento científico e filosófico, etc.;

5. **Ética**: estudo dos valores morais (as virtudes), da relação entre vontade e paixão, vontade e razão; finalidades e valores da ação moral; ideias de liberdade, responsabilidade, dever, obrigação, etc.;

6. **Filosofia política:** estudo sobre a natureza do poder e da autoridade; ideia de direito, lei, justiça, dominação, violência; formas dos regimes políticos e suas fundamentações; nascimento e formas do Estado; ideias autoritárias, conservadoras, revolucionárias e libertárias; teorias da revolução e da reforma; análise e crítica das ideologias;

7. **Filosofia da História:** estudo sobre a dimensão temporal da existência humana como existência sociopolítica e cultural; teorias do progresso, da evolução e teorias da descontinuidade histórica; significado das diferenças culturais e históricas, suas razões e consequências, análise dos métodos e dos discursos dos historiadores; crítica das narrativas históricas enquanto discursos legitimadores da ordem social vigente;

8. **Filosofia da arte ou estética:** estudo das formas de arte, do trabalho artístico; ideia de obra de arte e de criação; relação entre matéria e forma nas artes; relação entre arte e sociedade, arte e política, arte e ética;

9. **Filosofia da linguagem:** a linguagem como manifestação da humanidade do homem; signos, significações; a comunicação; passagem da linguagem oral à escrita, da linguagem cotidiana à filosófica, à literária, à científica; diferentes modalidades de linguagem como diferentes formas de expressão e de comunicação;

10. **História da Filosofia:** estudo dos diferentes períodos da Filosofia; de grupos de filósofos segundo os temas e problemas que abordam; de relações entre o pensamento filosófico e as condições econômicas, políticas, sociais e culturais de uma sociedade; mudanças ou transformações de conceitos filosóficos em diferentes épocas; mudanças na concepção do que seja a Filosofia e de seu papel ou finalidade.

A Filosofia Contemporânea, como já observamos, dedica-se à análise de temáticas extremamente pertinentes, principalmente relacionadas à crítica das ideologias utilizadas para massificação do pensamento, para ocultar e/ou distorcer elementos da realidade. Vivemos em um mundo onde tanto o ser humano busca sentido para sua existência quanto uma grande indústria de cultura, de imaginários e de ideologia busca criar esse sentido para as massas. A Filosofia se apresenta hoje e sempre como instrumento de análise crítica de toda produção cultural que se diz "portadora de verdades".

4 - Questões para Debate

Você tem clareza sobre os tipos atuais de regimes políticos? Sabe quais são as diferenças entre o *liberalismo*, o *socialismo* e a *social-democracia*? Consegue distinguir os conteúdos teóricos dos movimentos chamados *conservadores* e *progressistas*? Identifica quais as teses e temas afins das opções políticas de *direita, de centro e de esquerda*? Sabe dizer se estes termos ainda dão conta de explicar o leque de movimentos e opções de pensamento existentes na atualidade?

Em nossa próxima aula, daremos uma dedicação especial à dimensão política da filosofia e para tanto, requer um preparo anterior para sua análise. Neste sentido, analise as questões abaixo e visualize que respostas daria a cada uma delas. Não é necessário firmar respostas definitivas. Nem todas elas receberão tratamento completo na aula seguinte. Mas estas questões servem para preparar a mente para a iniciação da filosofia política moderna.

Quais são os países que mais superaram a desigualdade social: os países liberais ou os países socialistas? Por outro lado, como interpretar a política externa destes países, desenvolvida entre os séculos XVI a XX: respeito à autonomia dos povos subdesenvolvidos ou autoritarismo e colonização extrativista?

Em quais países os trabalhadores são mais respeitados e protegidos pela legislação? Estas proteções trabalhistas nasceram espontaneamente nestes países, resultaram de um crescimento da renda e da consciência dos envolvidos ou foram originadas em virtude de pressões de movimentos populares motivados por utopias socialistas?

O livre mercado colabora mais com a destruição da natureza (extrativismo de matérias-primas, aquecimento global) ou mais com sua preservação (criando tecnologias que utilizam menos matéria-prima (informática) e que reutilizam/reciclam o que já foi descartado?

Os itens criados pelo livre mercado são caracterizados mais por serem supérfluos ou por colaborarem para maior crescimento do IDH?

Que situação seria mais preferível: um país que tenha amplos programas sociais ou um país que dispense tais programas paulatinamente, em virtude das boas condições de renda das pessoas? São situações absolutamente antagônicas? Em que países se verificam um caso e outro?

Em condições de miséria, penúria e fome é possível falar em livre iniciativa e meritocracia entre os envolvidos?

Em sua opinião, a busca de lucro caracterizada pelo Mercado e Livre Iniciativa mais produz egoísmo e desigualdade social, ou uma situação de concorrência é capaz de promover melhorias na qualidade de serviços e desenvolvimento de novas alternativas e melhores produtos? É possível pensar em uma antropologia (teoria sobre a natureza humana) e numa sociedade em que se supere o desejo de lucro em suas relações comerciais, sem sacrificar a criatividade, inventividade e busca contínua de melhorias na qualidade dos produtos?

Podemos confiar em que a livre iniciativa nas relações econômicas sejam suficientes para alcançar o equilíbrio social? É possível imaginar que exista uma mão invisível (uma espécie de divindade ou poder da natureza) guiando as ações humanas quando o Estado não interfere, de modo a levar a humanidade à melhor organização social, política, econômica, jurídica e cultural possível? Qual o fundamento da teoria da "mão invisível" de Adam Smith? Tal teoria pode ser demonstrada empiricamente?

As nações subdesenvolvidas encontram-se nesta condição em virtude exclusivamente dos processos de colonização, ou já se encontravam em situação semelhante antes destes processos? Estes processos colonialistas contribuíram de alguma forma para perpetuar o subdesenvolvimento, atrasar o desenvolvimento ou para acelerar o desenvolvimento destes países?

As nações desenvolvidas alcançaram o poder econômico que possuem hoje em virtude unicamente da livre iniciativa? No processo, respeitaram e/ou incentivaram a livre iniciativa dos povos colonizados? No curso do tempo, estabeleceu-se alguma espécie de desigualdade econômica que geraria vantagens para as nações colonialistas, capaz de explicar, de algum modo, a condição em que se encontram na atualidade?

É possível explicar o desenvolvimento e o subdesenvolvimento dos países do globo, a partir de outros fatores que não sejam apenas o da livre iniciativa, leis do mercado ou conflitos de classes (regimes de governo, cultura, geografia, endividamentos históricos, demografia, estruturas sociais, etc.)?

É possível pensar em formas de interferência/regulação pelo Estado nas mais diversas áreas sociais, de maneira a contribuir com a superação das desigualdades naturais e sociais, sem que estas interferências resultem em prejuízo à liberdade e à autonomia?

O filósofo Peter Singer, em sua obra A vida que podemos salvar, (2011), informa que em 2004 havia cerca de um bilhão e quatrocentos milhões de pessoas na pobreza absoluta (abaixo de 1.25 dólares por dia) e algo em torno de 2 bilhões e setecentos milhões de pessoas na pobreza (que vivem com menos de 2 dólares por dia), sendo que nove milhões e setecentas mil crianças morrem de fome ou doença por dia. Neste sentido, seria possível justificar a não interferência estatal nacional e internacional para diminuir as desigualdades sociais crônicas, bem como a morte de milhões de crianças ocasionadas por fatores tão facilmente tratáveis (diarreia, malária, etc.) em regiões marcadas pela pobreza e ausência de recursos?

É possível que valores como o da igualdade, o da justiça e o da igualdade entrem em conflito na administração do Estado? No caso de conflitos, é possível estabelecer uma hierarquia entre estes valores, que deveria pautar as ações de um governo?

Retomando a aula

Estão prontos(as) para avançar ou vamos dar uma pausa? Ok, então, vamos relembrar o que tratamos nesta aula...

1 - A maioridade da razão

Na seção 1, observamos que a razão chegou ao que metaforicamente chamamos de 'maioridade', ou seja, que ela desenvolveu uma ideia mais clara acerca de seu potencial e, sobretudo, de seus limites. É o caso dos conceitos de 'ideologia' e 'inconsciente', que exercem fortes influências sobre nossa forma de pensar a realidade.

2 – Conversão do Espírito à Matéria

Na seção 2, analisamos o movimento que a filosofia fez ao tomar como tarefa a reflexão sobre temas materiais, existenciais e diretamente tangenciais à realidade humana, deixando em planos secundários as reflexões de temas metafísicos.

3 - Campos da reflexão filosófica

Na seção 3, identificamos alguns dos campos atuais do exercício filosófico, tais como a ontologia, a lógica, a epistemologia, a teoria do conhecimento, a ética, a política, a filosofia da história, da arte, da linguagem e por fim, a própria história do pensamento filosófico.

4 – Questões para Debate

Na seção 4, adicionamos algumas reflexões iniciais que são fundamentais para a reflexão sobre a filosofia política contemporânea.

Vale a pena

Vale a pena ler,

ARON, Raymond. *O Ópio dos Intelectuais*. Brasília: Ed. UNB, 1980.

BOBBIO, Norberto. *Direita e Esquerda*. São Paulo: Editora Unesp, 1995.

CHAUÍ, Marilena. *Convite à Filosofia*. São Paulo: Ática Editora, 1999.

EAGLETON, Terry. *Marx estava Certo*. São Paulo: Nova Fronteira, 2012.

FREUD, Sigmundo. *Cinco lições de psicanálise*. Obras psicológicas completas de Sigmund Freud. Rio de Janeiro: Imago, 1996.

KELSEN, Hans. *Teoria Pura do Direito*. São Paulo: Martins Fontes Editora, 2994.

KONDER, Leandro. *A Questão da Ideologia*. São Paulo: Companhia das Letras, 2003.

FILHO, Roberto Lyra. *O que é Direito*. São Paulo: Brasiliense, 1996.

MARX, K. Teses sobre Feuerbach. In: MARX, K.; ENGELS, F. *A ideologia Alemã*. Tradução de Frank Müller. Coleção a obra prima de cada autor nº 192. São Paulo: Martin Claret, 2005.

NIETZSCHE, F. *Crepúsculo dos Ídolos*. São Paulo: Companhia das Letras, 2006.

NIETZSCHE, F. *Para Além do Bem e do Mal*. São Paulo: Companhia das Letras, 2010.

SARTRE, Jean-Paul. *O Existencialismo é um Humanismo*. Rio de Janeiro: Vozes Editora, 2012.

SARTRE, Jean-Paul. *O Ser e o Nada*. Rio de Janeiro: Vozes Editora, 2005.

SINGER, Peter. *A Vida que podemos Salvar*. Lisboa: Gradiva Editora, 2011.

Vale a pena **assistir**

Dias de Nietzsche em Turim (2001)
Freud Além da Alma (1962)
Laranja Mecânica (1971)
Narradores de Javé (2004)
O Show de Truman (1998)
Quando Nietzsche Chorou (2007)
Um Método Perigoso (2011)
Waking Life (2001)

Minhas anotações

Minhas anotações

Aula 7º

A filosofia moderna e a contemporânea

Chegamos à penúltima aula de nossa disciplina. Qual tem sido a experiência com os conteúdos e problemas trabalhados? Se suas impressões iniciais eram negativas, espero que tenham mudado. Se já era positiva, espero que só tenha melhorado!

Esta aula terá uma diferença em relação às demais: teremos muito mais problemas a resolver do que respostas a analisar. Isto se dá por uma razão especial: a grande parte dos problemas da filosofia contemporânea ainda estão sendo produzidas, tudo de forma muito provisória e efervescente.

Vamos discutir sobre filosofia da história, história e progresso, as ciências e as técnicas, as utopias revolucionárias, a cultura, e sobre a declaração de que a filosofia estaria chegando ao seu fim. Vamos lá?

Bons estudos!

Objetivos de aprendizagem

Ao término desta aula, vocês serão capazes de:
- definir o que seja a Filosofia da História e suas principais atividades;
- analisar os aspectos positivos e negativos da ideia de Progresso Científico e identificar os instrumentos conceituais para esta análise;
- identificar os conteúdos e características das utopias revolucionárias e dissertar sobre a cultura;
- reconhecer a mudança para a reflexão prática e política provocada pela Filosofia Moderna.

Seções de estudo

1 - Filosofia da História
2 - História e progresso
3 - As ciências e as técnicas
4 - As utopias revolucionárias
5 - A cultura
6 – Chegamos ao fim da história?
7 - O fim da Filosofia

1 - Filosofia da História

1.1 - O contexto das revoluções modernas

A filosofia a partir do século XIX respondeu, em grande medida, aos efeitos de duas grandes revoluções recentemente desencadeadas, a saber, a Revolução Francesa e a Revolução Industrial.

Acerca da influência e relação destas duas grandes revoluções para o pensamento do século XIX e seguintes, recomendamos as leituras das obras do historiador conservador David Landes (*A Riqueza e a Pobreza das Nações*. São Paulo: Campus Editora, 1998) e do historiador progressista Eric J. Hobsbawm (*A Era das Revoluções*. São Paulo: Paz e Terra, 2015).

A Revolução Francesa pode ser vista como o resultado material e espiritual de duas outras revoluções de matiz liberal nos dois últimos séculos: a Reforma Protestante do séc. XVI e a Revolução Inglesa do século XVII. Por sua vez, a Revolução Industrial nasce de mais uma etapa do amadurecimento do comércio propiciado pelo Mercantilismo, bem como do espírito científico e investigativo típico do iluminismo. Está intrinsecamente relacionada aos mesmos eventos que ocasionaram a Revolução Francesa.

Três fenômenos merecem atenção especial, engendrados por estas duas revoluções:

1) Com a Revolução Industrial, os nós que amarravam a capacidade de produção em massa foram desatados, desencadeando uma verdadeira alteração na geografia das cidades, na cultura, na forma produtiva, na organização econômica e política e até no direito. Promoveu inúmeros progressos no que toca à superação dos limites impostos pela natureza à sobrevivência da humanidade. Tornou-se possível produzir mais com menor esforço, de modo a atender uma demanda de um número maior de pessoas na agricultura. A medicina e as ciências farmacêuticas experimentaram um grande crescimento, desvendando e solvendo problemas que há milênios devastavam a saúde das pessoas. Lugares longínquos foram aproximados através da construção das linhas de trens. A população, que até então era predominantemente rural, passou a se concentrar nas zonas urbanas, implicando em inúmeros aspectos negativos e positivos.

2) Da mesma forma, a Revolução Francesa desencadeará alterações profundas na Europa. Como resultado, a França, e posteriormente, inúmeros outros países, passará do status de Antigo Regime para a experiência de Estado Liberal de Direito, trazendo como marcas principais o surgimento dos governos democráticos, as eleições populares, a liberdade comercial, a propriedade privada como direito disponível a todos (até então, só os reis, a Igreja e os nobres poderiam ter títulos de propriedade agrária), a superação das distinções entre plebe e nobreza e o (relativo) fim das arbitrariedades judiciais através da positivação do direito (em códigos legais ou costumes jurisprudenciais). A partir de então, instauram-se regimes de direito (sistemas em que a governança dos povos devem se submeter a leis criadas por representantes eleitos pelo povo).

3) No contexto destas duas revoluções, aumentam os conflitos entre os que, sob influência ou não da filosofia iluminista (liberdade e igualdade) apregoada no período, se sentem alijados do progresso econômico alcançado pelas classes comerciantes em ascensão: os trabalhadores braçais das indústrias com suas jornadas estafantes e baixos salários, os negros que ainda estão experimentando os efeitos da escravidão e os povos colonizados, que se veem obrigados a servirem de mão de obra barata ou provedores de matérias-primas para os impérios, além de permanecerem impedidos de exercer suas autonomias nas colônias.

1.2 - Conceito e objetos da Filosofia da História

A estes três fenômenos, difundiu-se uma nova preocupação filosófica - a Filosofia da História -, que inicialmente preocupa-se em inquirir se existe e qual seja a direção (telos) para onde caminha a história. Vejamos:

a) A história caminha para alguma direção que possa ser apreendida pela razão? Se sim, qual é esta direção: Progresso econômico e tecnológico? Liberdade? Igualdade? Democracia?

b) Existiria um papel humano (individual e/ou socialmente) a desempenhar neste processo? Este papel deveria ser desempenhado sob a iniciativa livre de indivíduos, de grupos sociais organizados ou de um órgão gerencial centralizador (o Estado)?

c) Qual seria a finalidade do Estado? Quais seriam suas prerrogativas, funções e limites?

A estas questões, dezenas de teorias surgiram, mas que podem ser classificadas em pelo menos quatro tendências que irão derivar alternativas intermediárias:

a) De um lado, as teorias liberais, defendendo o Estado deve agir apenas para garantir a liberdade dos indivíduos em suas relações individuais e sociais, interferindo o mínimo possível, de modo a garantir a autonomia do desenvolvimento humano e o desenvolvimento natural para o progresso e prosperidade econômica;

b) Contrariamente a estas, surgiram as teorias socialistas, defendendo que embora a história caminhe em direção à superação das desigualdades e contradições, as relações humanas são desiguais e que, por essa razão, o Estado deve provisoriamente gerenciar (interferir) estas desigualdades, a fim de garantir a equidade, ou seja, uma justa distribuição de bens e serviços;

c) De forma derivada, pôde-se ver teses que defendem o fim do Estado (pois os seres humanos se resolveriam melhor sem a presença de um governo central, em um reino de espontaneidade e liberdade pura);

d) As teorias liberais-socialistas que, tomando a democracia como a finalidade da história, defendem uma intervenção estatal na sociedade sob a forma de regulação mínima da Economia e de garantia de direitos fundamentais sociais (salário mínimo, limites nas cláusulas contratuais para conter cláusulas abusivas, saúde e educação, defesa de pessoas vulneráveis, etc.), numa tentativa de equacionar liberdade e igualdade.

Como se pode antever, novas questões se confrontaram. Vejamos:

a) No liberalismo, cuja presença do Estado é mínima, a liberdade negocial – que visa primordialmente o lucro e o acúmulo de bens - é suficiente para garantir ao longo do tempo a liberdade e a igualdade apregoadas por seus defensores? Teria a Natureza uma finalidade tão afinada com o gênero humano, de modo a dedicar-lhe lugar especial de domínio imperialista sobre o restante dos seres vivos no planeta?

b) Em um Estado Socialista, o gerencialmente de serviços e de bens por um governo central, garantiria a continuidade da liberdade (elemento constitutivo da espécie humana)? Existem garantias ou experiências históricas concretas de que tal órgão gerenciador não desembocaria em ditaduras contrárias às motivações iniciais de seus ideólogos? Seria possível impor uma justa distribuição de bens e garantir ao mesmo tempo a criatividade, a subjetividade e a livre iniciativa?

c) Aos anarquistas, questiona-se sobre a real possibilidade de vivência coletiva pacífica e equilibrada, frente à história do gênero humano: teria a natureza humana sofrido uma alteração tão radical, capaz de superar a belicosidade, egoísmo e ganância presente em sua história, de modo a dispensar qualquer instituição gerencial e/ou reguladora mínima?

Para fomentar o debate sobre estas questões, recomendamos as seguintes leituras (perspectivas antagônicas) como ponto de partida para inúmeras outras: A riqueza e a pobreza das nações, de David Landes; A Arrogância Fatal, de F. Hayek; Os anjos bons da nossa natureza, de Steven Pinker; A liberdade, de John Stuart Mill; A riqueza das nações, de Adam Smith; O fim da pobreza, de Jeffrey Sachs; O manifesto comunista, de Karl Marx; A era das revoluções, de Eric J. Hobsbawm; O processo civilizatório, de Darcy Ribeiro; O Capital no Século XXI, de Thomas Piketty e Desigualdade – o que pode ser feito?, de Anthony B. Atkinson.

1.3 - Os Filósofos Clássicos da Filosofia da História

Entre os principais filósofos representantes destas escolas, três se destacam, a saber, Immanuel Kant, Friedrich Hegel e Karl Marx.

Em linhas gerais, os dois primeiros filósofos interpretavam os eventos como o resultado evolutivo e natural da história, que rumava de forma espontânea e necessária ao progresso, desenvolvimento e superação dos principais entraves existenciais humanos (I. Kant em sua obra *Ideia de uma História Universal de um ponto de vista Cosmopolita* e em *O Conflito das Faculdades*, enquanto F. Hegel trata em sua obra *A Fenomenologia do Espírito* e em *Lições sobre a Filosofia da História*).

Trata-se da superação da forma teológica de pensar a história (os eventos humanos seguem a vontade divina rumo a seu destino final, o apocalipse) e de sua tradução filosófica laica (onde *a vontade divina* é substituída pela *Providência* ou *Natureza*, uma espécie de "força imanente que fundamenta e orienta o movimento da história usando homens e nações para a realização de seus desígnios" (PECORARO, 2009, p. 18). No entanto, mantém-se a ideia de *finalismo e necessidade*: a história é a realização da razão, garantidora do progresso, da igualdade e da liberdade.

A segunda perspectiva, atribuída a Karl Marx, compartilhando em parte do otimismo dos primeiros, alterou o cerne do motor e do movimento desta evolução: o progresso e o desenvolvimento da humanidade não se daria de forma natural (através da expansão da razão ou da filosofia iluminista), antes, por meio do envolvimento material dos agentes que mais se encontravam alheios a este desenvolvimento (os proletários), que deveriam assumir os rumos da história (política, cultura, comércio, direito, etc.) e implantar um reino de igualdade e liberdade.

1.4 - Novas Preocupações da Filosofia da História

À preocupação inicial pela direção teleológica da história, duas novas preocupações se agregaram à Filosofia da História na medida em que novos conflitos foram surgindo, a saber: quão científicas e confiáveis são os métodos utilizados pelos historiadores e cientistas políticos que analisam as questões anteriormente citadas e, por outro lado, o quanto os discursos por eles produzidos exercem o papel de mecanismos ideológicos legitimadores da ordem social vigente ou da ordem social que se quer alcançar. Trata-se da crítica às ideologias políticas, culturais, econômicas e religiosas, como problematizamos na aula anterior.

2 - História e progresso

Atualmente, o debate segue conflitante com a ideia de que História e Progresso são idênticos, associação esta que parte do pressuposto de que os negócios humanos melhoram na medida em que o tempo passa, com o acúmulo de conhecimento e técnicas e/ou práticas revolucionárias.

Questiona-se a ideia de Augusto Comte, que associa Progresso a desenvolvimento científico e a de Kant e Hegel, que associam o liberalismo a um crescimento de igualdade, liberdade e justiça no mundo. Ainda, entra em cheque os desdobramentos da história evolutiva de Charles Darwin, de que a Natureza segue um princípio que leva organismos de graus de simplicidade a graus de complexidade, quanto o conceito do próprio Karl Marx, de que a História ruma em direção à libertação humana mediada pela luta de classes, foram usados como legitimadores de ordens absolutistas.

Fonte da Imagem: http://carzem.blogspot.com/2008/11/charges-sobre-guerra-do-iraque.html. Acesso em: 16/12/2020.

O conflito está em que qualquer uma destas teorias podem ser usadas como justificativas para práticas de dominação. Sabe-se que na Antiguidade, por acreditarem que os deuses eram os que determinavam o sentido dos eventos, barbáries eram justificadas, como os processos escravagistas de que temos notícia. Por sua vez, também a tese de que os eventos humanos seguem ou devem seguir os princípios da natureza abre largo espaço para interpretações igualmente desumanizadoras, como foi a de Aristóteles, quando imaginava ser o escravo e a mulher grega, seres naturalmente inferiores ao homem grego livre.

Fonte da Imagem: http://carzem.blogspot.com/2008/11/charges-sobre-guerra-do-iraque.html. Acesso em: 16/12/2020.

Em sua obra *A Política* (Coleção Os Pensadores: São Paulo: Nova Cultural, 2004. p. 151), Aristóteles afirmara: "Do mesmo modo o homem é superior e a mulher inferior, o primeiro manda e a segunda obedece; este princípio, necessariamente, estende-se a toda a humanidade."

Ainda (2004, p. 166):

> Pois a dominação do homem livre sobre o escravo, do homem sobre a mulher, do homem sobre o menino, são todas naturais, mas diferentes, porque embora as partes da alma estejam presentes em todos os casos, a distribuição é outra. Assim, a faculdade de decisão, na alma, não está completamente presente num escravo; na mulher, é inoperante; numa criança, não desenvolvida.

São perspectivas que resultaram em graves práticas de negação da alteridade dos seres humanos.

A Filosofia neste último século tem desenvolvido reflexões que sugerem que este progresso associado à História nem sempre é linear e constante, sendo que até o próprio conceito de progresso deve ser revisto. Alguns atribuem progresso ao aumento da capacidade tecnológica de um povo, enquanto outros relacionam o progresso à vitória sobre os diversos tipos de totalitarismos, sobre as desigualdades sociais e à emancipação humana das diversas formas de escravidão e indignidade. Sendo assim, fica claro como a associação entre 'História e Progresso' pode servir a tentativas de colonização, da parte de um povo que se julga 'superiormente civilizado' contra um outro a quem julgam 'inferior e subdesenvolvido'.

3 - As ciências e as técnicas

O século XIX foi marcado, no campo da reflexão, por um otimismo pelas ciências e novos conhecimentos que estavam surgindo e se desdobrando. Os estudiosos da sociedade estavam crentes de que a ciência poderia se desenvolver melhor, com o conhecimento gerado pela Sociologia, e também os pesquisadores da Psicologia imaginavam que estava nascendo uma ciência capaz de dar ao ser humano um controle sobre si mesmo, contra a dominação da paixão e irracionalidade. No setor econômico, deu-se o florescimento da segunda Revolução Industrial, trazendo promessas de milagres econômicos. A educação científica, neste século, era considerada a grande portadora de esperanças quanto às mudanças e libertação.

Porém, com a passagem do tempo, verificou-se que o otimismo gerado pela nova fase do conhecimento, foi precocemente adotado. As diversas guerras ocorridas, mundiais e locais, as devastações contra a Natureza e o fracasso de tentativas ditatoriais e socialistas foram, pouco a pouco, reorientando a Filosofia, quanto ao que se esperar da História e do poder do pensamento e das ciências.

Tudo isto levou à criação de uma nova interpretação e divisão do conhecimento, chamada Teoria Crítica, desenvolvida pela Escola de Frankfurt, na Alemanha, que propõe a análise crítica dos sistemas de pensamento que associem o desenvolvimento científico ao progresso humano como um todo. Embora possa se visualizar evoluções em muitas áreas, em inúmeras outras a modernidade aumentou/ acelerou os problemas. A tecnologia tem sido usada também para dominação, colonização, distanciamento entre grupos econômicos, sociais e culturais.

Como exploramos na segunda aula do curso, esta crítica resultou na distinção conceitual da razão em 'razão técnica' e 'razão crítica', sendo que a primeira é aquela que utiliza a razão para a criação de instrumental técnico, científico e cultural para produzir dominação, enquanto a segunda é a razão que analisa este sistema e modo de dominação, a fim de criar o esclarecimento e a contracultura possibilitadora da mudança. O método usado para tal esclarecimento seria o da dialética, oposta ao reducionismo operada pelas ciências particulares. A dialética, como caminho para o conhecimento, se dá a partir de um diálogo com os diversos saberes, relacionados principalmente aos fenômenos sociais. O reducionismo é a prática de buscar o conhecimento apenas a partir dos horizontes de uma determinada disciplina, o que acaba setorizando o conhecimento, e desvinculando-o da dinâmica da História.

A Escola de Frankfurt implica, portanto, em ver a razão não mais apenas como criadora de conhecimento emancipatório. Ela pode ser usada também para seu contrário, ou seja, para promover dominação de uns contra outros. Como exemplo, vale refletir sobre a interpretação dada pelo historiador Eric Hobsbawm acerca das vantagens que a Revolução Industrial (também do Mercantilismo) trouxe aos países que dela primeiramente se beneficiaram (Inglaterra, França e Estados Unidos): tornaram-se fortes o suficiente para colonizar novos povos, fazendo destes, os seus proletários, fontes de mão de obra e de matéria-prima para a continuidade das próximas etapas da indústria (A Era dos Impérios. São Paulo: Paz e Terra Editora, 2010).

Pergunta-se: Viver alheio aos efeitos positivos da Revolução Industrial significa estar caracterizado em uma cultura subdesenvolvida ou atrasada? O fato de que a Revolução Industrial trouxe melhorias de vida para todos os envolvidos, quando vista a longo prazo, justifica os abusos cometidos contra os trabalhadores e grupos explorados no período? O fato de que mesmo os povos distantes da aura das nações industrializadas terem se beneficiado da Revolução Industrial significa que o mercado deve continuar sem qualquer restrição governamental hoje? Qual o significado da violência cometida pelos Ocidentais nas conquistas dos povos não industrializados? É possível criar balizas de forma a limitar os efeitos dramáticos da concentração de renda sobre os povos não afetados até hoje pela Revolução Industrial?

Fonte: https://www.gettyimages.com.au/detail/news-photo/satirical-cartoon-in-judge-about-theodore-roosevelts-big-news-photo/535821399. Acesso em: 16/12/2020.

Cumpre, portanto, fazer desenvolver a razão crítica, inquiridora da razão técnica em busca de caminhos para a emancipação humana.

4 - As utopias revolucionárias

> Se os homens fossem anjos, não seria necessário governo algum. Se os homens fossem governados por anjos, o governo não precisaria de controles externos nem internos.
> Madison, James. O Federalista.

Diante de séculos de dominação, no século XIX, grupos de explorados e oprimidos viram nascer esperanças de radicais mudanças. Desde o liberalismo, o anarquismo e até o socialismo/comunismo sob a influência do pensador Karl Marx - que elaborou uma profunda reflexão acerca das causas da opressão, injustiça e dominação de poucos sobre muitos, além de ter elaborado um '*projeto*' de superação do capitalismo e do liberalismo que considerava opressor -, teorias se apresentaram como fontes de otimismo para mais da metade da humanidade.

Entretanto, nem tudo se desdobrou na História como planejado. Mesmo os movimentos marxistas, críticos dos sistemas exploratórios da miséria humana e dos regimes colonialistas, desembocaram em governos totalitários (Coréia do Norte, China, Rússia e Cuba são exemplos). Por outro lado, o *capitalismo* criticado por K. Marx foi responsável por inúmeras conquistas positivas à humanidade (alfabetização em larga escala, cura de doenças, aumento da perspectiva de vida, invenções tecnológicas fundamentais na atualidade, etc.) (LANDES, 1998. p. 206ss.). Isto trouxe novamente para o campo da Filosofia a dúvida e a continuidade da pergunta quanto à possibilidade e quanto aos caminhos necessários e/ou possíveis para a construção de uma sociedade emancipadora e humanizante.

Duas críticas às utopias revolucionárias merecem destaques. A primeira, elaborada por Georg Orwell, em sua obra *A Revolução dos Bichos* (São Paulo: Companhia das Letras, 2007). Nela, Orwell analisa os desdobramentos da Revolução Comunista na União Soviética e denuncia no que a experiência histórica desta revolução se desdobrou. Quanto mais impunham a "divisão igualitária de bens e serviços", quanto mais modelavam os valores e as estruturas da sociedade comunista a partir de um governo central, mais se afundavam em ditaduras negadoras tanto dos princípios originais de igualdade e liberdade, quanto de sua própria finalidade, que seria a emancipação humana de qualquer tipo de governo e de desigualdades.

A segunda crítica vem do filósofo Michael Foucault, distribuída em diversas de suas obras (Vigiar e Punir e Arqueologia do Saber merecem destaque). Em síntese, Foucault denuncia que o maior problema no que toca à política não é que grupo esteja no poder - se *burgueses* ou se *proletários*, se colonizadores ou se colonizados, se negros ou se brancos. O maior problema é a própria existência de uma estrutura de poder centralizador, que age de forma destruidora da liberdade e subjetividade humana, ao impor e definir as diferentes formas de existência social (através de instituições jurídicas, linguísticas, culturais e políticas balizadoras de conduta). Há que se desenvolver duas práticas: em primeiro lugar, uma descentralização do poder, através de um máximo número de organizações menores que fatiem e exerçam dimensões menores de poder, a fim de que também os grupos minoritários sejam contemplados com as benesses da vida social. Em segundo lugar, há que se manter a contínua crítica às formas pelas quais os poderes vigentes se estabelecem, se justificam e se perpetuam.

Ambas as críticas poderiam ser utilizadas como instrumentos de análise das diferentes formas de organização social.

5 - A Cultura

No período contemporâneo, ampliou-se a reflexão sobre o fenômeno da cultura entre os seres humanos. Diferentemente dos animais, que apenas seguem seus instintos, o ser humano completa seu mundo construindo instrumentos materiais, hábitos, ideias, símbolos, valores, instituições religiosas, políticas e jurídicas etc. O resultado recebe o nome de cultura.

Questiona-se: ante ao elemento de liberdade (em relação aos seus impulsos biológicos e psíquicos) e à sua racionalidade, pode-se dizer que existe uma "*natureza humana*"? Se sim, seria a cultura a extensão espiritual desta natureza? Como explicar a multiplicidade de culturas? Pode-se falar em culturas avançadas e culturas retrógradas? A partir de que parâmetros?

Fonte da imagem: http://arteslibres.net/rinconlibre/chistesDDHH/articulo4.jpg. Acesso em: 16/12/2020.

Estas questões estiveram sempre presentes na história da filosofia. O homem decaído da teologia do pecado original de Agostinho, o bom selvagem de Rousseau, o selvagem com impulsos indômitos de Hobbes, o ser moral de Kant, a tábula rasa de Marx, o *ser sem essência preexistente* de Sartre são alguns exemplos de teorias conflitantes que se desenvolveram sobre o assunto, implicando em noções diferentes sobre o conceito, dinâmica e finalidade da cultura.

A ideia de cultura foi utilizada no século XIX como instrumento de discriminação e dominação, quando se olhava para o comportamento de diferentes sociedades e se desenvolvia uma noção de gradatividade entre elas (desenvolvidas e culturas subdesenvolvidas), prática que desembocava em justificativas de invasão e inculturação de outros povos. Sobre este tema, veja a minissérie produzida por Steven Spielberg, *Into the West* (2005), que retrata os conflitos com as nações indígenas provocadas pelos movimentos de expansão americanos em direção ao Oeste no século XIX.

Na medida em que cresceu a reflexão sobre o tema, a Filosofia fez notar que não existe uma única forma de cultura ou uma cultura superior (a ocidental cristã), que seria o ponto máximo onde outras culturas iriam confluir, mas que cada povo e nação desenvolvem sua cultura a partir de necessidades e lógicas diferentes.

Fonte: http://threeessays.com/books/the-american-scheme/. Acesso em: 15/12/2020.

O historiador Edward P. Thompson explora em sua obra *Costumes em Comum* (São Paulo: Companhia das Letras, 2016), as contradições da afirmação de que um tipo de "cultura ideal" pode ser encontrado na antiguidade ou no Ocidente, para onde os seres humanos deveriam olhar em busca de bússolas para o tempo presente. A cultura é fruto de relações sociais e institucionais, desenvolvida quase sempre de forma conflitante (ou impositiva por parte de quem detém maior poder). Na medida em que o resultado de um conflito social entre grupos é definido, também a cultura sofre alteração, bem como a própria interpretação do passado, de modo a legitimar a velha ou nova ordem social. Pode-se dizer que esta ideia seja um dos núcleos do pensamento progressista.

Por sua vez, o filósofo Edmund Burke, inspirador do pensamento conservador, em sua obra *Reflexões sobre a Revolução na França* (Brasília, UnB, 1997), desenvolveu uma noção mais positiva da cultura. Ao analisar a Revolução Francesa, comparando-a com a Revolução Inglesa e com a Americana, Burke denunciou os nefastos resultados do empreendimento de engenharia social operada pelos revolucionários (o *Período do Terror*), que trabalhavam por mudanças radicais em todas as instituições francesas. Para Burke, certo é que existem elementos na configuração social que precisam ser alterados. No entanto, tais alterações não são passíveis de reforma política-racional, intervencionista, dado tanto ao fato da imprevisibilidade e da complexidade da teia social. Sendo assim, devem ser pensadas em termos de *conservação e transmissão* do que há de melhor na cultura reinante, melhorando as instituições por processos de reflexão e alteração. Um processo lento, portanto, em que se respeite a ordem social vigente, seus sentimentos, hábitos, convenções e tradições (BURKE, 1997, p. 70).

No curso do tempo, observou-se que nem sempre existe concordância entre como e o que deve ser preservado e/ou alterado no pensamento destes dois grupos. Enquanto conservadores perguntam se outro mundo é possível, progressistas preferem afirmar que *"outro mundo é necessário!"*. Mesmo grupos progressistas, que interpretam a história como uma dialética repleta de conflitos sociais, procuram *conservar* a continuidade de suas conquistas históricas, ao mesmo tempo em que buscam conquistar novos estágios de liberdade e igualdade. E grupos conservadores sempre *reagem* para alterar e/ou reconquistar o que consideram a legítima ordem social, quando esta apresenta valores contrários aos que consideram racionais, naturais e superiores. Neste espectro, é sempre útil esclarecer a ambiguidade de termos como "conservadores, progressistas, liberais, social-democratas, direita, esquerda, etc.", pois continuam a sofrer mutações ao longo do tempo.

O conceito de 'pós-modernidade', defendido pelo francês Jean-François Lyotard (*A condição pós-moderna*. São Paulo: José Olympio, 2002.), oferece outra perspectiva para compreendermos o que seja a cultura. Para Lyotard, não existe *uma estrutura racional única e superior* com a qual seria possível encontrar a *verdade universal* e assim, desenvolver ou julgar o que seja uma cultura ideal. Tanto a filosofia quanto a ciência são práticas culturais que seguem *jogos linguísticos* próprios, determinados por consensos entre os jogadores. Estes jogos são sempre provisórios e parciais, aceitos enquanto úteis. Quando perdem a função, são abandonados. A experiência pós-moderna, portanto, é a de descrença em qualquer tipo de visão totalizante da história, incluindo aí as metanarrativas iluministas de progresso e superioridade cultural, presentes em Kant, Hegel, Marx, Darwin e outros.

Para filósofos pós-modernistas, a existência de diversas escolas filosóficas, algumas contrastantes entre si, bem como as constantes mudanças nos paradigmas científicos, são indícios de que a racionalidade se desdobra de múltiplas formas, excluindo portanto, a tese de que seja possível interpretar a totalidade da realidade de uma forma universal.

Fica o desafio, no entanto, sobre como as nações devem proceder quando uma cultura apoia ou promove violações a direitos considerados fundamentais pelo catálogo da Declaração Universal de Direitos Humanos. A racionalidade que fundou este catálogo pode se sobrepor à lógica de países ou povos que insistem em praticar a tortura, a discriminação racial e social, a violência contra crianças, mulheres e estrangeiros e as perseguições por motivos de consciência política, artística ou religiosa?

6 - Chegamos ao fim da história?

6.1 - O Fim da História em Francis Fukuyama

Relendo a filosofia da história de G. Hegel, o cientista político Francis Fukuyama oferece uma das últimas contribuições para o debate sobre a finalidade da história. Em sua perspectiva, "a democracia liberal (tornou-se) a única aspiração política coerente que constitui o ponto de união entre regiões e culturas diversas do mundo todo" (FUKUYAMA, 1992, p. 14). Para o autor, só nas democracias liberais é que a liberdade, preconizada por Hegel como sentido último da história, pôde e pode se consumar. Ainda:

> A queda do muro de Berlim e a dissolução dos regimes comunistas nos países do leste europeu demonstram que não é mais possível pensar em outras instituições que não sejam da sociedade atual, liberal-democrática, industrial e capitalista (Cf. PECORARO, 2009. p. 55).

Sua tese foi recebida como reações polêmicas por muitos que a tomaram como triunfalismo ocidental em desrespeito a outras formas de organização política e social. No entanto, tomada em seu núcleo iluminista, não divergiu das linhas fundamentais tecidas pelos modernos.

6.2 - Filosofia da História em Jürgen Habermas

Para o filósofo alemão Jürgen Habermas, a noção de pós-história é mais complexa, mas mantém elementos de modernidade. Na verdade, Habermas prefere desafiar o pensamento contemporâneo a dar continuidade aos projetos da modernidade (racionalismo, pluralismo, democracia, liberdade, igualdade, etc.), em vez de abandoná-los. No entanto, tal empresa deve ser realizada a partir de novo instrumental, a saber, a razão comunicativa, que se abre para amplo e profundo diálogo com interlocutores que apresentam perspectivas diversas, que até então estavam de fora do debate. Em sua leitura, "a história não terminou, ao contrário, está em movimento, acelerada e superaquecida" (Cf. PECORARO, 2009. p. 57). Ante aos novos problemas que surgiram, é preciso repensar cursos de ação alternativos, colocando em debate os próprios conceitos de liberdade e de democracia, de modo a atender uma racionalidade que se fez completamente nova, quando comparada com o contexto e possibilidades dos pensadores dos três últimos séculos. Encontramo-nos sob o signo da Globalização.

7 - O fim da Filosofia

Figura: OSBORNE, Richard. Filosofia para Principiantes. Rio de Janeiro: Objetiva Editora, 1998. p. 8.

O filósofo Augusto Comte, pai da chamada escola 'O Positivismo', no século XIX, defendeu a ideia de que, com o avançar dos tempos, a Filosofia deixaria de existir, visto que a humanidade caminha a partir de uma nova exigência quanto ao pensamento: a de se provar empiricamente, experimentalmente, toda afirmação acerca da realidade. Uma vez que a Filosofia trabalha com a lógica e não com a experimentação, cederia seu espaço às ciências exatas.

Outro filósofo que apregoou o fim da Filosofia foi Karl Marx, também no século XIX. Para ele, a Filosofia em seu tempo já havia cumprido sua tarefa de tentar interpretar o mundo. A partir de seu tempo, reconhece, a urgência da humanidade seria, mais do que interpretar o mundo, transformá-lo (*Os filósofos se limitaram a interpretar o mundo de diversos modos, o que interessa agora é transformá-lo*. Marx, na 11ª *Tese sobre Feuerbach*) O tempo para divagações acerca de assuntos que não transformam a realidade havia passado.

Muito cedo, a perspectiva de Augusto Comte deixou de se sustentar. O método científico não está isento de ser manipulado ou usado contrariamente à sua finalidade social. Sendo assim, tornou-se mais necessário ainda um instrumento de análise crítica de seus desdobramentos. Este foi um dos temas de nossa segunda aula.

Já no caso de Marx, a ideia de priorizar a reflexão que visa transformar a realidade e superar os desafios materiais da existência, iniciando pela crítica dos discursos legitimadores da ordem social vigente, em detrimento da mera tentativa de interpretação da realidade, acabou por se constituir uma poderosa ferramenta de análise da própria Filosofia, o que não deixou de ser uma Filosofia. O marxismo não escapou de profundos paradoxos, pois poucas teorias filosóficas ensejaram e ensejam tantas críticas quanto a teoria marxista, que não raras vezes, compreende-se como única forma objetiva de pensar a realidade.

A Filosofia, portanto, não chegou ao seu fim, antes, encontra-se em um estágio mais amplo de objetos, desafios e prioridades: dar continuidade aos projetos filosóficos da modernidade, reavaliar as narrativas nela produzidas, analisar os discursos contemporâneos legitimadores ou críticos da ordem social e, neste sentido, auxiliar na busca de alternativas melhores para a solução dos principais problemas humanos.

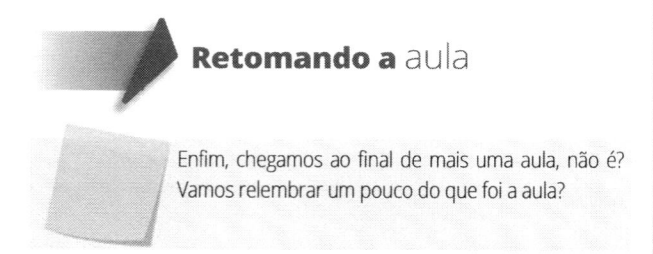

Retomando a aula

Enfim, chegamos ao final de mais uma aula, não é? Vamos relembrar um pouco do que foi a aula?

1 – Filosofia da História

Na seção 1, refletimos sobre o conceito de Filosofia da História, sua importância, temas e teorias filosóficas principais.

2 - História e progresso

Na seção 2, verificamos como a ideia de que o mundo está progredindo, na medida em que o tempo passa, tem sido usada tanto para transmitir otimismo em relação ao futuro, em virtude de desenvolvimentos tecnológicos, mas também tem sido usada para ocultar a realidade da miséria e pobreza que a maior parte da humanidade ainda vive.

3 - As ciências e as técnicas

Na seção 3, notamos que o desenvolvimento científico não implica, necessariamente, em desenvolvimento para a humanidade toda. Depende muito da finalidade dos produtos científicos.

4 - As utopias revolucionárias

Na seção 4, analisamos o papel e o significado das utopias revolucionárias, em grandes eventos históricos.

5 - A cultura

Na seção 5, a cultura foi vista como produto dos esforços humanos em cada momento histórico e em cada lugar geográfico, não implicando em uma ideia de desenvolvimento, antes, de pluralidade.

6 – Chegamos ao fim da história?

Na seção 6, observamos como a tese de que o sentido da história foi confundido com a organização social e política do mundo ocidental, mas também como, muito cedo, esta perspectiva caducou e hoje, requer profunda revisão.

7 - O fim da Filosofia

Por fim, analisamos a ideia positivista e a marxista de que a filosofia iria acabar um dia, concluindo que, mais do que nunca, ela se constitui hoje um instrumento hermenêutico fundamental para pensarmos criticamente a realidade na qual estamos inseridos.

Vale a pena

Vale a pena ler,

ARISTÓTELES. OS PENSADORES. Aristóteles. *Política*. São Paulo: Nova Cultural, 2004.

BURKE, Edmund. *Reflexões sobre a Revolução na França*. Brasília: Editora UnB, 1997.

FOUCAULT, Michel. *Vigiar e Punir*. Rio de Janeiro: Vozes Editora, 2015.

FOUCAULT, Michel. *Arqueologia do Saber*. São Paulo: Forense Universitária, 2012.

FUKUYAMA, Francis. *O fim da história e o último homem*. Rio de Janeiro: Rocco, 1992.

HEGEL, G. W. F. *Filosofia da História*. Brasília: Editora Universidade de Brasília, 2008.

HOBSBAWM, Eric. *A Era das Revoluções*. São Paulo: Paz e Terra, 2015.

KANT, Immanuel. *Ideia de uma História Universal de um*

ponto de vista Cosmopolita. São Paulo: Brasiliense, 1986.

KONDER, Leandro. *A Questão da Ideologia*. São Paulo: Companhia das Letras, 2003.

LANDES, David. *A Riqueza e a Pobreza das Nações*. São Paulo: Campus Editora, 1998.

LYOTARD, François. *A condição pós-moderna*. São Paulo: José Olympio, 2002.

PECORARO, Rossano. *Filosofia da História*. Rio de Janeiro: Zahar Editora, 2009.

ORWELL, George. *A Revolução dos Bichos*. São Paulo: Companhia das Letras, 2007.

THOMPSON, Edward P. *Costumes em Comum*. São Paulo: Companhia das Letras, 2016.

Vale a pena **assistir**

Adeus, Lenin! (2002)
Balzac e a Costureirinha Chinesa (2001)
Boa Noite e Boa Sorte (2005)
Caminho de Liberdade (2010)
Daens Um Grito de Justiça (1992)
Ele Está de Volta (2015)
Laranja Mecânica (1972)
Meu Irmão é Filho Único (2007)
Os Deuses Devem Estar Loucos (1980)
Os Miseráveis (1998)
The Propaganda Game (2015)
Trumbo: Lista Negra (2015)

Minhas anotações

Minhas anotações

Aula 8º

A filosofia encontra a ética: aspectos fundamentais

> Chegamos à última aula de nossa disciplina. Qual tem sido a experiência com os conteúdos e problemas trabalhados? Se suas impressões iniciais eram negativas, espero que tenham mudado. Se já era positiva, espero que só tenha melhorado!
>
> Esta será a nossa última aula, e nela faremos um recorte aplicativo da filosofia, a uma das dimensões humanas mais importantes: a ética. Na verdade, analisaremos a ética, a moral e suas escolas clássicas. A partir desta aula, objetiva-se que todos tenham horizontes para continuar a pesquisa, e se situar nos grandes dilemas éticos contemporâneos. Vamos lá?
>
> — Bons estudos!

Objetivos de aprendizagem

Ao término desta aula, vocês serão capazes de:
- definir e diferenciar Ética e Moral;
- estabelecer a relação entre Ética e Filosofia;
- identificar as correntes éticas clássicas;
- definir a bioética e a ética da responsabilidade
- destacar a importância da moral como instrumento de organização social;
- definir a importância da análise crítica contínua em relação aos valores morais.

Seções de estudo

1 - Ética e Conflitos Morais
2 - Surgimento da Ética e sua Relação com a Moral e com a Filosofia
3 - Teorias Éticas Clássicas
4 - A Bioética e a Ética da Responsabilidade
5 - A Moral como Instrumento de Organização Social

1 - Ética e Conflitos Morais

O que é o bem? O que é o mal? Por que o ser humano desenvolveu conceitos morais? Por que deveríamos obedecer a um determinado padrão moral? Qual o valor dos costumes e das tradições morais? Existem valores que deveriam ser considerados como absolutos? Valores absolutos podem conflitar entre si? Neste caso, que critério de decisão assumir? O que define como 'absolutos' ou 'relativos' estes valores?

Assim introduz-se a temática da ética. Para melhor ilustrar estas questões, a discussão acerca dos valores morais, iniciada pelo filósofo Immanuel Kant, representa precisa ajuda (Cf. BENJAMIM CONSTANT. Os Filósofos e a Mentira, 2002, p. 74). Imagine que você está em sua sala, assistindo TV, com as portas de sua casa abertas. Entra uma criança, marcada de ferimentos e sangue, pedindo socorro. Desesperada, logo se esconde em um dos quartos de sua casa. Imediatamente, aparecem três adultos, também sujos de sangue, com facas nas mãos, transpirando raiva e obstinação. Perguntam então se você viu alguma criança por ali. Explicam que ela quebrara a vidraça de um carro e agora iria pagar com a vida pelos estragos. O que fazer nesta situação?

No caso específico, o conflito é claro. Não há espaço para o heroísmo de enfrentar, desarmado, os três indivíduos que denunciam a pretensão de fazer mal à criança. Resta visível, pois, a tensão entre mentir acerca da presença da criança, para salvá-la da ira de seus perseguidores ou dizer a verdade, expondo a criança às intenções já reveladas pelos mesmos.

A maior parte das pessoas, em uma situação concreta como esta, não hesitaria em mentir, a fim de salvar a vida da criança. Entretanto, dentro de uma discussão ética, a pergunta a se fazer não é o que faríamos em tal e qual situação, mas o que deveríamos fazer. Pergunta-se pelo dever moral em pauta. Devo mentir ou dizer a verdade neste caso? Se devo dizer a verdade, como fica nosso dever de proteger a vida? Posso afirmar que não sou responsável pelos resultados, mesmo tendo condições de influenciar nos desdobramentos deste episódio? Por outro lado, se neste caso específico, devo mentir, pergunta-se: a mentira (ou o dever de dizer a verdade) é um valor absoluto ou relativo? Se é relativo, ou seja, se vigora o dever apenas em algumas circunstâncias, o que define o seu caráter de absoluto ou relativo? Como saber quando mentir e quando dizer a verdade? Se o dever à verdade é um valor relativo, posso afirmar que existem outros valores relativos (como matar, adulterar, transgredir uma lei civil)? Se existem, como julgar entre um e outro, quando entrarem em conflitos? Ainda: se estes valores são relativos, são relativos ao quê? Existe um ou mais valores absolutos, que governam sobre outros?

Continuando a discussão levantada, restam ainda outras questões: de onde vem o nosso conhecimento do certo e do errado? O que julgamos ser o certo e o errado é claro para todos os seres humanos ou é algo que só nós sabemos, através de uma educação especial? Se não é claro para todos, qual o fundamento de se reprovar condutas humanas diferentes das nossas? Pode-se dizer que existe uma moral universal? A maneira de resolver os conflitos morais é sempre igual nas diversas culturas humanas? Se não é igual, como afirmar ser a minha cultura ou o meu padrão moral o correto? Como são formados os nossos valores morais? São imutáveis? São confiáveis?

Por fim, deve-se questionar ainda: quais são as finalidades da existência da moral? A prática dos valores morais deve ter como sentido a felicidade humana ou o simples cumprimento do dever pelo dever? Pode ocorrer de existir um código moral imoral? Deve o ser humano obedecer a uma moral que lhe promova (ou a outros) mais mal do que bem? Quais os critérios exigíveis para a adoção de um padrão moral: fé? tradição? razoabilidade?

As respostas a estas questões, no decorrer da História, nem sempre foram as mesmas. Suas variações definiram o que em Filosofia se conhece como Teorias Éticas. Definem também, parcialmente, a tarefa deste ramo do saber, intitulado ética. Importa, pois, analisar algumas destas correntes, para melhor entendimento do fenômeno da moral.

2 - Surgimento da Ética e sua Relação com a Moral e com a Filosofia

2.1 Relações entre Ética e Filosofia

Informa-nos o pesquisador Jaime José Rauber, que "a Ética, como disciplina filosófica, foi fundada por Aristóteles (384-322 a.C.)" (RAUBER, 1999. p. 09). Isto se evidencia em sua obra Ética a Nicômaco, em que o autor "procura dar uma resposta ao problema já levantado por Sócrates e Platão, qual seja: de que maneira deve o homem viver sua vida" (VAZQUEZ, 2008, p. 28).

Até a modernidade, a ética representava uma parte da filosofia especulativa. Atualmente, no entanto, a ética se desdobra como disciplina autônoma, desvinculada da perspectiva estritamente filosófica. O que ocorre é que, sob análises científicas, mais e mais disciplinas passam a constituir ciências especiais com objetos específicos de investigação, abordagem sistemática, metódica, objetiva e racional. É o caso da ética, em sua análise do fenômeno da moral humana, que se debruça sobre seu objeto a partir de perspectiva imanentista e racionalista. Em outras palavras, como ciência, a ética já não aceita cosmologias ou teorias universalizantes, destituídas de racionalidade, contrárias às ciências positivas, como era característico no período pré-científico e religioso. Adolfo Sánchez Vázquez, professor mexicano, ressalta, no entanto, que isto não configura completa autonomia em relação à filosofia. Mantém ainda com esta, e com outras disciplinas, estreito vínculo relacional, vez que muitos temas a ela ligados são de natureza filosófica, como liberdade, necessidade, valor, consciência, sociabilidade, entre outros (Cf. NALINI, 2001, p. 37).

2.2 Relações entre Ética e Moral

Os termos ética e moral pertencem àquelas expressões que não possuem apenas um significado. O uso costumeiro atribui, por vezes, sentidos diversos daquele que define o sentido estrito, técnico e acadêmico. Importa, portanto, definir o sentido a ser usado em nossas discussões.

Sob perspectiva etimológica, como salienta o professor José Renato Nalini, ética e moral se confundem:

> ta êthé (em grego, os costumes) e mores (em latim, hábitos) possuem, com efeito, acepções muito próximas uma da outra: se o termo 'ética' é de origem grega e o moral, de origem latina, ambos remetem a conteúdos vizinhos, à idéia de costumes, de hábitos, de modos de agir determinados pelo uso (NALINI, 2001, p. 37).

Resulta claro, portanto, que, 'a etimologia não poderia nos guiar nesta tarefa'. Resta-nos, por conseguinte, buscar o sentido técnico dos dois termos.

O termo moral ainda conserva sua relação original. Como mencionado, significa costumes. Trata-se do conjunto de normas e valores adotados por determinada sociedade, acerca dos comportamentos que se julgam certos ou errados, desejados ou indesejados e que, pela força da repetição, acabam por serem adotados socialmente como necessários. A expressão bons costumes passa a ser utilizada, portanto, como sinônimo de moral ou moralidade. Traz em seu bojo uma série de juízos de valor, acerca do bem, do certo, do justo, do adequado, etc., que por sua vez, desdobrar-se-ão em normas específicas de comportamento, regras de conduta que postulam deveres positivos, não abstratos.

Tais valores e normas são particulares de um grupo, de uma tradição, de uma cultura, de uma nacionalidade e até mesmo de uma época. O que é adotado como correto acerca da sexualidade em uma cultura, por exemplo, pode não ser o mesmo que em outra, embora possa se visualizar algumas normas que são mais universais, estando presentes em muitas culturas ao mesmo tempo, como não matarás, não furtarás, não adulterarás, entre outras.

Exemplos práticos de moralidades singulares, particulares de grupos ou povos, podem ser vistos na relação entre povos do Ocidente e o Oriente. A prática de casamentos arranjados pelos pais, na Índia, no Japão e em alguns países árabes, ilustra bem isto. Filhos ou filhas desafiarem a escolha dos pais, em relação a seus futuros cônjuges, são vistos como rebeldes, desobedientes e imorais, enquanto no Ocidente, tal prática de imposição é condenada, devido ao conceito e prática do que se chama de 'liberdade, igualdade e subjetividade', ou seja, identidade única de cada sujeito, caracterizado pelas múltiplas escolhas que faz na existência. Some-se a esta lista o fato de que até recentemente, em alguns países o casamento poligâmico ou com crianças era permitido legal e religiosamente.

Outro exemplo pode ser visto no conceito tradicional japonês de honra, que pode levar ao suicídio o indivíduo que tiver praticado ato considerado vergonhoso. Estima-se que por ano, algo em torno de 30 mil suicídios ocorra no Japão. Embora não se possa dizer que o suicídio seja um valor moral no Japão, sem sombra de dúvida está atrelado a conceitos vizinhos da moralidade, como o valor da honra, da virtude intocável etc. No Ocidente, tal prática é considerada patológica, desviada e altamente desestimulada. Ideias similares estão se desenvolvendo em alguns países árabes, sob o tema do 'martírio por Deus', onde pessoas são recrutadas para morrerem por uma causa, geralmente associada ao terrorismo.

Em poucos exemplos, nota-se que a moralidade está carregada por elementos geográficos e históricos específicos, entornada em aspectos singulares, quando comparada com outros códigos morais.

A discussão em torno da ética surge quando desabrocham questionamentos, internos ou externos, acerca da validade da moral estabelecida em dada sociedade. Ressalta, nesta direção, Jung Mo Sung: "Não é raro na história o surgimento de filósofos ou profetas que propõem um sistema ético criticando a moral vigente e propondo uma revolução nos valores e normas estabelecidos da sociedade" (SUNG et al. SILVA, 2002, p. 14). Na verdade, esta experiência não é típica apenas de filósofos ou profetas, mas de tantos que enfrentem uma sensação de espanto, assombro, frente ao mundo moral. Continua Jung Mo Sung:

> É a experiência de 'estranhamento' frente à realidade, de sentir-se estranho (fora da normalidade) diante do modo como funciona a sociedade, ou até mesmo em relação ao modo de ser e agir de outrem. É a descoberta da diferença entre o que é e o que deveria ser: a experiência ética fundamental" (SUNG et al. SILVA, 2002, p. 14).

Pela primeira vez, surge o questionamento acerca da origem dos valores morais, bem como da veracidade, validade e coerência dos mesmos. Uma mulher que deseja praticar um aborto, por exemplo. Logo ouvirá de seus semelhantes que tal prática é errada e imoral. No entanto, ela argumenta que não está preparada psicologicamente para ter a criança, que é muito nova ou que não tem condições financeiras adequadas. Questiona, portanto: Por que a prática do aborto é considerada imoral? No que esta decisão difere das outras escolhas que faz na vida, como trocar de emprego, selecionar a escola em que deseja estudar ou escolher um marido etc? Ela se encontra agora na direção contrária à moral vigente, sendo levada a questionar sobre a legitimidade e fundamentação desta moralidade, claramente contraria aos seus interesses. Questiona ainda: O que define esta moral como verdadeira? Por que devo me sujeitar a ela? Que critérios deveriam ser usados para resolver tal conflito?

Acerca desta experiência ética, disserta ainda o clássico Willian Frankena, acentuando sua origem como momento de ruptura na consciência e no agir moral humano:

> A Filosofia Moral surge, quando, como Sócrates, ultrapassamos o estágio em que

nos deixamos dirigir por normas tradicionais e ultrapassamos também o estágio em que essas regras se entranham em nós tão profundamente a ponto de dizermos que nos sentimos dirigidos do íntimo, ingressando no período em que pensamos por nós mesmos em termos gerais e críticos (como os gregos estavam começando a proceder na época de Sócrates) e alcançamos uma espécie de autonomia na condição de agentes morais (FRANKENA, 1969, p. 16).

Ampliando a definição, ecoa ainda as palavras dos eticistas Jung Mo Sung e Josué Cândido da Silva, quando definem a ética como 'reflexão teórica que analisa e critica ou legitima os fundamentos e princípios que regem um determinado sistema moral'(SUNG et al. SILVA, 2002, p. 13). Semelhantemente, define Vázquez: 'A ética é a teoria ou ciência do comportamento moral dos homens em sociedade' (VAZQUEZ, 2008, p. 23). Ainda, na pena de José Jaime Rauber:

> Mais do que nunca, necessita-se de um elemento ou de um princípio que sirva de fundamento para distinguir-se o agir correto do incorreto, o agir justo do injusto. A investigação em torno desse critério ou procedimento do agir moral é a tarefa da Ética como disciplina filosófica" (RAUBER, 1999, p. 09).

O pressuposto desta busca já não é mais aquele visualizado no passado, a saber, a identificação de qual seja o código sagrado verdadeiro. Não basta mais o argumento que insiste na legitimidade de uma norma, sob o fundamento de uma autoridade familiar, cultural ou religiosa. Tampouco pode ser um princípio particular, como o da mera vontade, conveniência ou imposição.

Em tempos em que o conceito de dignidade humana alcança os embriões humanos, não é possível para a pessoa que procura realizar o aborto, simplesmente erigir como justificação de seu comportamento a sua liberdade individual de escolha, ou o fato de que é seu corpo que entrará em transformação e gestação. Ela terá que justificar sua decisão a partir de um outro tipo de fundamentação, a saber, uma que goze de razoabilidade também para a sociedade onde se encontra. Da mesma forma, aqueles que condenam o aborto, sob um fundamento religioso ou mesmo filosófico, terão que desenvolver uma argumentação pública, racional, que ampare suas premissas. Trata-se, portanto, de uma busca de uma argumentação universal e universalizante.

O ser humano vive em sociedade e deve nela se ajustar e a ela prestar contas. Tal prestação se dá a partir das relações e do diálogo racional. Não se pode agir livremente, a despeito dos outros, em virtude de que cada ação humana repercute sobre a sociedade. O agir de um indivíduo raramente afeta tão somente a ele. Repercute a maior número de pessoas. No mínimo, a prática do aborto, no caso acima descrito, repercutiria, como exemplo, para outras mulheres, acerca de como proceder ou como não proceder nos casos de gravidez não planejada, ou gravidez de risco, ou análogas. O aborto representa para determinados grupos sociais, uma relativização da vida humana e da própria sociedade, enquanto para outros, uma relativização da liberdade, da autonomia e da vida da gestante e de inúmeras mulheres que procuram amparo da saúde estatal e não encontram.

Nota-se, portanto, a necessidade de que os argumentos legitimadores da moral escolhida sejam justificados aos interlocutores sociais. Por que eu poderia passar por cima de uma tradição, ou de uma perspectiva social transformada em norma jurídica sobre a dignidade do embrião e feto humano, majoritária da sociedade, e impor minha autonomia? Por outro lado: Por que tenho que sujeitar minha vontade aos valores de uma tradição ou perspectivas sociais que se transformaram em normas jurídicas, se estas ferem minha autonomia e dignidade? A resposta a estas questões requer fundamentação que possa ser compreendida, apreendida pela coletividade.

A busca destes princípios, bem como da metodologia adequada para chegar até eles, é a marca do desenvolvimento desta disciplina, de Aristóteles aos nossos dias. Salienta convergentemente Frankena: "Com efeito, entendemos que a primeira preocupação da Ética é esboçar as linhas gerais de uma teoria normativa capaz de auxiliar-nos a resolver problemas sobre o que é certo e como devemos agir" (FRANKENA, 1969, p. 18).

3 - Teorias Éticas Clássicas

Não são poucas as tentativas ou alternativas teóricas já produzidas, sendo que parte delas recebeu maior destaque na história das ideias. De um modo geral, podem ser classificadas em duas grandes divisões clássicas: as teorias teleológicas e as teorias deontológicas (FRANKENA, 1969. p. 28).

As teorias teleológicas (da raiz grega telos= fim) argumentam que a legitimidade de determinada ação é derivada da avaliação de suas consequências. Uma ação é boa ou má de acordo com seus fins ou resultados produzidos. Em outras palavras, para esta teoria, não há ação intrinsecamente boa ou má. Dependem das consequências, dos resultados produzidos, dos fins almejados e/ou alcançados. Tais fins variam entre teórico e teórico, como salienta Frankena:

> Um teleologista pode assumir qualquer posição em relação ao que venha considerar bom em sentido não-moral. Frequentemente, os teleologistas tem sido hedonistas, identificando o bem ao prazer e o mal à dor e concluindo, consequentemente, que a via correta ou regra de ação correta é a que assegura pelo menos tanta prevalência do prazer sobre a dor quanto qualquer outra alternativa. Mas os teleologistas também podem ser e têm sido não-hedonistas, identificando o bem ao poder, ao conhecimento, à auto-realização, perfeição, etc. [...] Tudo quanto se faz necessário é que o teleologista tenha algum ponto de vista a propósito do que é bom e que ele estabeleça o que é certo ou obrigatório exclusivamente em função desse ponto de vista. (FRANKENA, 1969, p. 29).

Destacam-se, nestas teorias, as ideias de Aristóteles, John Stuart Mill, Jeremy Bentham, Nietzsche, entre outros.

Já para as teorias deontológicas (da raiz grega *déon* = "dever"), a justificação de uma norma está na própria norma, independente das consequências oriundas da ação.

As teorias deontológicas defendem a tese de que a ação ética é a mesma que a ação subalterna à lei ou à norma moral, independente das consequências que possam advir da obediência à estas leis e normas. O agir correto é o da submissão à lei.

Como entre os teleologistas, os deontologistas também variam no grau de rigidez de sua tese central, qual seja, a de que as normas são válidas em si mesmas. Para chegarem a esta tese, há toda uma elaboração racional justificante. O filósofo mais conhecido desta grande matriz teórica é o filósofo Immanuel Kant, com o seu imperativo categórico, que será trabalhado mais tarde.

Vale lembrar que esta matriz teórica – a deontológica - é a que mais recebe aceitação de grupos conservadores, bem como juristas que sustentam a manutenção de uma ordem social específica. No entanto, é abraçada também por defensores de normas especiais que visem garantir os ideais mais nobres do iluminismo e modernidade (como a Declaração Universal dos Direitos Humanos).

A origem e fundamentação das normas para os teóricos desta matriz variam. Destacam-se as teorias religiosas, que advogam a 'Vontade Divina', transmitida aos seres humanos por meio da 'Revelação'; as teorias naturalistas, que advogam que a Natureza ou a Razão Universal possibilitam um parâmetro ético universal; e ainda, a tese da necessidade da manutenção da 'Ordem Civil', representada pelo Estado.

4 - A Bioética e a Ética da Responsabilidade

Entre estas duas teorias clássicas da Ética, das quais surgem inúmeras outras, destaca-se a Bioética, que é, na verdade, uma área de estudo da ética, naqueles conflitos que se relacionam com a biologia e com a medicina moderna. É uma área interdisciplinar, que irá aplicar no contexto dos conflitos éticos das áreas médicas, a reflexão ética dirigida. Destacam-se como conflitos desta área de análise: os conflitos gerados pela biotecnologia, como uso de células-tronco, clonagem, engenharia genética, prognósticos a partir da leitura do genoma humano, xenotransplantes, eutanásia e suicídio assistido, divulgação de diagnósticos de doenças sensíveis, manutenção artificial da vida, terapias genéticas para "correção de comportamentos", etc.

Recentemente, dois ramos de reflexão entraram no debate, inspirados nos temas da bioética: A Ética do Direito dos Animais, a partir das reflexões de Peter Singer, e a Ética da Responsabilidade, a partir de Hans Jonas.

Em síntese, Peter Singer (2004) reclama a consciência de que os seres humanos devem rever sua perspectiva antropocêntrica no planeta, e se conscientizarem de que habitamos um espaço com outras formas de vida que reclamam uma dignidade que até agora não consideramos. Que direito temos de impingir sofrimento aos animais? Sob qual fundamentação, julgamos que o planeta é para ser instrumentalizado, e os animais tratados como objetos do interesse humano. Repetindo as palavras do filósofo utilitarista Jeremy Benthan, Peter Singer critica o especismo, a conduta de considerar o animal humano como estando legitimado para impor sofrimento aos animais:

> Talvez chegue o dia em que o restante da criação animal venha a adquirir os direitos que jamais poderiam ter-lhe sido negados, a não ser pela mão da tirania. Os franceses já descobriram que o escuro da pele não é razão para que um ser humano seja irremediavelmente abandonado aos caprichos de um torturador. É possível que um dia se reconheça que o número de pernas, a vilosidade da pele ou a terminação do osso sacro são razões igualmente insuficientes para abandonar um ser senciente ao mesmo destino. O que mais deveria traçar a linha intransponível? A faculdade da razão, ou, talvez, a capacidade da linguagem? Mas um cavalo ou um cão adultos são incomparavelmente mais racionais e comunicativos do que um bebê de um dia, de uma semana, ou até mesmo de um mês. Supondo, porém, que as coisas não fossem assim, que importância teria tal fato? O problema não consiste em saber se os animais podem raciocinar; tampouco interessa se falam ou não; o verdadeiro problema é este: podem eles sofrer? (BENTHAN, JEREMY, apud SINGER, 2004, p. 09).

No âmbito legislativo já se pode observar articulações para alterar a forma pela qual o Estado decidirá sobre questões que envolvem o sofrimento dos animais.

Por sua vez, Hans Jonas tem denunciado que a ação humana na atualidade, em virtude do potencial de exploração dos recursos naturais mediado pela aparato tecnológico atual, está sequestrando das futuras gerações, as chances de terem um ambiente propício à existência plena. Em suas palavras:

> Um imperativo adequado ao novo tipo de agir humano e voltado para o novo tipo de sujeito atuante deveria ser mais ou menos assim: Ajas de modo a que os efeitos da tua ação sejam compatíveis com a permanência de uma autêntica vida humana sobre a Terra; ou, expresso negativamente: Aja de modo a que os efeitos da tua ação não sejam destrutivos para a possibilidade futura de uma tal vida. (JONAS, 2006, p. 47-48).

As reflexões propostas por Hans Jonas, neste sentido, propõem uma reflexão amparada pelo princípio da responsabilidade em relação às futuras gerações, ou seja, um uso responsável e temeroso dos recursos naturais e tecnológicos pela raça humana.

5 - A Moral como Instrumento de Organização Social

Ao final deste curso, perguntar-se-ia: por que encerrá-lo com uma reflexão sobre a ética e moral? Na verdade, dado ao número de exemplos, de como o ser humano constrói conceitos de bem e de mal ao longo da história, se percebe a importância da análise filosófica da ética e da moral. A ética, neste sentido, é uma disciplina filosófica de análise da moral. No entanto, faz isto não apenas por suspeitar dos códigos morais, construídos pela humanidade. Faz também por apreender a importância desta criação humana, na organização social.

"O ser humano [...] é imperfeitamente programado pela sua própria constituição biológica. A sua estrutura de instintos no nascimento é insuficientemente especializada e não dirigida a um ambiente específico", assinala Jung Mo Sung em sua obra *Conversando sobre ética e Sociedade* (2002, p. 26), destacando ainda as implicações deste fato: *"O mundo humano é um mundo aberto, isto é, um mundo que deve ser modelado pela própria atividade humana"*. Disciplina ainda, nesta direção, Jung Mo Sung:

> Como outros mamíferos, estamos em um mundo que é anterior ao nosso aparecimento. Mas, diferentemente deles, este mundo que nos precede não é simplesmente dado, colocado à nossa disposição para um relacionamento imediato. O ser humano precisa 'organizar' o mundo para superar o 'caos', necessita construir um mundo para si, um mundo que tenha sentido humano, e, nesse processo, construir a si mesmo (SUNG et al. SILVA, 2002, p. 26).

Neste sentido, na máxima de Aristóteles, de que "O homem é um animal político" (2000, p. 146), quis o filósofo ensinar que a existência do ser humano só é possível dentro da sociedade e a partir da sociabilidade. Ele é um ser dependente das relações com seus pares. Sozinho, só pode permanecer como gênio ou como louco.

Nesta sociabilidade, encontra com os interesses de outros seres humanos, originando, por vezes, associação de vontades, mas também, em outras circunstâncias, conflitos de propósitos. Visto assim, a existência e manifestação absolutamente livre de seus desejos não é possível sem coalizão com a liberdade do outro. A tendência, neste sentido, será a da violência e opressão de vontades, a partir do mais forte, ou a regulação social da vontade dos membros de uma determinada sociedade por um mecanismo de autoridade – a norma moral e jurídica, que Santisteban chama de *estruturas de reciprocidade e redistribuição* (1998, p. 184), *sistemas de ação e de reação* (1998, p. 346) que buscam eliminar os conflitos e estabelecer o equilíbrio social. As regras nascem, portanto, para regular os arbítrios, as liberdades, as posições e as necessidades sociais.

James Rachels, em sua obra *Elementos de Filosofia Moral*, (2006, p. 143-144) exemplifica-nos mais claramente, a partir do pensamento de Thomas Hobbes, o surgimento das normas, morais e jurídicas, como originadas da necessidade humana de organização social:

> Hobbes (um importante filósofo inglês do século XVII) começa por perguntar como seria se não houvesse regras sociais e nenhum mecanismo comumente aceito para impô-las. Imaginemos, se quisermos, que não havia governos – nem leis, polícias ou tribunais. Nesta situação, cada um de nós seria livre de fazer o que quisesse. Hobbes chamou a isto estado de natureza. Como seria isto? (...) Um estado de guerra constante de um contra todos. Hobbes não pensava que fosse mera especulação. Sublinhou que isto é o que acontece de fato quando os governos caem, como durante uma insurreição civil. As pessoas começam desesperadamente a armazenar comida, a armar-se e a afastar-se dos vizinhos. O que faria o leitor se amanhã de manhã ao acordar descobrisse que por causa de uma catástrofe o governo tinha caído, não havendo leis, polícia ou tribunais em funcionamento?

A fim de impedir este estado de caos social, as sociedades antigas elaboraram as primeiras normas, primeiro de cunho moral, que atingiu a força de costume. Posteriormente, estas regras foram amparadas e defendidas pela sociedade civil, através de sanção e coerção jurídica.

Por outro lado, este mesmo instrumento de organização social pode servir de instrumento de controle social, originando a necessidade da suspeita sobre a moral, típica da filosofia.

Em sua análise da moral, Nietzsche parte da seguinte preocupação: "Sob que condições o homem inventou para si os juízos de valor 'bom' e 'mau'? E que valor têm eles? Obstruíram ou promoveram até agora o crescimento do homem?" (*Genealogia da Moral*, 2004, p. 19). Que deveria ser feito, caso descobríssemos que a moral tem significado uma negação da vida?

> E se no 'bom' houvesse um sintoma regressivo, como um perigo, uma sedução, um veneno, um narcótico, mediante o qual o presente vivesse como que às expensas do futuro? Talvez de maneira mais cômoda, menos perigosa, mas também num estilo menor, mais baixo?... De modo que precisamente a moral seria culpada de que jamais se alcançasse o supremo brilho e potência do tipo homem? De modo que precisamente a moral seria o perigo entre os perigos? (Genealogia da Moral, 2004, p. 13).

Qual a relevância destas questões? É que para o filósofo, a moral tem o poder de dirigir-nos contra a nossa própria vida! Por isso o filósofo perguntará: a moral é uma dimensão libertadora ou limitadora naquilo que o ser humano pode vir a ser? Nietzsche está preocupado com o tipo de *ser* que o ser humano pode se tornar, a partir do potencial de crescimento e expansão que possui. Por este motivo, o filósofo anunciará a necessidade de uma profunda crítica da moral e de seus valores:

> Enunciemo-la, esta nova exigência:

necessitamos de uma crítica dos valores morais, o próprio valor desses valores deverá ser colocado em questão – para isto, é necessário um conhecimento das condições e circunstâncias nas quais nasceram, sob as quais se desenvolveram e se modificaram, [...] um conhecimento que até hoje nunca existiu nem foi desejado (Genealogia da Moral, 2004, p. 12).

Para o filósofo, porque o ser humano é sempre um criador de valores morais, deve também passar em revista constantemente os valores por ele criados, a fim de aferir se vitalizam sua existência ou se a amarram em condições de subalternidade. Nada mais importante para os profissionais das áreas biológicas, pois mais do que todas, se vê em um momento de grande expansão de descobertas científicas que colocam em juízo, os valores morais clássicos da humanidade.

Retomando a aula

Chegamos ao final desta aula, vamos recordar sobre o que aprendemos até aqui.

1 – Ética e Conflitos Morais

Nessa seção, refletimos sobre o conceito de Ética e a presença de conflito entre valores morais.

2 – Surgimento da Ética e sua Relação com a Moral e com a Filosofia

Nessa seção, verificamos como a Ética é uma disciplina filosófica aplicada à análise crítica, racional, dos valores morais.

3 – Teorias Éticas Clássicas

Nessa seção, descrevemos e analisamos as duas correntes clássicas de valores morais, a deontológica, que enxerga a norma como um valor em si, e as teleológicas, que compreendem a norma a partir de uma finalidade externa à norma.

4 – A Bioética e a Ética da Responsabilidade

Nessa seção, analisamos a bioética, enquanto atividade interdisciplinar de análise dos novos conflitos éticos no âmbito da biologia e da biotecnologia, bem como a ética de Peter Singer e de Hans Jonas.

5 – A Moral como Instrumento de Organização Social

Por fim, na última seção, analisamos a importância dos valores morais criados pelos seres humanos, bem como da importância de os manter sob análise crítica constante, a fim de que cumpram seu papel de organizar a sociedade de forma justa.

Vale a pena

Vale a pena ler,

CONSTANT et al. *Os Filósofos e a Mentira*. Minas Gerais: Editora da UFMG, 2002.
FRANKENA, Willian K. *Ética*. Rio de Janeiro: Jorge Zahar Editora, 1969.
JONAS, H. *O princípio responsabilidade*: ensaio de uma ética para civilização tecnológica. Rio de Janeiro, Contraponto, Ed.PUC-Rio, 2006.
NALINI, José Renato. *Ética Geral e Profissional*. São Paulo: Editora Revista dos Tribunais, 2001.
NIETZSCHE, Friedrich. *Genealogia da Moral*. São Paulo: Companhia das Letras, 2004.
RACHELS, James. *Elementos de Filosofia Moral*. São Paulo: Manole Editora, 2006.
RAUBER, Jaime José. *O Problema da Universalização em Ética*. Porto Alegre: EDIPUCRS, 1999.
SANTISTEBAN, Fernando Silva. *Antropología – conceptos y nociones generales*. Lima: Universidad de Lima. Fondo de Cultura Econômica, 1998.
SINGER, Peter. *Libertação Animal*. Porto Alegre: Lugano Editora, 204.
SUNG, Jung Mo e SILVA, Josué Cândido. *Conversando sobre ética e Sociedade*. Rio de Janeiro: Vozes Editora, 2002.
VÁZQUEZ, Adolfo Sánchez. *Ética*. Rio de Janeiro: Civilização Brasileira: 2008. 30. Edição.

Minhas anotações

Referências

ARMSTRONG, Karen. *Breve História do Mito*. São Paulo: Companhia das Letras, 2005.

ARON, Raymond. *O Ópio dos Intelectuais*. Brasília: Ed. UNB, 1980.

BOBBIO, Norberto. *Direita e Esquerda*. São Paulo: Editora Unesp, 1995.

BURKE, Edmund. *Reflexões sobre a Revolução na França*. Brasília: Editora UnB, 1997.

CASSIRER, Ernst. *Antropologia Filosófica. Ensaio sobre o homem:* introdução a uma filosofia da cultura humana. São Paulo: Editora Mestre Jou, 1972.

CHAUÍ, Marilena. *Convite à Filosofia*. São Paulo: Ática Editora, 1999.

CHAUÍ, Marilena. *Introdução à História da Filosofia*. Vol. II. São Paulo: Companhia das Letras, 2010.

CONSTANT et al. *Os Filósofos e a Mentira*. Minas Gerais: Editora da UFMG, 2002.

DARTON, Robert. *Censores em Ação*. São Paulo: Companhia das Letras, 2016.

DARTON, Robert. *Os Best-Sellers Proibidos da França pré-revolucionária,* São Paulo: Companhia das Letras, 1998.

EAGLETON, Terry. *Marx estava Certo*. São Paulo: Nova Fronteira, 2012.

ELIADE, Mircea. *O Conhecimento Sagrado de Todas as Eras*. São Paulo: Mercuryo Editora, 1995.

EVILÁZIO, F. Borges Teixeira. *A Educação segundo Platão*. São Paulo: Ed. Paulus, 2006.

EWING, A. C. *As Questões Fundamentais da Filosofia*. Rio de Janeiro: Zahar, 1984.

FILHO, Roberto Lyra. *O que é Direito*. São Paulo: Brasiliense, 1996.

FOUCAULT, Michel. *Arqueologia do Saber*. São Paulo: Forense Universitária, 2012.

FOUCAULT, Michel. *Vigiar e Punir*. Rio de Janeiro: Vozes Editora, 2015.

FRANKENA, Willian K. *Ética*. Rio de Janeiro: Jorge Zahar Editora, 1969.

FRANKFURT, Harry G. *Sobre Falar Merda*. Rio de Janeiro: Editora Intrínseca, 2005.

FREUD, Sigmund. *Observações sobre um caso de Neurose Obsessiva* (...) e outros textos. São Paulo: Companhia das Letras, 2013.

FUKUYAMA, Francis. *O fim da história e o último homem*. Rio de Janeiro: Rocco, 1992.

GAARDER, Jostein. *O Mundo de Sofia*. São Paulo: Companhia das Letras, 1996.

GIANNOTTI, J. A. *Lições de Filosofia Primeira*. São Paulo: Cia das Letras, 2011.

GILES, T. R. *Curso de Iniciação à Filosofia*. São Paulo: EPU/Edusp, 1995.

GUTHRIE, W. K. C. *Os Sofistas*. São Paulo: Paulus Editora, 1995.

GUTHRIE, William K. C. *Los Filósofos Griegos*. México: Fondo de Cultura Económica, 2010.

HEGEL, G. W. F. *Filosofia da História*. Brasília: Editora Universidade de Brasília, 2008.

HILLGARTH, J. N. *Cristianismo e Paganismo*. São Paulo: Madras Editora, 2004.

HOBSBAWM, Eric. *A Era das Revoluções*. São Paulo: Paz e Terra, 2015.

HOURDAKIS, Antoine. *Aristóteles e a Educação*. São Paulo: Loyola Editora, 1995.

HRYNIEWICZ, Severo. *Para Filosofar*. Rio de Janeiro: Lumen Juris Editora, 2006.

Index Librorum Prohibitorum Ss. Mi D. N. Pii Pp. XII Iussu Editus. Published by Typis Polyglottis Vaticanis (1948).

ISRAEL, Jonathan. *A Revolução das Luzes* – o iluminismo radical e as origens intelectuais da democracia moderna. São Paulo: Edipro Editora, 2013.

JONAS, H. *O princípio responsabilidade: ensaio de uma ética para civilização tecnológica*. Rio de Janeiro, Contraponto, Ed.PUC-Rio, 2006.

KANT, Immanuel. *Ideia de uma História Universal de um ponto de vista Cosmopolita*. São Paulo: Brasiliense, 1986.

KANT, Immanuel. Resposta à pergunta: O que é o Esclarecimento? In: *Textos Seletos*. Trad. Floriano de Souza Fernandes. Petrópolis: Vozes, 2008.

KELSEN, Hans. *Teoria Pura do Direito*. São Paulo: Martins Fontes Editora, 2994.

KIRK, G. S.; RAVEN, J.E.; SCHOFIELD, M. *Os Filósofos Pré-Socráticos*. Lisboa: Fundação Calouste Gulbenkian, 2010.

KONDER, Leandro. *A Questão da Ideologia*. São Paulo: Companhia das Letras, 2003.

LANDES, David. *A Riqueza e a Pobreza das Nações*. São Paulo: Campus Editora, 1998.

LANGÓN, Mauricio. Filosofia do ensino de filosofia. IN: *Filosofia do Ensino de Filosofia*. Petrópolis/RJ: Vozes, 2003.

LYOTARD, François. *A condição pós-moderna*. São Paulo: José Olympio, 2002.

MATTAR, João. *Introdução à Filosofia*. São Paulo: Pearson Prentice Hall, 2010.

NALINI, José Renato. *Ética Geral e Profissional*. São Paulo: Editora Revista dos Tribunais, 2001.

NIETZSCHE, F. *Crepúsculo dos Ídolos*. São Paulo: Companhia das Letras, 2006.

NIETZSCHE, F. *Para Além do Bem e do Mal*. São Paulo: Companhia das Letras, 2010.

NIETZSCHE, Friedrich. *Genealogia da Moral*. São Paulo: Companhia das Letras, 2004.

ORWELL, George. *A Revolução dos Bichos*. São Paulo: Companhia das Letras, 2007.

OS PENSADORES. *A República de Platão*. São Paulo: Nova Cultural, 2003.

OS PENSADORES. *Aristóteles*. Política. São Paulo: Nova

Cultural, 2004.

OSBORNE, Richard. *Filosofia Para Principiantes*. Rio de Janeiro: Objetiva Editora, 1998.

PECORARO, Rossano. *Filosofia da História*. Rio de Janeiro: Zahar Editora, 2009.

PLATÃO. *Apologia de Sócrates*. São Paulo: L&PM Editores, 2008.

PRANDI, Reginaldo. *Mitologia dos Orixás*. São Paulo: Companhia das Letras, 2003.

RACHELS, James. *Elementos de Filosofia Moral*. São Paulo: Manole Editora, 2006.

RAUBER, Jaime José. *O Problema da Universalização em Ética*. Porto Alegre: EDIPUCRS, 1999.

SAND, Shlomo. *A Invenção do Povo Judeu*. São Paulo: Editora Benvirá, 2008.

SANTISTEBAN, Fernando Silva. *Antropología – conceptos y nociones generales*. Lima: Universidad de Lima. Fondo de Cultura Econômica, 1998.

SARTRE, Jean-Paul. *O Existencialismo é um Humanismo*. Rio de Janeiro: Vozes Editora, 2012.

SARTRE, Jean-Paul. *O Ser e o Nada*. Rio de Janeiro: Vozes Editora, 2005.

SETH, Sanjay. *Razão ou Raciocínio? Clio ou Shiva? História da historiografia*. Ouro Preto, v. 22, n. 1, 2013, p. 173-189.

SHATTUCK, Roger. *Conhecimento Proibido*. São Paulo: Companhia das Letras, 1998.

SINGER, Peter. *A Vida que podemos Salvar*. Lisboa: Gradiva Editora, 2011.

SINGER, Peter. *Libertação Animal*. Porto Alegre: Lugano Editora, 204.

STEIN, Ernildo. *Uma Breve Introdução à Filosofia*. Ijuí: UniJuí Editora, 2002.

STONE, I. F. *O Julgamento de Sócrates*. São Paulo: Companhia das Letras, 2005.

SUNG, Jung Mo e SILVA, Josué Cândido. *Conversando sobre ética e Sociedade*. Rio de Janeiro: Vozes Editora, 2002.

THOMPSON, Edward P. *Costumes em Comum*. São Paulo: Companhia das Letras, 2016.

VÁZQUEZ, Adolfo Sánchez. *Ética*. Rio de Janeiro: Civilização Brasileira: 2008. 30. Edição.

VERNANT, Jean-Pierre. *Mito e Religião na Grécia Antiga*. São Paulo: Martins Fontes Editora, 2009.

VERNANT, Jean-Pierre. *Mito e Sociedade na Grécia Antiga*. São Paulo: Martins Fontes Editora, 2009, p. 177.

VEYNE, Paul. *Os Gregos Acreditavam em seus Mitos?* São Paulo: Editora Unesp, 2014.

Minhas anotações

Minhas anotações

Graduação a Distância
5º SEMESTRE

Ciências Biológicas

GESTÃO
AMBIENTAL

UNIGRAN - Centro Universitário da Grande Dourados

Rua Balbina de Matos, 2121 - CEP 79.824 - 9000
Jardim Universitário
Dourados - MS
Fone: (67) 3411-4141 / Fax: (67) 3411-4167

Os direitos de publicação desta obra são reservados ao Centro Universitário da Grande Dourados (UNIGRAN), sendo proibida a reprodução total ou parcial de acordo com a Lei 9.160/98.

Os artigos de sites e revistas indicados para a leitura foram registrados como nos originais.

Apresentação da Docente

Danielle Cristine Pedruzzi é formada em Engenheira Ambiental pela Universidade Estadual de Mato Grosso do Sul (UEMS) em 2014, possui mestrado em Ciência e Tecnologia Ambiental pela Universidade Federal da Grande Dourados (UFGD), concluído em março de 2017. Dentre as áreas de atuação, já participou dos grupos de estudo em Cana-de-açúcar (GECA-MS), Qualidade do Ar e Ótica Aplicada (GOA). Atualmente, exerce a função de docente no Centro Universitário da Grande Dourados (UNIGRAN), onde coordena o grupo de estudos "Uso de Materiais Alternativos na Construção Civil (GEMAC)", no curso de Engenharia Civil, na cidade de Dourados-MS.

PEDRUZZI, Danielle Cristine. Gestão Ambiental. Dourados: UNIGRAN, 2021.

56 p.: 23 cm.

1. Gestão Ambiental. 2. Licenciamento.

Sumário

Conversa inicial 4

Aula 01
Introdução à gestão ambiental 5

Aula 02
Políticas ambientais brasileiras 11

Aula 03
Licenciamento ambiental 17

Aula 04
Avaliação de impacto ambiental 23

Aula 05
Gestão ambiental pública 31

Aula 06
Sistema de gestão ambiental 37

Aula 07
Sistema de gestão integrada 43

Aula 08
Certificação ambiental 49

Referências 54

Conversa Inicial

Caros(as) alunos(as),

Bem-vindos(as) à disciplina de Gestão Ambiental que vai tratar de métodos para a gestão ambiental pública e empresarial, aprofundando seus conhecimentos sobre os sistemas e estudos ambientais no curso de Biologia da Unigran EaD.

Para que seu estudo se torne proveitoso e prazeroso, esta disciplina foi organizada em oito (8) aulas, com temas e subtemas que, por sua vez, são subdivididos em seções (tópicos), atendendo aos objetivos do processo de ensino-aprendizagem.

A disciplina de Gestão Ambiental tem o objetivo de abordar temas importantes para formação de um Biólogo, pois para realizar a gestão ambiental, o profissional precisa ter embasamento teórico, conhecer metodologias, estudos e procedimentos relacionados à proteção do meio ambiente.

O estudo terá início com a conceituação da Gestão Ambiental, após veremos as principais políticas ambientais nacionais, aprenderemos os processos de licenciamento ambiental e a importância da avaliação de impactos ambientais.

Na segunda parte da apostila, encontraremos os processos de gerenciamento ambiental, se referindo à esfera pública, empresarial e integrada.

Além disso, veremos as certificações ambientais, desde a ISO 14001 até os selos tipo I, II e III, que são utilizadas como forma de diferenciar produtos e beneficiar empresas das mais diversas formas.

Então vamos dar início às aulas?

Desejo a todos bons estudos!

Aula 1º

Introdução à gestão ambiental

Desde os princípios da civilização, a discussão sobre como gerir o ambiente vem sendo amplamente debatida e aprimorada.

Podemos definir gestão ambiental como a união de técnicas, conhecimentos, que deve ser utilizada tanto por parte da sociedade como pela parte empresarial, em busca de soluções e alternativas para manter o equilíbrio ambiental, reduzindo ou recuperando a degradação do meio natural.

A base da gestão ambiental parte da ligação de três vertentes: social, econômica e ambiental. O equilíbrio entre elas promove o desenvolvimento sustentável.

É de suma importância compreender a base da gestão ambiental e suas especificidades.

Vamos aprender um pouco mais sobre o assunto?

Boa aula!

Bons estudos!

Objetivos de aprendizagem

Ao término desta aula, vocês serão capazes de:

- conhecer a conceituação de Gestão Ambiental;
- compreender a evolução e importância da Gestão Ambiental;
- saber quais são as diferenças e tipos de Gestão Ambiental.

Seções de estudo

1 - Evolução da gestão ambiental
2 - Caracterização e importância
3 - Classificação de gestão ambiental

1 - Evolução da gestão ambiental

O que difere o ser humano dos demais seres vivos é que o homem faz sua própria história, modificando constantemente as condições naturais de vida e propiciando situações mais favoráveis à sua reprodução. A história recente da evolução humana é a história da luta do homem contra o seu meio natural (THEODORO, 2000).

Com as primeiras áreas de grande produção agrícola e principalmente ao decorrer da Revolução Industrial, começou-se a discutir a importância de preservação do meio ambiente e dos recursos naturais. O ato de gerir, gerenciar o meio ambiente veio a ser abordado de forma tardia, tendo suas primeiras manifestações em 1950, motivada pelos efeitos dos impactos ambientais oriundos de ação antrópica. Nessa época surgiram movimentos ambientalistas, entidades governamentais sem fins lucrativos e agências governamentais voltadas para a proteção ambiental.

Uma das primeiras publicações importantes a tratar da necessidade de se repensar o modelo de desenvolvimento enfatizando questões ambientais foi *Social Responsibilities of the Businessman*, de Howard R. Bowen, em 1953 (NASCIMENTO, 2007). Todavia, a temática ambiental passou a repercutir globalmente a partir da publicação de *A Primavera Silenciosa*, de Rachel Carson, em 1962, livro que enfatiza os malefícios da utilização de pesticidas.

Inicialmente, nos anos 70 e começo dos anos 80 na Europa, os esforços concentraram-se no desenvolvimento das estruturas legislativas e regulamentares, reforçados por uma estrutura de licenciamento ambiental, um meio para garantir organização, metas e diretrizes sobre o quesito ambiental. A resposta da indústria foi amplamente reacionária, investindo-se em soluções tecnológicas superficiais para assegurar que estava de acordo com as regulamentações, sempre mais restritivas, e com as licenças de operação relacionadas a condicionantes ambientais, na busca de atender ao comando-controle da legislação ambiental cada vez mais rigorosa (SEBRAE, 2004).

Desde o período colonial, no Brasil já existiam legislações que visavam proteger os recursos naturais, florestais e pesqueiros. A exploração da madeira, por exemplo, era um monopólio da Coroa. A preocupação era de preservar em função de interesses econômicos. Após a proclamação da independência, os objetivos continuaram os mesmos. Somente na década de 30, do século XX, foram realizadas modificações profundas, com o estabelecimento do Código Florestal e do Código das Águas (OLIVEIRA, 2012).

No Brasil foram criados o Estatuto da Terra (em 1964), o novo Código de Defesa Florestal (em 1965) e a lei de Proteção à Fauna (em 1967). Nesta década foi criado também o Instituto Brasileiro de Desenvolvimento Florestal e instituídas reservas indígenas, parques nacionais e reservas biológicas (OLIVEIRA, 2012).

No quesito de gestão ambiental podem-se citar marcos históricos importantes, o termo que veio a conciliar o meio social, econômico e ambiental foi o desenvolvimento sustentável, discutido na Conferência das Nações Unidas sobre o Meio Ambiente Humano, realizada em 1972, na cidade de Estocolmo, Suécia, e, por isso, também chamada de Conferência de Estocolmo.

Antes da conceituação e discussão do termo desenvolvimento sustentável, a esfera econômica e ambiental eram vistas de forma separada. Nos dias atuais, abordamos o crescimento de empresas e organizações de forma conjunta, como podemos ver na figura 1.

O Relatório *Brundtland*, também conhecido como "Nosso Futuro Comum", em 1987, gerou o conceito de desenvolvimento sustentável que utilizamos até os dias atuais: "O desenvolvimento que satisfaz as necessidades presentes, sem comprometer a capacidade das gerações futuras de suprir suas próprias necessidades".

Em 1992 ocorreu a Cúpula da Terra, também conhecida como Rio-92, na cidade de Rio de Janeiro, Brasil. Essa conferência foi de suma importância para fortalecer o conceito de desenvolvimento sustentável e elaborar ações com o objetivo principal de proteção dos recursos naturais, concentrando os esforços internacionais para o atendimento dessa premissa.

O principal documento gerado na conferência Rio-92 foi a Agenda 21, que é definida pelo Ministério do Meio Ambiente como um instrumento de planejamento para a construção de sociedades sustentáveis, em diferentes bases geográficas, que concilia métodos de proteção ambiental, justiça social e eficiência econômica.

Figura 1. Esferas do Desenvolvimento Sustentável.

Fonte: <https://medium.com/esquinaonline/responsabilidade-ambiental-e-desenvolvimento-sustent%C3%A1vel-ab33211b2127>. Acesso em 01 mar. 2019.

A Conferência das Nações Unidas ocorrida em 1992 no Rio de Janeiro (Rio 92) teve um papel catalisador na disseminação desse conceito

de desenvolvimento sustentável. Neste contexto, os anos 90 viram o surgimento progressivo de novos atores em campo ambiental:
- o avanço de atitudes próativas das empresas que começaram a vislumbrar, através da introdução de mecanismos de gestão ambiental, oportunidades de mercado, num primeiro momento, e barreiras à entrada, num segundo;
- o avanço da chamada ecodiplomacia e da realização de convenções internacionais sobre problemas ambientais globais, com fortes repercussões diplomáticas, políticas e econômicas sobre os diferentes países;
- o avanço da atuação das administrações locais, movido pelo resgate da dimensão local em resposta ao processo de globalização em curso;
- o avanço de uma sensibilização ambiental difusa por toda a sociedade com o consequente crescimento de demandas e mobilização por parte desta.

Disponível em: <https://www.sbpe.org.br/index.php/rbe/article/download/151/134/>. Acesso em: 01 mar. 2019.

O Sistema de Gestão Ambiental surgiu em 1990, se tornando um diferencial para as empresas em âmbito internacional, seguindo os códigos voluntários de conduta da família ISO 14000, visando uma produção mais limpa, menor geração de impactos ambientais, ecoeficiência, e principalmente ressaltando o ciclo da melhora contínua, aprimorando cada vez mais a produção e o produto.

Nos anos 2000 novas práticas e novos conceitos surgiram em uma geração mais atenta para as causas ambientais, não tanto como deveria, mas apresentando uma grande evolução se comparada às gerações anteriores. O termo SGI (Sistema de Gestão Integrada) surgiu nas organizações envolvendo a gestão da Qualidade, da Segurança e Saúde Ocupacional e do Meio Ambiente.

Figura 2. Sistema de Gestão Integrada.

Fonte:< http://avance-engenharia.com.br/site/noticias/auditoria-do-sgi-sistema-de-gestao-integrada/>. Acesso em: 02 mar. 2019.

2 - Caracterização e importância

A Gestão ambiental é uma das maneiras e metodologias de se caminhar a tal almejada sustentabilidade. Segundo Soares et al., (2005), a gestão ambiental é um conjunto de práticas administrativas e operacionais, com suporte no trinômio do desenvolvimento sustentável e das responsabilidades empresariais – fatores econômico, social e ambiental.

Portanto, a gestão ambiental, de forma resumida, é resultado da evolução de ideais da humanidade em relação entre homem-natureza, é a união de técnicas, conhecimentos, que deve ser utilizada tanto por parte da sociedade como pela parte empresarial, em busca de soluções e alternativas para manter o equilíbrio ambiental, reduzindo ou recuperando a degradação do meio natural (ALCANTARA et al., 2012).

Pela visão de Tinoco e Kraemer (2004), a gestão ambiental é o modo como a organização transmite os valores de preocupação ambiental em sua estrutura organizacional, visando à qualidade ambiental e o controle dos impactos decorrentes de suas atividades. Valle (1995) esclarece, ainda, que a gestão ambiental é o "conjunto de medidas e procedimentos definidos e adequadamente aplicados que visam reduzir e controlar os impactos introduzidos por um empreendimento sobre o meio ambiente".

Para se implantar uma gestão ambiental, tal decisão deve ser requerida pela alta administração, o que torna uma mensagem a toda organização de ser um comprometimento corporativo, pelo qual todos os funcionários dos variados setores estão incluídos e devem se envolver no planejamento, organização, e na missão de alcançar as metas ambientais específicas estipuladas pela empresa/negócio (ALCANTARA et al., 2012).

Para Saber!

Um exemplo prático de políticas para a inserção da gestão ambiental em empresas tem sido a criação de leis que obrigam a prática da responsabilidade pós-consumo. Podemos citar, como exemplo, a logística reversa.

A logística reversa é um "instrumento de desenvolvimento econômico e social caracterizado por um conjunto de ações, procedimentos e meios destinados a viabilizar a coleta e a restituição dos resíduos sólidos ao setor empresarial, para reaproveitamento, em seu ciclo ou em outros ciclos produtivos, ou outra destinação final ambientalmente adequada".

Disponível em: <http://sinir.gov.br/web/guest/logistica-reversa>. Acesso em: 01 mar. 2019.

É uma abordagem que traz mudanças nas atitudes e na cultura da organização e passa por uma revisão de seus paradigmas. Nesse sentido, a gestão ambiental pode ser considerada uma das mais importantes atividades relacionadas com qualquer empreendimento (MENEGUETTI et al., 2016).

Ruppenthal (2014) afirma que a gestão ambiental condiciona as organizações a um adequado e eficiente gerenciamento dos seus aspectos e impactos ambientais, no qual introduz a variável ambiental em seu planejamento empresarial, podendo elevar substancialmente os resultados financeiros, já que atua na melhoria contínua de seus processos e serviços. Além disso, permite a redução de custos diretos (exemplo, a diminuição do desperdício de matérias-primas e de recursos, como água e energia) e de custos indiretos (exemplo, sanções e indenizações relacionadas a danos ao meio ambiente ou à saúde de Funcionários) (MENEGUETTI, 2012).

Como é possível perceber, tudo que fazemos está relacionado ao meio ambiente e por esse motivo, devemos considerá-lo no planejamento e na gestão empresarial de forma séria (MENEGUETTI, 2012).

Gerenciar as questões ambientais é uma exigência e necessidade. A tendência atual nas empresas é que façam do seu desempenho ambiental um fator diferencial no mercado, pois de forma direta e indireta, as mesmas têm se defrontado com um processo crescente de cobrança por uma postura responsável e de comprometimento com o meio ambiente (NICOLELLA et al., 2004; NOGUEIRA et al., 2013).

3 - Classificação de gestão ambiental

A gestão ambiental não ocorre essencialmente dentro de organizações, a gestão ambiental envolve também a escolha coesa dos serviços públicos oferecidos à comunidade, criação de leis, normatização e a penalização para os responsáveis das ações danosas ao meio ambiente (NOGUEIRA et al., 2013).

Macedo (1994) divide a Gestão ambiental em quatro níveis (exemplos delas estão no Quadro 2):

a) *Gestão de Processos* – envolvendo a avaliação da qualidade ambiental de todas as atividades, máquinas e equipamentos relacionados a todos os tipos de manejo de insumos, matérias-primas, recursos humanos, recursos logísticos, tecnologias e serviços de terceiros.

b) *Gestão de Resultados* – envolvendo a avaliação da qualidade ambiental dos processos de produção, através de seus efeitos ou resultados ambientais, ou seja, emissões gasosas, efluentes líquidos, resíduos sólidos, particulados, odores, ruídos, vibrações e iluminação.

c) *Gestão de Sustentabilidade (Ambiental)* – envolvendo a avaliação da capacidade de resposta do ambiente aos resultados dos processos produtivos que nele são realizados e que o afetam, através da monitoração sistemática da qualidade do ar, da água, do solo, da flora, da fauna e do ser humano.

d) *Gestão do Plano Ambiental* – envolvendo a avaliação sistemática e permanente de todos os elementos constituintes do plano de gestão ambiental elaborado e implementado, aferindo-o e adequando-o em função do desempenho ambiental alcançado pela organização.

Independente de qual tipo de gestão ambiental implementar, Kraemer (2009) afirma que a gestão ambiental promove vários benefícios às organizações, já que facilita o processo de gerenciamento. Estes benefícios, segundo Cagnin (1999), podem ainda ser separados em benefícios econômicos e benefícios estratégicos (Quadro 3).

Quadro 2. Visão geral da gestão ambiental (exemplos)

GESTÃO AMBIENTAL			
Gestão de Processos	**Gestão de Resultados**	**Gestão de Sustentabilidade**	**Gestão do Plano Ambiental**
Exploração de recursos	Emissões gasosas	Qualidade do ar	Princípios e compromissos
Transformação de recursos	Efluentes líquidos	Qualidade da água	Política ambiental
Acondicionamento de recursos	Resíduos sólidos	Qualidade do solo	Conformidade legal
Transporte de recursos	Particulados	Abundância e diversidade da flora	Objetivos e metas
Aplicação e uso de recursos	Odores	Abundância e diversidade da fauna	Programa ambiental
Quadros de riscos ambientais	Ruídos e vibrações	Qualidade de vida do ser humano	Projetos ambientais
Situações de emergência	Iluminação	Imagem institucional	Ações corretivas e preventivas

Fonte: MENEGUETTI et al., 2016.

Quadro 3. Benefícios da Gestão Ambiental

BENEFÍCIOS ECONÔMICOS

Economia de Custos

√ Redução do consumo de água, energia e outros insumos.
√ Reciclagem, venda e aproveitamento de resíduos, e diminuição de efluentes.
√ Redução de multas e penalidades por poluição.

Incremento de Receita

√ Aumento da contribuição marginal de "produtos verdes", que podem ser vendidos a preços mais altos.
√ Aumento da participação no mercado, devido à inovação dos produtos e à menor concorrência.
√ Linhas de novos produtos para novos mercados.
√ Aumento da demanda para produtos que contribuam para a diminuição da poluição.

BENEFÍCIOS ESTRATÉGICOS

√ Melhoria da imagem institucional.
√ Renovação da carteira de produtos.
√ Aumento da produtividade.
√ Alto comprometimento do pessoal.
√ Melhoria nas relações de trabalho.
√ Melhoria da criatividade para novos desafios.
√ Melhoria das relações com os órgãos governamentais, comunidade e grupos ambientalistas.
√ Acesso assegurado ao mercado externo.
√ Melhor adequação aos padrões ambientais.

Fonte: CAGNIN, 1999.

Retomando a aula

Ao final desta primeira aula, vamos recordar o que aprendemos até aqui.

1 - Evolução da Gestão Ambiental

A Gestão Ambiental surgiu da necessidade do ser humano organizar melhor suas diversas formas de se relacionar com o meio ambiente (MORALES, 2006). De acordo com o Vocabulário Básico de Meio Ambiente, Gestão Ambiental é a tentativa de conciliar o uso produtivo dos recursos naturais com um mínimo de abuso, assegurando-se assim, a produtividade em longo prazo.

2 - Caracterização e Importância

A gestão ambiental, de forma resumida, é resultado da evolução de ideais da humanidade em relação entre homem-natureza, é a união de técnicas, conhecimentos, que deve ser utilizada tanto por parte da sociedade como pela parte empresarial, em busca de soluções e alternativas para manter o equilíbrio ambiental, reduzindo ou recuperando a degradação do meio natural (ALCANTARA et al., 2002). Gerenciar as questões ambientais é uma exigência e necessidade. A tendência atual nas empresas é que façam do seu desempenho ambiental um fator diferencial no mercado, pois de forma direta e indireta, as mesmas têm se defrontado com um processo crescente de cobrança por uma postura responsável e de comprometimento com o meio ambiente (NICOLELLA et al., 2004; NOGUEIRA et al., 2013).

3 - Classificação de Gestão Ambiental

Macedo (1994) divide a Gestão Ambiental em quatro níveis:

a. Gestão de Processos – envolvendo a avaliação da qualidade ambiental de todas as atividades, máquinas e equipamentos relacionados a todos os tipos de manejo de insumos, matérias primas, recursos humanos, recursos logísticos, tecnologias e serviços de terceiros.
b. Gestão de Resultados – envolvendo a avaliação da qualidade ambiental dos processos de produção, através de seus efeitos ou resultados ambientais, ou seja, emissões gasosas, efluentes líquidos, resíduos sólidos, particulados, odores, ruídos, vibrações e iluminação.
c. Gestão de Sustentabilidade (Ambiental) – envolvendo a avaliação da capacidade de resposta do ambiente aos resultados dos processos produtivos que nele são realizados e que o afetam, através da monitoração sistemática da qualidade do ar, da água, do solo, da flora, da fauna e do ser humano.
d. Gestão do Plano Ambiental – envolvendo a avaliação sistemática e permanente de todos os elementos constituintes do plano de gestão ambiental elaborado e implementado, aferindo-o e adequando-o em função do desempenho ambiental alcançado pela organização.

Vale a pena

Vale a pena acessar

Gestão ambiental e sustentabilidade / Luis Felipe Nascimento. – Florianópolis : Departamento de Ciências da Administração / UFSC; [Brasília] : CAPES : UAB, 2012. 148p. : il.

Disponível em: <http://www.ufjf.br/engsanitariaeambiental/files/2012/09/Livrotexto_Gestao_Ambiental_Sustentabilidade1.pdf>

Vale a pena assistir

A consultora do Sebrae, Daniele Capoleti explica passo a passo como implementar uma gestão ambiental de qualidade. Disponível em: <https://www.youtube.com/watch?v=qSgD2bEvPco>

Minhas anotações

Minhas anotações

Aula 2º

Políticas ambientais brasileiras

> Conhecer as políticas ambientais e compreender a aplicabilidade delas é um importante quesito para a Gestão Ambiental. O profissional da engenharia, ao gerir determinado ambiente, necessita conhecimento legal para realizar projetos e obras.
>
> O Brasil possui diversas leis favoráveis à proteção do meio ambiente, e a junção dessas leis permite o desenvolvimento econômico, a conservação de fauna e flora, e principalmente o controle de poluições.
>
> Na aula 2, vamos aprender as principais leis ambientais e a evolução das políticas ambientais brasileiras. Vamos aprender mais sobre o assunto?
>
> Boa aula!
>
> Bons estudos!

Objetivos de aprendizagem

Ao término desta aula, vocês serão capazes de:

- compreender a evolução das políticas ambientais brasileiras;
- conhecer as principais legislações ambientais;
- entender a importância da Política Nacional do Meio Ambiente.

Seções de estudo

1 - Evolução das políticas ambientais
2 - Legislação ambiental brasileira
3 - Política nacional do meio ambiente

1 - Evolução das políticas ambientais

As políticas ambientais tiveram um desenvolvimento tardio se comparado às demais políticas setoriais brasileiras, e só teve atenção em resposta às exigências do movimento internacional ambientalista (NOVAIS, 2010). O passo inicial para a legislação ambiental brasileira foi dado em 1934, com a criação do Código de Águas e do Código Florestal.

Moraes (1997) divide a política ambiental do país em quatro fases. A primeira fase se iniciou em 1970, onde no Brasil houve uma prévia composição de estrutura de planejamento e gestão ambiental por meio da criação da Secretaria Especial de Meio Ambiente da Presidência da República, como intenção de combater a poluição.

A segunda fase iniciou com a criação da Lei Nº 6.938, de 31 de agosto de 1981, que dispõe sobre a Política Nacional de Meio Ambiente objetivando a preservação, melhoria e recuperação da qualidade ambiental propícia à vida, visando assegurar no País, condições ao desenvolvimento socioeconômico, aos interesses da segurança nacional e à proteção da dignidade da vida humana (NOVAIS, 2010).

A promulgação da Lei Nº 6.938 - Política Nacional de Meio Ambiente foi o primeiro manifesto de maior preocupação com os recursos ambientais do país. Por meio desta estabeleceu diretrizes gerais dessa política e seus instrumentos de implementação, destacando a exigência, em nível nacional, do licenciamento ambiental para as atividades utilizadoras dos recursos naturais e consideradas efetivas ou potencialmente poluidoras.

A terceira fase da política ambiental, ainda segundo o autor Novais (2010), foi no governo de José Sarney, em 1988, com a criação do programa "Nossa Natureza", no qual para executar o programa que estabelecia a Política de Desenvolvimento Sustentado criou-se o IBAMA – Instituto Brasileiro de Meio Ambiente e Recursos Renováveis, por meio da Lei Federal nº 7.735, de 22 de fevereiro de 1989, que é uma entidade autárquica de regime especial, com autonomia administrativa e financeira, e personalidade jurídica de direito público, com sede em Brasília, vinculada, então, à extinta Secretaria do Meio Ambiente da Presidência da República (atual Ministério do Meio Ambiente).

O IBAMA foi criado com a finalidade principal de executar as políticas nacionais de meio ambiente referentes às atribuições federais permanentes, relativas à preservação, à conservação e ao uso sustentável dos recursos ambientais, sua fiscalização e controle (CÂMARA, 2013).

A quarta fase se iniciou com a promulgação Constituição Federal brasileira, em 1988, que dedicou um capítulo inteiro às questões ecológicas. A Constituição Federal brasileira trouxe o meio ambiente para o foco das decisões políticas, reconhecendo a ligação entre desenvolvimento social e econômico e a qualidade do meio ambiente.

Com a Constituição de 1988, algumas legislações sofreram alterações, podendo citar as referentes à fauna e à flora, a Lei nº 9.605, de 12/2/1998, ao definir os animais silvestres, aumentou o campo de abrangência no tocante à fauna silvestre, tendo elevado à categoria de crime o que antes era contravenção em seu art. 29, § 3º (NETO, 1999).

O Artigo 225 da Constituição de 88 estabeleceu o direito fundamental de todos os cidadãos, das presentes e futuras gerações, a um ambiente sadio e responsabilizou o Poder Público e a coletividade de protegê-lo adequadamente. Por meio desta evolução institucional brasileira, a ótica preventiva da política ambiental dos anos de 1980 passou a ser tratada por visão integradora, combinando os aspectos econômicos e sociais com os ambientais, em busca tanto da preservação do meio ambiente, utilizando os recursos naturais de forma racional e eficiente com vistas à sustentabilidade (MENEGUETTI et. al., 2016).

No entanto, o modelo de política ambiental em andamento no Brasil no decorrer dos anos 90, entrou em crise, pois, por mais que as legislações existissem não estava conseguindo atendas às demandas de cidadania e consciência ambiental que se generalizava pelos demais países (SOUSA, 2010).

Assim, em 1998 foi aprovada a Lei de Crimes Ambientais no Brasil, uma das mais avançadas do mundo, a partir desta, condutas e atividades consideradas lesivas ao meio ambiente passou a ser punidas, de forma civil, administrativa e criminal (MENEGUETTI et al., 2016). O importante dela, é que não é uma lei que trata de punições apenas, ela também induz, incentiva e incorpora métodos e possibilidades para que o infrator recupere o dano, ou, de outra forma, pague sua dívida à sociedade.

Por último, uma política que recebeu destaque no processo evolutivo da política e gestão ambiental no país foi a Política Nacional de Resíduos Sólidos (PNRS), que após 21 anos de tramitação no Congresso Nacional, a lei foi sancionada em 2010. O país passa a partir de então a gerir por meio de regulamento a área de Resíduos Sólidos.

Figura 1. Plano Nacional dos Resíduos Sólidos.

Fonte: <http://www.fiesp.com.br/sincobesp/noticias/a-reciclagem-animal-diante-da-politica-nacional-de-residuos-solidos/>. Acesso em: 20 de mar. De 2019.

2 - Legislação ambiental brasileira

Atualmente, o Brasil dispõe de uma legislação ambiental ampla e completa, onde as políticas de planejamento e gestão ambiental evoluíram de maneira satisfatória e se difundiram entre as organizações de forma singela e progressiva (NOVAIS, 2010).

O país dispõe de um leque de legislações e políticas ambientais, sendo a principal a Política Nacional do Meio Ambiente. As resoluções CONAMA estabelecem padrões e normas para controle de poluição, além dos códigos e políticas que fortificam o sistema ambiental nacional.

A tabela 1 apresenta as principais leis de controle ambiental nacional. A junção de todas as legislações permite assegurar o Brasil de poluições no solo, águas e atmosfera, desmatamento e proteção de áreas de preservação, uso de recursos naturais de forma abusiva, crimes contra a fauna, entre outros.

Tabela 1. Legislações relacionadas à proteção e preservação ambiental brasileira.

Política Nacional do Meio Ambiente	LEI Nº 6.938, DE 31 DE AGOSTO DE 1981.	Dispõe sobre a Política Nacional do Meio Ambiente, seus fins e mecanismos de formulação e aplicação, e dá outras providências.
Código de Águas	DECRETO Nº 24.643, DE 10 DE JULHO DE 1934.	Permita ao poder público controlar e incentivar o aproveitamento das águas.
Proteção da Vegetação Nativa	LEI Nº 12.651, DE 25 DE MAIO DE 2012.	Estabelece normas gerais sobre a proteção da vegetação, áreas de Preservação Permanente e as áreas de Reserva Legal.
Estatuto da Terra	LEI Nº 4.504, DE 30 DE NOVEMBRO DE 1964.	Regula os direitos e obrigações concernentes aos bens imóveis rurais, para os fins de execução da Reforma Agrária e promoção da Política Agrícola.
Constituição Federal	CONSTITUIÇÃO DA REPÚBLICA FEDERATIVA DO BRASIL DE 1988.	Assegurar o exercício dos direitos sociais e individuais, a liberdade, a segurança, o bem-estar, o desenvolvimento, a igualdade e a justiça como valores supremos de uma sociedade fraterna, pluralista e sem preconceitos.
Política Nacional de Saneamento Básico	LEI Nº 11.445, DE 5 DE JANEIRO DE 2007.	Estabelece as diretrizes nacionais para o saneamento básico, cria o Comitê Interministerial de Saneamento Básico.
Política Nacional de Resíduos Sólidos	LEI Nº 12.305, DE 2 DE AGOSTO DE 2010.	Dispõe os princípios, objetivos e instrumentos, bem como sobre as diretrizes relativas à gestão integrada e ao gerenciamento de resíduos sólidos.
Política Nacional de Recursos Hídricos.	LEI Nº 9.433, DE 8 DE JANEIRO DE 1997.	Assegura à atual e às futuras gerações a necessária disponibilidade de água, em padrões de qualidade adequados aos respectivos usos.
Crimes Ambientais	LEI Nº 9.605, DE 12 DE FEVEREIRO DE 1998.	Dispõe sobre as sanções penais e administrativas derivadas de condutas e atividades lesivas ao meio ambiente, e dá outras providências.
Lei dos Agrotóxicos	LEI Nº 7.802, DE 11 DE JULHO DE 1989.	Dispõe sobre a pesquisa, a experimentação, a produção, a embalagem e rotulagem, o transporte, o armazenamento, a comercialização, a propaganda comercial, a utilização, a importação, a exportação, o destino final dos resíduos e embalagens, o registro, a classificação, o controle, a inspeção e a fiscalização de agrotóxicos, seus componentes e afins, e dá outras providências.
Código da Caça e Pesca	LEI Nº 5.197, DE 3 DE JANEIRO DE 1967.	Dispõe sobre a proteção à fauna e dá outras providências.
Código de Mineração	DECRETO-LEI Nº 227, DE 28 DE FEVEREIRO DE 1967.	Tem por objetivo administrar os recursos minerais, a indústria de produção mineral e a distribuição, o comércio e o consumo de produtos minerais.

Fonte: Arquivo Pessoal.

O Brasil possui ampla e completa legislação ambiental, porém, no panorama atual, tais leis e regulamentos ambientais nem sempre são colocadas em prática, e inúmeros crimes ambientais acontecem, e muitos casos em grande dimensão, no qual os autores ficam impunes, podendo-se exemplificar com rompimento das barragens nos municípios de Mariana (2015) e Brumadinho (2019), ambas localizadas em Minas Gerais.

Figura 2. Imagens aéreas da região onde se rompeu a barragem Córrego do Feijão antes e depois da tragédia em Brumadinho-MG.

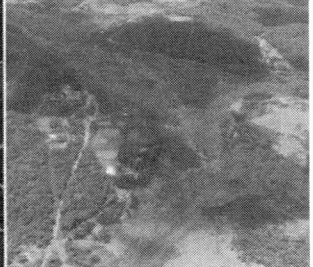

Fonte: <https://www.em.com.br/app/noticia/gerais/2019/01/25/interna_gerais,1024498/antes-e-depois-da-regiao-onde-se-rompeu-a-barragem-em-brumadinho.shtml>. Acesso em: 20 de mar. de 2019.

3 - Política nacional do meio ambiente

A Política Nacional do Meio Ambiente é o principal instrumento de proteção ambiental em âmbito nacional. Ela estabelece conceitos básicos e primordiais para conservação do meio ambiente, além de organizar de forma concisa o Sistema Nacional do Meio ambiente.

A Política Nacional de Meio Ambiente foi promulgada pela Lei nº 6938, em 31 de agosto de 1981, e realizou diversos meios de aplicabilidade:

- instituiu a Avaliação do Impacto Ambiental e o Licenciamento Ambiental como instrumentos de execução da Política Nacional de Meio Ambiente, em nível federal;
- criou o Sistema Nacional de Meio Ambiente, o SISNAMA, uma estrutura político-administrativa composta por um conjunto articulado de órgãos, entidades, regras e práticas responsáveis pela proteção e melhoria da qualidade ambiental;
- criou o Conselho Nacional do Meio Ambiente, o CONAMA, órgão colegiado de caráter deliberativo e consultivo que, entre outras responsabilidades, delibera sobre normas e padrões para um ambiente ecologicamente equilibrado e essencial à sadia qualidade de vida. O CONAMA constitui-se num mecanismo formal de participação da sociedade e de cooperação entre governo e sociedade, propiciando o debate de temas ambientais relevantes entre representantes da União, dos estados e municípios, da iniciativa privada e de organizações da sociedade civil;
- instituiu o princípio da responsabilidade objetiva do poluidor (independente de haver ou não culpa, o poluidor identificado obriga-se a reparar o dano causado ao meio ambiente);e
- incluiu as iniciativas governamentais (as que cabiam) no rol das atividades que deviam se submeter aos princípios da legislação ambiental.

Art 4º da lei 6938/81 determina os objetivos da Política Nacional do Meio Ambiente, que visará:

I - à compatibilização do desenvolvimento econômico-social com a preservação da qualidade do meio ambiente e do equilíbrio ecológico;

II - à definição de áreas prioritárias de ação governamental relativa à qualidade e ao equilíbrio ecológico, atendendo aos interesses da União, dos Estados, do Distrito Federal, dos Territórios e dos Municípios;

III - ao estabelecimento de critérios e padrões de qualidade ambiental e de normas relativas ao uso e manejo de recursos ambientais;

IV - ao desenvolvimento de pesquisas e de tecnologias nacionais orientadas para o uso racional de recursos ambientais;

V - à difusão de tecnologias de manejo do meio ambiente, à divulgação de dados e informações ambientais e à formação de uma consciência pública sobre a necessidade de preservação da qualidade ambiental e do equilíbrio ecológico;

VI - à preservação e restauração dos recursos ambientais com vistas à sua utilização racional e disponibilidade permanente, concorrendo para a manutenção do equilíbrio ecológico propício à vida;

VII - à imposição, ao poluidor e ao predador, da obrigação de recuperar e/ou indenizar os danos causados e, ao usuário, da contribuição pela utilização de recursos ambientais com fins econômicos.

O surgimento da Política Nacional do Meio Ambiente fortificou as legislações relacionadas à proteção ambiental. Além de caracterizar o poluidor e os crimes ambientais, medidas importantes, principalmente, para o controle de grandes empreendimentos e incorporações.

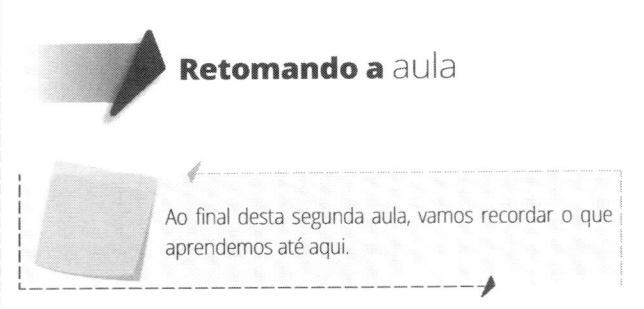

Retomando a aula

Ao final desta segunda aula, vamos recordar o que aprendemos até aqui.

1 - Evolução das Políticas Ambientais

As políticas ambientais tiveram um desenvolvimento tardio se comparado às demais políticas setoriais brasileiras, e só teve atenção em resposta às exigências do movimento internacional ambientalista. O passo inicial para a legislação ambiental brasileira foi dado em 1934, com a criação do Código de Águas e do Código Florestal. A Política Nacional do Meio Ambiente é a principal lei brasileira sobre proteção ambiental e foi criada em 1981. Podemos dividir a evolução das políticas ambientais brasileira em quatro fases, caracterizadas pela conceituação e criação de determinadas legislações.

2 - Legislação Ambiental Brasileira

Atualmente, o Brasil dispõe de uma legislação ambiental ampla e completa, onde as políticas de planejamento e gestão ambiental evoluíram de maneira satisfatória e se difundiram entre as organizações de forma singela e progressiva. A junção de todas as legislações permite assegurar o Brasil de poluições no solo, águas e atmosfera, desmatamento e proteção de áreas de preservação, uso de recursos naturais de forma abusiva, crimes contra a fauna, entre outros.

3 - Política Nacional do Meio Ambiente

A Política Nacional de Meio Ambiente foi promulgada pela Lei nº 6938, em 31 de agosto de 1981, e realizou diversos meios de aplicabilidade. A Política Nacional do Meio Ambiente é o principal instrumento de proteção ambiental em âmbito nacional. Ela estabelece conceitos básicos e primordiais para conservação do meio ambiente, além de organizar de forma concisa o Sistema Nacional do Meio ambiente.

Vale a pena

Vale a pena **ler,**

Livro: *Políticas ambientais no Brasil:* análises, instrumentos e experiências. Paul E. Little. Editora Peiropolis. São Paulo – SP. 2003.

Vale a pena **acessar,**

Política Nacional do Meio Ambiente. Disponível em: < http://www.planalto.gov.br/ccivil_03/Leis/L6938.htm>.

Minhas anotações

Minhas anotações

Aula 3º

Licenciamento ambiental

O licenciamento ambiental é um instrumento da Política Nacional do Meio Ambiente, sendo uma importante ferramenta para o controle de impactos ambientais.

Todos os empreendimentos geradores de impactos listados na Resolução CONAMA 237/97 necessitam realizar o processo de licenciamento.

O processo de licenciamento ambiental é dividido em três etapas: prévia, de instalação e de operação, cada uma com suas exigências e procedimentos.

Quem concede a licença ambiental é o órgão ambiental responsável, podendo ser local, estadual ou nacional, quem dita às diretrizes e atribuições dos órgãos ambientais no Brasil é o Sistema Nacional do Meio Ambiente.

Vamos aprender mais sobre o assunto?

Boa aula!

— Bons estudos!

Objetivos de aprendizagem

Ao término desta aula, vocês serão capazes de:

- compreender a importância do licenciamento ambiental;
- conhecer e diferenciar os tipos de licenças ambientais;
- entender o Sistema Nacional do Meio Ambiente e compreender o papel de cada órgão dentro do sistema.

Seções de estudo

1 - Licenciamento Ambiental
2 - Tipos de Licenças Ambientais
3 - Sistema Nacional do Meio Ambiente

1 - Licenciamento Ambiental

O licenciamento ambiental é de incumbência compartilhada entre a União e os Estados da Federação, Distrito Federal e os Municípios, de acordo com as respectivas competências (RUPPENTHAL, 2014).

O licenciamento ambiental tem como objetivo regulamentar qualquer atividade e empreendimento que utilizam os recursos naturais e que podem causar impacto ambiental. A Figura 1 demonstra as possíveis vertentes que o processo de licenciamento ambiental engloba.

Figura 1. Aspectos a serem considerados no processo de licenciamento ambiental

Fonte: <http://carusoambiental.com.br/site/procedimentos/licenciamento-ambiental/>. Acesso em: 25 mar. 2019.

Desde 1981, de acordo com a Lei Federal 6.938/81 o licenciamento ambiental é obrigatório, todo empreendimento listado na Resolução CONAMA 237 de 1997 deve realizar o processo de licenciamento, caso a empresa não faça, poderá ser penalizada de acordo com a Lei de Crimes Ambientais 9.605/98 cabendo advertências, multas, embargos, paralisação temporária ou definitiva das atividades. Além disso, a empresa é condicionada a apresentar a licença ambiental para obter financiamentos e incentivos governamentais.

A licença ambiental para empreendimentos e atividades consideradas efetiva ou potencialmente causadoras de significativa degradação do meio dependerá de prévio estudo de impacto ambiental e respectivo relatório de impacto sobre o meio ambiente (EIA/RIMA), ao qual dar-se-á publicidade, garantida a realização de audiências públicas, quando couber, de acordo com a regulamentação.

Antunes (2010) afirma que o requerimento de licença ambiental, feito pelo empreendedor, visa à obtenção de um Alvará concedido pelo Estado, com o intuito de habilitá-lo ao exercício de determinada atividade utilizadora de recursos ambientais. Dessa forma, não há dúvidas de que o Alvará de licença ambiental será um limitador ao exercício de atividade econômica, a qual apenas será lícita se respeitar os limites da Licença concedida.

Conforme o art. 10, §1º da Lei 6.938/81, os pedidos de licenciamento, bem como sua renovação e a respectiva concessão, deverão ser publicados em jornal oficial, e também em periódico regional ou local de grande circulação, ou, ainda, em meio eletrônico de comunicação que seja mantido pelo órgão ambiental competente.

O processo de licenciamento ambiental é dividido em três etapas, cada uma com suas exigências e procedimentos:
- Licença prévia (LP)
- Licença de instalação (LI)
- Licença de operação (LO)

O órgão ambiental estabelecerá os prazos de validade de cada tipo de licença, a resolução CONAMA 237 especifica os prazos máximos para renovação conforme o quadro 1:

Quadro 1. Prazos estabelecidos de acordo com a RESOLUÇÃO Nº 237, de 19 de dezembro de 1997.

LICENÇAS	PRAZO MÍNIMO	PRAZO MÁXIMO
LP	O estabelecido pelo cronograma do projeto apresentado.	Não superior a 5 anos.
LI	De acordo com o cronograma de instalação da atividade.	Não superior a 6 anos.
LO	Não inferior a 4 anos.	Não superior a 10 anos.

Fonte: Elaborado pelo autor.

A Licença Ambiental não é um documento permanente, como visto no quadro 1, possui prazo para sua revalidação, sendo o Poder Público responsável pelo prazo de vigência de cada etapa. Caso a atividade não cumpra com os requisitos legais estabelecidos e informados, ou havendo violação ou inadequação de quaisquer condicionantes ou normas legais; omissão ou falsa descrição de informações relevantes que subsidiaram a expedição da licença; ou superveniência de graves riscos ambientais e de saúde; o órgão ambiental competente, mediante decisão motivada, poderá modificar, suspender ou cancelar uma licença.

O valor da taxa para obtenção das licenças é estabelecido em normas na maior parte dos estados e, em geral, é baseado na classificação do empreendimento quanto ao porte e potencial poluidor.

2 - Tipos de Licenças Ambientais

Para realização do processo de licenciamento ambiental, o dono do empreendimento necessita analisar quais as condições e características da atividade. Em primeiro momento, ele deve se dirigir ao órgão ambiental e solicitar o enquadramento da atividade, assim o órgão fornecerá as informações pertinentes perante os quesitos que o mesmo precisará atender.

Conforme a Figura 2, podemos observar as alternativas para a concessão da licença ambiental. Caso o empreendimento já esteja em funcionamento, ele irá realizar de forma unificada as licenças prévia e de instalação.

Quando o proprietário inicia suas atividades de acordo com a legislação e não possui o empreendimento já em operação, ele irá realizar as três licenças de forma separada, respeitando os prazos propostos pelo órgão ambiental.

Figura 2. Procedimentos que devem ser tomados para realização do licenciamento ambiental.

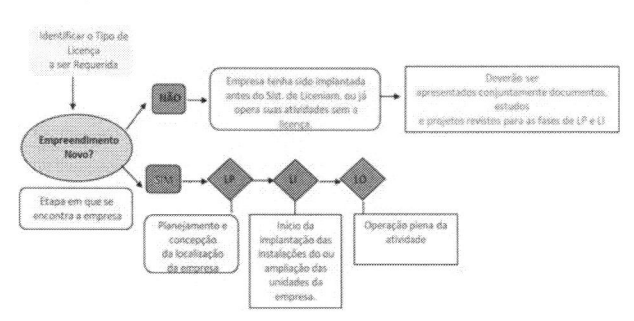

Fonte: <http://197.249.65.74:8080/biblioteca/bitstream/123456789/1170/1/e_Book3_Licnciamento_Ambiental.pdf>. Adaptado pelo Autor. Acesso em: 29 mar. 2019.

Há três tipos de licenças: licença prévia, licença de instalação e licença de operação. As licenças têm caráter provisório, sendo competência do Poder Público liberar as mesmas, e o mesmo órgão ambiental que expediu poderá modificar suas condições e medidas de controle, ou ainda suspender ou cancelar uma licença em vigor diante de algumas situações (MENEGUETTI et al., 2016).

O Art. 8º da Resolução CONAMA 237 estabelece as funções para cada etapa do licenciamento ambiental.

Quadro 2. Definições das licenças de acordo com a RESOLUÇÃO Nº 237, de 19 de dezembro de 1997.

Licença Prévia (LP)	Licença de Instalação (LI)	Licença de Operação (LO)
Concedida na fase preliminar do planejamento do empreendimento ou atividade aprovando sua localização e concepção, atestando a viabilidade ambiental e estabelecendo os requisitos básicos e condicionantes a serem atendidos nas próximas fases de sua implementação.	Autoriza a instalação do empreendimento ou atividade de acordo com as especificações constantes dos planos, programas e projetos aprovados, incluindo as medidas de controle ambiental e demais condicionantes, da qual constituem motivo determinante.	Autoriza a operação da atividade ou empreendimento, após a verificação do efetivo cumprimento do que consta das licenças anteriores, com as medidas de controle ambiental e condicionantes determinados para a operação.

Fonte: Elaborado pelo autor.

A primeira licença é a Prévia, um impotente documento que estabelece o local do empreendimento e observa a viabilidade ambiental dele. O órgão ambiental atesta se a localização é adequada e principalmente se essa região conseguirá absorver os impactos gerados pelo empreendimento.

O principal documento exigido na licença prévia é o estudo ambiental, como o EIA/RIMA (Estudo e Relatório de Impacto Ambiental) para atividades que geram impactos potenciais, ou o RAS (Relatório Ambiental Simplificado). Esses documentos englobam o estudo do ambiente que circunda o empreendimento e todos os possíveis impactos que a atividade irá gerar. Além dos estudos ambientais, a licença prévia contempla os projetos estrutural, arquitetônico e hidrossanitário do empreendimento.

Após a concessão da licença prévia, e requerida a licença de instalação, essa permite o início da construção do empreendimento. Alguns documentos requeridos na licença de instalação são: comprovante do local que irá gerar o fornecimento de água e coleta de esgotos, caso houver captação de águas subterrâneas ou superficiais ou lançamento de efluentes líquidos em corpo d'água apresentar a outorga, e apresentar o local de destinação de resíduos sólidos ambientalmente correto. Um estudo ambiental exigido na licença de instalação é o Sistema de Controle Ambiental (SCA), que se trata de um conjunto de operações e ferramentas destinadas ao controle dos impactos negativos das intervenções físicas, efluentes líquidos, emissões atmosféricas e resíduos sólidos gerados pela atividade instalada.

A última etapa do licenciamento consta com a Licença de Operação, que autoriza o funcionamento do empreendimento. Essa deve ser requerida quando a empresa estiver edificada e após a verificação da eficácia das medidas de controle ambiental estabelecidas nas condicionantes das licenças anteriores. Nas restrições da LO estão determinados os métodos de controle e as condições de operação.

Figura 3. Tipos e diferenças entre as licenças ambientais.

Fonte: <http://rj.olx.com.br/rio-de-janeiro-e-regiao/servicos/licenca-ambiental-previa-instalacao-operacao-consultoria-ambiental-404632054>. Acesso em 25 mar. 2019.

3 - Sistema Nacional do Meio Ambiente

Todas as atividades e empreendimentos geradores de impactos ambientais estão sujeitas ao licenciamento ambiental. O órgão nacional responsável pelo licenciamento ambiental é o Instituto Brasileiro do Meio Ambiente e dos Recursos Naturais Renováveis (IBAMA), órgãos estaduais e municipais também podem conceder licenças ambientais para atividades de menor impacto.

Exemplificando, usaremos o caso do município de Dourados, Mato Grosso do Sul. Dourados possui um órgão ambiental local, IMAM (Instituto do Meio Ambiente de Dourados), que avalia e concede o licenciamento para atividades locais. Atividades potencialmente poluidoras ou que abrangem, além de Dourados, outros municípios do estado do Mato Grosso do Sul, o órgão responsável é o IMASUL (Instituto de Meio Ambiente de Mato Grosso do Sul). Caso a atividade ou empreendimento ultrapassar o limite interestadual, ou apresentar características peculiares, o órgão responsável será o IBAMA. No quadro 3, consta os órgãos ambientais (nacional, estadual e municipal) e as atividades que cada um compete licenciar.

Quadro 3. Atividades que cada órgão compete licenciar, de acordo com a RESOLUÇÃO Nº 237, de 19 de dezembro de 1997.

Nacional (IBAMA)	Estadual	Municipal
I - localizadas ou desenvolvidas conjuntamente no Brasil e em país limítrofe; no mar territorial; na plataforma continental; na zona econômica exclusiva; em terras indígenas ou em unidades de conservação do domínio da União. II - localizadas ou desenvolvidas em dois ou mais Estados; III - cujos impactos ambientais diretos ultrapassem os limites territoriais do País ou de um ou mais Estados; IV - destinados a pesquisar, lavrar, produzir, beneficiar, transportar, armazenar e dispor material radioativo, em qualquer estágio, ou que utilizem energia nuclear em qualquer de suas formas e aplicações, mediante parecer da Comissão Nacional de Energia Nuclear - CNEN; V- bases ou empreendimentos militares, quando couber, observada a legislação específica.	I- localizados ou desenvolvidos em mais de um Município ou em unidades de conservação de domínio estadual ou do Distrito Federal; II -localizados ou desenvolvidos nas florestas e demais formas de vegetação natural de preservação permanente relacionadas no artigo 2º da Lei nº 4.771, de 15 de setembro de 1965, e em todas as que assim forem consideradas por normas federais, estaduais ou municipais; III - cujos impactos ambientais diretos ultrapassem os limites territoriais de um ou mais Municípios; IV – delegados pela União aos Estados ou ao Distrito Federal, por instrumento legal ou convênio.	Compete ao órgão ambiental municipal, ouvidos os órgãos competentes da União, dos Estados e do Distrito Federal, quando couber, o licenciamento ambiental de empreendimentos e atividades de impacto ambiental local e daquelas que lhe forem delegadas pelo Estado por instrumento legal ou convênio.

Fonte: Adaptado pelo autor.

Quem regulamenta os órgãos que concedem as licenças ambientais é o Sistema Nacional do Meio Ambiente (SISNAMA), que engloba todos os aspectos ambientais nacionais, desde a criação de legislações e normativas, até a execução de multas ambientais. Além de auxiliar no cumprimento da legislação ambiental, o SISNAMA permite a organização do setor desde o quesito nacional até local, no quadro 4 encontramos as instâncias, órgãos e atribuições de cada setor.

O sistema foi criado com o intuito de efetivar o cumprimento legal de sentenças relacionado ao meio ambiente, dispostas na legislação brasileira e na constituição federal. O Sistema Nacional do Meio Ambiente – SISNAMA vem expresso no art. 6º, da Lei nº 6.938/81, nos seguintes termos:

Art. 6º. Os órgãos e entidades da União, dos Estados, do Distrito Federal, dos territórios e dos Municípios, bem como as Fundações instituídas pelo Poder Público, responsáveis pela proteção e melhoria da qualidade ambiental, constituirão o Sistema Nacional do Meio Ambiente – SISNAMA, assim estruturado:

I – Órgão Superior: o Conselho de Governo, com a função de assessorar o Presidente da República, na formulação da política nacional e nas diretrizes governamentais para o meio ambiente e os recursos ambientais;

II – Órgão Consultivo e Deliberativo: o Conselho Nacional do Meio Ambiente – CONAMA, com a finalidade de assessorar, estudar e propor ao Conselho de Governo, diretrizes de políticas governamentais para o meio ambiente e os recursos naturais e deliberar, no âmbito de sua competência, sobre normas e padrões compatíveis com o meio ambiente ecologicamente equilibrado e essencial à sadia qualidade de vida;

III – Órgão Central: Secretaria do Meio Ambiente da Presidência da República, 26 com a finalidade de planejar, coordenar, supervisionar e controlar, como órgão federal, a política nacional e as diretrizes governamentais fixadas para o meio ambiente;

IV – Órgão Executor: o Instituto Brasileiro do Meio Ambiente e dos Recursos Naturais Renováveis – IBAMA, com a finalidade de executar e fazer executar, como órgão federal, a política e diretrizes governamentais fixadas para o meio ambiente;

V – Órgãos Seccionais: os órgãos ou entidades estaduais responsáveis pela execução de programas, projetos e pelo controle e fiscalização das atividades capazes de provocar degradação ambiental;

VI – Órgãos Locais: os órgãos ou entidades municipais, responsáveis pelo controle e fiscalização dessas atividades, nas suas respectivas jurisdições.

A forma como é organizado o SISNAMA permite a comunicação e atribuição de funções para cada instância. A coordenação é realizada no Ministério do Meio Ambiente, que promove a integração entre ações governamentais, órgãos consultivo, deliberativo e executivo, como apresentado na Figura 4.

Figura 4. Estrutura do Sistema Nacional do Meio Ambiente.

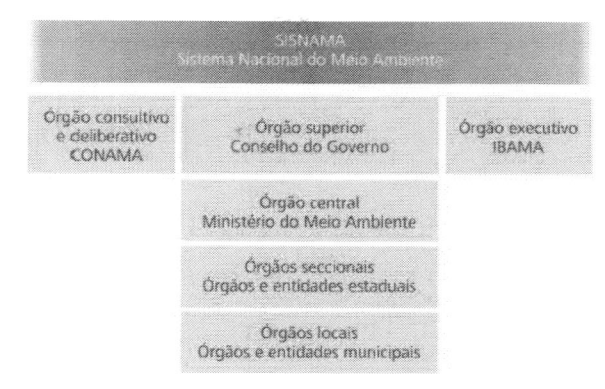

Fonte: RUPPENTHAL, 2014.

O órgão CONAMA tem função consultiva e deliberativa, sendo o responsável pela elaboração de normas e padrões, estabelecidas como medidas de proteção ambiental, assim existem as resoluções CONAMA, que atribuem diretrizes para o controle e preservação ambiental. Cabe aos Estados, ao Distrito Federal e aos Municípios a regionalização das medidas emanadas do SISNAMA, elaborando normas e padrões supletivos e complementares.

O órgão executivo IBAMA tem a principal função de fiscalização do cumprimento da legislação brasileira, envolvendo a Política Nacional do Meio Ambiente, as resoluções CONAMA, a Constituição federal e também as Políticas locais. Os órgãos seccionais e locais auxiliam no processo de fiscalização e também no de elaboração de programas e projetos visando problemas e particularidades de cada município ou estado.

Os Órgãos Seccionais prestarão informações sobre os seus planos de ação e programas em execução, consubstanciadas em relatórios anuais, que serão consolidados pelo Ministério do Meio Ambiente, em um relatório anual sobre a situação do meio ambiente no País, a ser publicado e submetido à consideração do CONAMA, em sua segunda reunião do ano subsequente.

O conjunto de todas as instâncias e órgãos do SISNAMA garante a efetividade da realização, execução e padronização de medidas relacionadas à proteção ambiental, e, permite assim a salubridade e qualidade de vida da população.

Quadro 4. Organização do Sistema Nacional do Meio Ambiente

INSTÂNCIA	ÓRGÃO	ATRIBUIÇÃO
Superior	Conselho do Governo	Assessorar o presidente da República na formação da Política Nacional do Meio Ambiente.
Consultiva Deliberativa	CONAMA - Conselho Nacional do Meio Ambiente.	Estudar e propor diretrizes e políticas governamentais para o meio ambiente e deliberar, no âmbito de sua competência sobre normas, padrões e critérios de controle ambiental (Resoluções CONAMA).

Central	Ministério do Meio Ambiente - MMA	Planejar, coordenar e supervisionar as ações relativas à Política Nacional do Meio Ambiente.
Executora	IBAMA- Instituto Brasileiro do Meio Ambiente e dos Recursos Naturais Renováveis.	Entidade autárquica, de personalidade jurídica de direito público e autonomia administrativa, é a encarregada de excussão da Política Nacional do Meio Ambiente e sua fiscalização.
Seccional	Secretarias Estaduais/ Órgãos Estaduais de Meio Ambiente.	Entidades estaduais responsáveis de programas e projetos de controle e fiscalização das atividades potencialmente poluidoras.
Local	Entidades e Órgãos Municipais de Meio Ambiente	Responsável por avaliar e estabelecer normas, critérios e padrões relativos ao controle e a manutenção do meio ambiente, supletivamente ao Estado e a União.

Fonte: Adaptado pelo autor.

Retomando a aula

Ao final desta terceira aula, vamos recordar o que aprendemos até aqui.

1 - Licenciamento Ambiental

O licenciamento ambiental tem como objetivo regulamentar qualquer atividade e empreendimento que utilizam os recursos naturais e que podem causar impacto ambiental. O licenciamento ambiental é de incumbência compartilhada entre a União e os Estados da Federação, Distrito Federal e os Municípios, de acordo com as respectivas competências.

2 - Tipos de Licenças Ambientais

Licença Prévia (LP): Concedida na fase preliminar do planejamento do empreendimento ou atividade aprovando sua localização e concepção, atestando a viabilidade ambiental e estabelecendo os requisitos básicos e condicionantes a serem atendidos nas próximas fases de sua implementação.

Licença de Instalação (LI): Autoriza a instalação do empreendimento ou atividade de acordo com as especificações constantes dos planos, programas e projetos aprovados, incluindo as medidas de controle ambiental e demais condicionantes, da qual constituem motivo determinante.

Licença de Operação (LO): Autoriza a operação da atividade ou empreendimento, após a verificação do efetivo cumprimento do que consta das licenças anteriores, com as medidas de controle ambiental e condicionantes determinados para a operação.

3 - Sistema Nacional do Meio Ambiente

O sistema foi criado com o intuito de efetivar o cumprimento legal de sentenças relacionado ao meio ambiente, dispostas na legislação brasileira e na constituição federal. O Sistema Nacional do Meio Ambiente – SISNAMA vem expresso no art. 6º, da Lei nº 6.938/81. Ele engloba todos os aspectos ambientais nacionais, desde a criação de legislações e normativas, até a execução de multas ambientais. Além de auxiliar no cumprimento da legislação ambiental, o SISNAMA permite a organização do setor desde o quesito nacional até local.

Vale a pena

Vale a pena ler,

Manual de Licenciamento ambiental: guia de procedimento passo a passo. Rio de Janeiro: GMA, 2004. Disponível em:<http://197.249.65.74:8080/biblioteca/bitstream/123456789/1170/1/e_Book3_Licnciamento_Ambiental.pdf>.

Vale a pena acessar,

RESOLUÇÃO Nº 237, DE 19 DE dezembro DE 1997 - <http://www2.mma.gov.br/port/conama/res/res97/res23797.html>.

Minhas anotações

Aula 4º

Avaliação de impacto ambiental

A Avaliação de Impacto Ambiental é um instrumento da Política Nacional do Meio Ambiente e tem por intuito a realização do controle de impactos negativos gerados por empreendimentos. O EIA/RIMA é considerado um estudo prévio que consta as características do empreendimento, seus possíveis impactos gerados, além das medidas e programas para mitigação, controle e monitoramento.

Para avaliar e identificar os impactos ambientais existe métodos que auxiliam os empreendimentos na realização de um estudo prévio. Para escolha da metodologia devem ser avaliados alguns fatores, tais como, a disponibilidade de dados, os requisitos legais dos termos de referência, os recursos técnicos e financeiros e o tempo e as características dos empreendimentos.

Leiam com atenção o material e se atentem aos objetivos de aprendizagem desta aula.

Bons estudos!

Objetivos de aprendizagem

Ao término desta aula, vocês serão capazes de:

- conhecer a importância da Avaliação de Impactos Ambientais;
- compreender os conceitos e a elaboração do EIA/RIMA;
- diferenciar e ter análise crítica sobre os diferentes métodos de avaliação de impactos ambientais.

Seções de estudo

1 - Avaliação de impacto ambiental
2 - Estudo de Impacto Ambiental (EIA) e Relatório de Impacto Ambiental (RIMA)
3 - Métodos de Avaliação de Impacto Ambiental

1 - Avaliação de impacto ambiental

A primeira aplicação de uma política de avaliação de impactos ambientais foi em 1970 nos Estados Unidos através do *National Environmental Policy Act* (NEPA). O NEPA determinou o controle das atividades federais geradoras de significativo impacto ambiental, através de um estudo prévio incluindo a Avaliação de Impactos Ambientais.

Após os Estados Unidos, Canadá e Nova Zelândia, em 1973, e Austrália em 1974, implantaram a Avaliação de Impactos Ambientais dentro das políticas ambientais nacionais.

No Brasil, a primeira lei que exigiu um estudo prévio de impactos ambientais foi a 6.803 de 1980 de Zoneamento Industrial, na qual exigia o estudo para implantação e localização de atividades petroquímicas, cloroquímicas, carboquímicas e instalações nucleares.

A Política Nacional de Meio Ambiente instituída pela lei 6.938/81 fortificou a importância da Avaliação de Impactos Ambientais, a referindo-se como uma ação preventiva de responsabilidade do Estado para atividades potencialmente poluidoras.

Somente em 1986, com a Resolução CONAMA nº 001 foi estabelecido às definições, responsabilidades, critérios básicos e as diretrizes gerais para uso e implementação da Avaliação de Impacto Ambiental, a referindo como um instrumento da Política Nacional do Meio Ambiente.

Segundo o art. 1º, da Resolução CONAMA de 1986, considera-se impacto ambiental qualquer alteração das propriedades físicas, químicas e biológicas do meio ambiente, causada por qualquer forma de matéria ou energia resultante das atividades humanas que, direta ou indiretamente, afetam:

I - a saúde, a segurança e o bem-estar da população;
II - as atividades sociais e econômicas;
III - a biota;
IV - as condições estéticas e sanitárias do meio ambiente;
V - a qualidade dos recursos ambientais

Conforme o IBAMA, a Avaliação de Impacto Ambiental (AIA) é o processo de análise técnica que subsidia o licenciamento, por meio da análise sistemática dos impactos ambientais decorrentes de atividades ou empreendimentos.

O Instrumento de Avaliação de Impacto Ambiental deve ser elaborado para qualquer empreendimento que possa acarretar danos ou impactos ambientais futuros, sendo executado antes da instalação do empreendimento. Com este enfoque, tem sido utilizado principalmente nos seguintes empreendimentos: minerações, hidrelétricas, rodovias, aterros sanitários, oleodutos, indústrias, estações de tratamento de esgoto e loteamentos (BITAR & ORTEGA, 1998).

A Avaliação de Impactos Ambientais dentro do processo de licenciamento ambiental é requerida na licença prévia, ou seja, antes da construção e instalação do empreendimento deve ser realizado o estudo de todos impactos ambientais que ele pode vir a gerar em um determinado local, assim o órgão público responsável possui a tomada de decisão referente à aprovação da licença.

Segundo Sanchez (1995) a Avaliação de Impacto Ambiental (Aia) deve ser compreendida como instrumento de planejamento, isto é, como uma atividade técnico-científica que tem por finalidade identificar, prever e interpretar os efeitos de uma determinada ação humana sobre o ambiente. Ao mesmo tempo, para Verdum & Medeiros (2006), a Aia pode ser considerada como procedimento que se insere no âmbito das políticas públicas, e é caracterizada por um conjunto de procedimentos que englobam:

- a seleção de ações ou projetos que devem ser submetidos à Aia;
- a elaboração de termos de referência (Tr);
- a elaboração do Estudo de Impacto Ambiental (Eia) e o consequente Relatório de Impacto Ambiental (Rima);
- a revisão técnica do Eia/Rima realizada pelo órgão ambiental;
- a Audiência Pública;
- a decisão quanto à aprovação do empreendimento;
- o plano de monitoramento e
- as auditorias ambientais periódicas.

Em termo de classificação de impacto ambiental, é importante ressaltar que ele somente envolve os impactos gerados por ações antrópicas. Por exemplo, o desatamento para utilização de áreas florestais para pecuária, a contaminação de rios por efluentes domésticos ou industriais, a poluição atmosférica de determinadas indústrias, são fatores gerados por ações antrópicas, então podem ser classificados como impactos ambientais.

O impacto ambiental é qualquer alteração nos meios físicos, químicos e biológicos gerado por ação antrópica, e existem vários tipos de impactos no meio ambiente, como apresentados no Quadro 1. O impacto nem sempre traz malefícios para o meio ambiente, um exemplo que podemos citar é o extrativismo que gera um impacto positivo para determinada região, pois ele auxilia na proteção e manejo de florestas, além de gerar empregos para a comunidade.

Quadro 1. Tipos de impactos ambientais.

IMPACTO	CARACTERÍSTICA
Positivo ou benéfico	Quando a ação resulta na melhoria da qualidade de um fator ou parâmetro ambiental.
Negativo ou adverso	Quando a ação resulta em um dano à qualidade de um fator ou parâmetro ambiental.
Indireto	Resultante de uma reação secundária, ou quando é parte de uma cadeia de reações.
Regional	Quando a ação se faz sentir além das imediações do sítio.

Local	Quando a ação afeta o próprio sítio e suas imediações.
Direto	Resultado da simples ação causa e efeito.
Estratégico	Quando a ação tem relevância no âmbito regional e nacional.
A médio e longo prazo	Quando os efeitos da ação são verificados posteriormente.
Temporário	Quando o feito da ação tem duração determinada.
Permanente	Quando o impacto não pode ser revertido.
Cíclico	Quando os efeitos se manifestam em intervalos de tempo determinados.
Reversível	Quando cessada a ação, o ambiente volta à sua forma original.

Fonte: <http://www.mabnacional.org.br/glossario/estudo-impacto-ambiental>. Adaptado pelo autor. Acesso em: 30 mar. 2019.

2 - Estudo de Impacto Ambiental (EIA) e Relatório de Impacto Ambiental (RIMA)

De acordo com a Constituição Federal, todos têm direito ao meio ambiente ecologicamente equilibrado, sendo obrigação do Poder Público e da coletividade defendê-lo e preservá-lo. De acordo com a Política Nacional do Meio Ambiente, o Estudo de Impacto Ambiental (EIA) e seu respectivo Relatório de Impactos Ambientais são importantes instrumentos que auxiliam na preservação do meio ambiente.

O EIA/RIMA nada mais é que um estudo multidisciplinar, preliminar, de caráter protetivo, que tem por objetivos principais:

1. Diagnosticar o ambiente (características físicas, biológicas e socioeconômicas) no qual um determinado empreendimento esta inserido;
2. Realizar o estudo de todos os possíveis impactos ambientais que o mesmo pode gerar;
3. Buscar alternativas para não geração de impactos negativos ou definir ações de mitigação e compensação de impactos negativos;
4. Criar programas de monitoramento para avaliar se as ações de mitigação e compensação estão funcionando de acordo, e buscar aprimorar cada vez mais o sistema, buscando tecnologias e soluções ambientalmente corretas.

A RESOLUÇÃO CONAMA Nº 001/86 define que o Estudo de Impacto Ambiental (EIA) é o conjunto de estudos realizados por especialistas de diversas áreas, com dados técnicos detalhados. O acesso a ele é restrito, em respeito ao sigilo industrial. No artigo 6º dessa resolução define que o EIA desenvolverá as seguintes atividades técnicas:

I – Diagnóstico ambiental da área de influência do projeto completa descrição e análise dos recursos ambientais e suas interações, tal como existem, de modo a caracterizar a situação ambiental da área, antes da implantação do projeto, considerando:

a. o meio físico – o subsolo, as águas, o ar e o clima, destacando os recursos minerais, a topografia, os tipos e aptidões do solo, os corpos d'água, o regime hidrológico, as correntes marinhas, as correntes atmosféricas;
b. o meio biológico e os ecossistemas naturais – a fauna e a flora, destacando as espécies indicadoras da qualidade ambiental, de valor científico e econômico, raras e ameaçadas de extinção e as áreas de preservação permanente;
c. o meio socioeconômico – o uso e ocupação do solo, os usos da água e a sócioeconomia, destacando os sítios e monumentos arqueológicos, históricos e culturais da comunidade, as relações de dependência entre a sociedade local, os recursos ambientais e a potencial utilização futura desses recursos.

II – Análise dos impactos ambientais do projeto e de suas alternativas, através de identificação, previsão da magnitude e interpretação da importância dos prováveis impactos relevantes, discriminando: os impactos positivos e negativos (benéficos e adversos), diretos e indiretos, imediatos e a médio e longo prazo, temporários e permanentes; seu grau de reversibilidade; suas propriedades cumulativas e sinérgicas; a distribuição dos ônus e benefícios sociais.

III – Definição das medidas mitigadoras dos impactos negativos, entre elas os equipamentos de controle e sistemas de tratamento de despejos, avaliando a eficiência de cada uma delas.

IV – Elaboração do programa de acompanhamento e monitoramento (os impactos positivos e negativos, indicando os fatores e parâmetros a serem considerados).

Disponível em: <egema.com.br/meio-ambiente/eia-rima-eiv/>. Acesso em: 06 de maio de 2019.

O EIA/RIMA somente é realizado em empreendimentos geradores de impactos negativos potenciais, quem define os empreendimentos que necessitam da realização do estudo é a Resolução CONAMA 001 de 1986. Segue no quadro 2 todas as atividades que necessitam do estudo.

Quadro 2. Empreendimentos que necessitam da elaboração do EIA/RIMA de acordo com a Resolução CONAMA 001 de 1986.

- Estradas de rodagem com duas ou mais faixas de rolamento;
- Ferrovias;
- Portos e terminais de minério, petróleo e produtos químicos;
- Aeroportos, conforme definidos pelo inciso 1, artigo 48, do Decreto-Lei nº 32, de 18.11.66;
- Oleodutos, gasodutos, minerodutos, troncos coletores e emissários de esgotos sanitários;
- Linhas de transmissão de energia elétrica, acima de 230KV;
- Obras hidráulicas para exploração de recursos hídricos, tais como: barragem para fins hidrelétricos, acima de 10MW, de saneamento ou de irrigação, abertura de canais para navegação, drenagem e irrigação, retificação de cursos d'água, abertura de barras e embocaduras, transposição de bacias, diques;
- Extração de combustível fóssil (petróleo, xisto, carvão);
- Extração de minério, inclusive os da classe II, definidas no Código de Mineração;
- Aterros sanitários, processamento e destino final de resíduos tóxicos ou perigosos;
- Usinas de geração de eletricidade, qualquer que seja a fonte de energia primária, acima de 10MW;
- Complexo e unidades industriais e agro-industriais (petroquímicos, siderúrgicos, cloroquímicos, destilarias de

álcool, hulha, extração e cultivo de recursos hídricos);
- Distritos industriais e zonas estritamente industriais - ZEI;
- Exploração econômica de madeira ou de lenha, em áreas acima de 100 hectares ou menores, quando atingir áreas significativas em termos percentuais ou de importância do ponto de vista ambiental;
- Projetos urbanísticos, acima de 100ha. ou em áreas consideradas de relevante interesse ambiental a critério da SEMA e dos órgãos municipais e estaduais competentes;
- Qualquer atividade que utilize carvão vegetal, em quantidade superior a dez toneladas por dia.

Disponível em: <www.siam.mg.gov.br/sla/download.pdf?idNorma=8902>
Acesso em: 06 de maio de 2019.

O Estudo de Impacto Ambiental (EIA) é realizado por uma equipe multidisciplinar e pode ser considerado um documento interno das atividades, pois consta de possíveis informações confidenciais das empresas. O EIA é um documento que possui linguagem técnica, e explica detalhadamente todas as operações do empreendimento com seus possíveis impactos gerados, além das medidas de programas para mitigação, controle e monitoramento.

Segundo Fornasari Filho & Bitar (1995), o EIA na Legislação Federal segue os seguintes termos, apresentados aqui de forma sintetizada:
- É referente a um projeto específico a ser implantado em determinada área ou meio;
- Trata-se de um estudo prévio, ou seja, serve de instrumento de planejamento e subsídio à tomada de decisões políticas na implantação da obra;
- É interdisciplinar;
- Deve levar em conta os segmentos básicos do meio ambiente (meios físico, biológico e socioeconômico);
- Deve seguir um roteiro que contenha as seguintes etapas: Diagnóstico ambiental da área de influência do projeto; Avaliação de impacto ambiental (AIA); Medidas mitigadoras, e; Programa de monitoramento dos impactos.

O Relatório de Impactos Ambiental (RIMA) nada mais é que um resumo do EIA, apresentando todas as informações de forma simples e objetiva, para toda população ter acesso e compreender os impactos que determinada atividade gera no ambiente. O RIMA utiliza imagens e gráficos para facilitar a compreensão do público.

Ambos os documentos, o EIA e o RIMA, são realizados na licença prévia, e devem ser entreguem ao órgão público para análise da atividade.

A resolução CONAMA n.º 009, de 03 de dezembro de 1987, estabelece que o RIMA deve ser apresentado a comunidade através de Audiência públicas, que tem por finalidade expor aos interessados o conteúdo do produto em análise e do seu referido RIMA, dirimindo dúvidas e recolhendo dos presentes as críticas e sugestões a respeito. Assim, segundo art. 2 da mesma resolução, sempre que julgar necessário, ou quando for solicitado por entidade civil, pelo Ministério Público, ou por 50 (cinquenta) ou mais cidadãos, o Órgão de Meio Ambiente promoverá a realização de audiência pública.

Figura 1. Diferenças básicas entre o EIA e o RIMA..

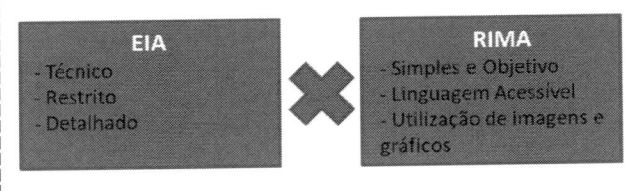

EIA
- Técnico
- Restrito
- Detalhado

RIMA
- Simples e Objetivo
- Linguagem Acessível
- Utilização de imagens e gráficos

Fonte: Elaborado pelo Autor

Para realização do EIA/RIMA deve-se seguir alguns passos, como apresentado na Figura 2.
1. Conter as informações gerais dos responsáveis e do empreendimento;
2. Necessitam da caracterização da atividade realizada pelo empreendimento, detalhando os processos de produção e/ou produtos produzidos;
3. Deve-se mapear a área de influência analisando todos os setores ambientais e sociais;
4. O diagnóstico ambiental deve ser completo, contendo aspectos, características, diversidades, abordando a fauna, flora, solo, lençol freático e corpos hídricos, e sociais;
5. De acordo com o diagnóstico ambiental e com as características do empreendimento, deve ser realizada a avaliação de impactos ambientais, para essa analise pode-se utilizar diversos métodos, que conheceremos na Seção 3 desta aula;
6. Após conhecer os impactos negativos gerados deve-se elaborar medidas mitigadora para cada um deles, diminuindo assim os possíveis danos ambientais.
7. Programas de monitoramento são elaborados para o controle e melhorias nas medidas de controle e mitigatórias, pensando sempre em melhoras contínuas.

Figura 2. Diretrizes para elaboração do EIA/RIMA.

DIRETRIZES PARA A ELABORAÇÃO DO EIA/RIMA

Disponível em:<http://meioambientetecnico.blogspot.com/2012/01/eia-rima.html>. Acesso em: 15 mar.2019.

3 - Métodos de Avaliação de Impacto Ambiental

A Avaliação de Impactos Ambientais é necessária para realização do EIA/RIMA, e ela pode ser elaborada com o auxílio de metodologias preestabelecidas. A escolha da metodologia aplicada caso a caso dependerá de vários fatores,

tais como, a disponibilidade de dados, os requisitos legais dos termos de referência, os recursos técnicos e financeiros e o tempo e as características dos empreendimentos. Podemos citar os principais métodos utilizados:
1. Ad Hoc;
2. Checklist;
3. Matrizes de Interação;
4. Redes de Interação;
5. Superposição de Cartas;
6. Modelos de Simulação.

3.1 Ad Hoc

Neste método são promovidas reuniões com a participação de especialistas, os quais possuem conhecimento teórico e prático associados à temática em questão (BRAGA et al., 2005). Os impactos são identificados normalmente via brainstorming (uma atividade recreativa, semiestruturada do grupo), e apresentados por meio de tabelas ou matrizes. O método é adequado às situações com escassez de dados e quando a avaliação deve ser disponibilizada em um curto espaço de tempo (CARVALHO e LIMA, 2010). Pode ser considerado como um método indicado para uma análise prévia dos impactos prováveis de um projeto, sendo útil na definição da melhor alternativa a ser adotada.

Vantagens:
- Possibilidade de estimativa rápida da evolução de impactos de forma organizada;
- Realizado em curto espaço de tempo;
- Proporciona menores gastos;
- Facilmente compreensível pelo público em geral.

Desvantagens:
- Possui grande subjetividade já que se baseia na opinião e julgamento humano;
- Alto risco à tendenciosidade no momento de avaliação dos impactos;
- Dificuldade de examinar todos os impactos.

3.2 Checklist

São relações padronizadas de fatores ambientais, que permitem detectar os impactos provocados por projetos específicos, assim podem-se utilizar diversas listas de acordo com a natureza da atividade. Os checklists costumam ser apresentados em forma de questionário a ser preenchido, visando direcionar a avaliação. A finalidade das listagens é a padronização dos prováveis impactos para a utilização por determinados tipos de empreendimentos (BRAGA et. al., 2005).

As listagens possuem variantes, são elas:

Listagem Descritiva, que relaciona ação e atributos do ambiente que podem sofrer alteração;

Listagem Comparativa, na qual é adicionada a relevância do impacto, ou seja, o nível de significância, por meio de letras ou números;

Listagem em Questionário, este leva em consideração a interdependência dos impactos;

Listagem Ponderal (Método Battelle), no qual a cada parâmetro ambiental é atribuído um peso.

Vantagens:
- Simplicidade de aplicação;
- Número reduzido de dados necessários;
- Identificação e enumeração dos impactos;
- Serve de guia para o levantamento de dados e informações.

Desvantagens:
- Não permite projeções e previsões – avaliação qualitativa e não quantitativa;
- Não permite identificar impactos de segunda ordem;
- Não considera relações de causa e efeito.

3.3 Matrizes de Interação

As matrizes de interação tem por objetivo a identificação das possíveis interações entre os componentes do projeto e os elementos do meio e são voltado para projetos com impactos que estendem-se por amplas extensões, daí sua inespecificidade para casos de projetos urbanos (BRAGA et al, 2005).

Elas possuem a estrutura formada por uma coluna na qual ficam elencadas as ações com alta propensão à modificação do ambiente, e por linhas que contêm os elementos do sistema ambiental, o resultado é obtido pela interação entre as ações e os elementos do meio (SANCHEZ, 2006).

Uma das primeiras ferramentas no formato de matrizes foi nomeada como Matriz de Leopold, sendo elaborada em 1971 para o Serviço Geológico do Interior dos EUA, com o intuito de avaliação de impactos associados a quase todos os tipos de implantação de projetos. Segundo Leopold et al. (1971), o método precisa ter as seguintes características:
- Estabelecer uma escala que varia de 1 a 10, a magnitude e importância de cada impacto, identificando-o como positivo ou negativo.
- Considerar a valoração da magnitude relativamente objetiva ou empírica, pois se refere ao grau de alteração provocado pela ação sobre o fato ambiental.
- Assegurar que a pontuação da importância seja subjetiva ou normativa, uma vez que envolve atribuição de peso relativo ao fator afetado no âmbito do projeto.

Vantagens:
- Fácil compreensão do público em geral;
- Aborda fatores biofísicos e sociais;
- Acomoda dados qualitativos e quantitativos;
- Fornece boa orientação para a realização de estudos e introduz a multidisciplinaridade.

Desvantagens:
- Não há uma exibição clara da base matemática utilizada nos cálculos das escalas de pontuação de importância e magnitude;
- Baixa eficiência na avaliação de impactos indiretos;
- Não apresenta as características temporais e a dinâmica dos sistemas.

3.4 Redes de Interação

As Redes de Interação tem por objetivo orientar as

medidas propostas para o gerenciamento dos impactos identificados, recomendando medidas mitigadoras, que podem ser aplicadas desde o momento de efetivação das ações causadas pelo empreendimento, além de propor programas de manejo, monitoramento e controle ambientais.

São apresentadas através de gráficos ou diagramas, permitindo traçar o conjunto de ações que o causaram direta e indiretamente, estabelecendo uma sequência de impactos ambientais desencadeados por uma determinada ação, além de permite avaliar medidas mitigadoras.

Vantagens:
- Evidenciam os impactos indiretos;
- Permite boa visualização de impactos secundários e demais ordens, sobretudo, quando computadorizadas, e a possibilidade de introdução de parâmetros probabilísticos, mostrando tendências.

Desvantagens:
- Não detectam a importância relativa dos impactos, os aspectos temporais e espaciais e a dinâmica dos sistemas.

3.5 Superposição de Cartas

A metodologia de superposição de cartas consiste na montagem de uma série de mapas temáticos, esses mapas auxiliam em atividades que são relacionadas ao uso do solo, cobertura vegetal, recursos hídricos, delimitação da área de influência, entre outros. Como resultados tem-se a verificação de regiões de maior fragilidade a impactos ambientais.

Essa metodologia é adequada para realização de diagnósticos e definições de áreas para implantação de determinadas atividades, além do planejamento territorial. A superposição de cartas também pode ser utilizada para reconhecer e proteger áreas de mananciais, e auxiliar no processo de expansão urbana.

Vantagens:
- Simples, rápida e com precisão superior aos métodos anteriores;
- Apresenta visualização espacial e geográfica dos fatores ambientais, tal como da extensão dos impactos e proporciona fácil comparação de alternativas.

Desvantagens:
- Subjetividade dos resultados;
- Limitação na quantificação dos impactos;
- Difícil integração de impactos socioeconômicos;
- Não considera a dinâmica dos sistemas ambientais;
- Alto custo;
- Não avalie a magnitude do impacto.

3.6 Modelos de Simulação

O método de modelos de simulação busca a representação e funcionamento do sistema ambiental e sua interação com os meios biológicos, físicos e socioeconômicos. O método é utilizado para diversas atividades se destacando no âmbito da autodepuração de recursos hídricos e na dispersão de poluentes atmosféricos. Nos modelos de simulação pode ser caracterizado o estado ambiental antes e depois da ação humana (BRAGA et. al., 2005).

Vantagens:
- Possibilita o estudo das relações entre fatores físicos, biológicos e socioeconômicos;
- Auxilia a tomada de decisão através de indicadores e tendências;
- Método mais moderno em termos AIA, sendo usado para diagnósticos e prognósticos da qualidade ambiental.

Desvantagens:
- Exige dados e operadores capacitados;
- Alto custo;
- Exige equipamentos específicos;
- Representação imperfeita de qualidade ambiental;
- Possibilidade de induzir o processo decisório.

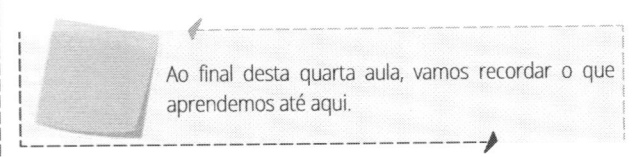

Retomando a aula

Ao final desta quarta aula, vamos recordar o que aprendemos até aqui.

1 - Avaliação de Impacto Ambiental

A Avaliação de Impacto Ambiental (AIA) é o processo de análise técnica que subsidia o licenciamento, por meio da análise sistemática dos impactos ambientais decorrentes de atividades ou empreendimentos. Ele deve ser elaborado para qualquer empreendimento que possa acarretar danos ou impactos ambientais futuros, sendo executado antes da instalação do empreendimento.

2 - Estudo de Impacto Ambiental (EIA) e Relatório de Impacto Ambiental (RIMA)

O Estudo de Impacto Ambiental (EIA) é realizado por uma equipe multidisciplinar e pode ser considerado um documento interno dos empreendimentos, pois consta de possíveis informações confidenciais das empresas. O EIA é um documento que possui linguagem técnica, e explica detalhadamente todas as operações do empreendimento com seus possíveis impactos gerados, além das medidas de programas para mitigação, controle e monitoramento.

O Relatório de Impactos Ambiental (RIMA) nada mais é que um resumo do EIA, apresentando todas as informações de forma simples e objetiva, para toda população ter acesso e compreender os impactos que determinada atividade gera no ambiente. O RIMA utiliza imagens e gráficos para facilitar a compreensão do público.

3 - Métodos de Avaliação de Impacto Ambiental

A Avaliação de Impactos Ambientais é necessária para realização do EIA/RIMA, e ela pode ser elaborada com o auxílio de metodologias preestabelecidas. A escolha da metodologia aplicada caso a caso dependerá de vários fatores, tais como, a disponibilidade de dados, os requisitos legais dos termos de referência, os recursos técnicos e financeiros e o tempo e as características dos empreendimentos. Podemos citar os principais métodos utilizados: Ad Hoc, Checklist, Matrizes de Interação, Redes de Interação, Superposição de Cartas e Modelos de Simulação.

Vale a pena

Vale a pena ler,

Avaliação de impacto ambiental na legislação brasileira. Disponível em: <http://www.scielo.br/pdf/rae/v35n2/a10v35n2>

Avaliação de impacto ambiental: caminhos para o fortalecimento do Licenciamento Ambiental Federal: Sumário Executivo/Diretoria de Licenciamento Ambiental – Brasília: Ibama, 2016 Disponível em: <.https://www.ibama.gov.br/phocadownload/noticias/noticias2016/resumo_executivo.pdf>

Metodologias de avaliação de impacto ambiental: aplicações e seus limites. Disponível em: <http://bibliotecadigital.fgv.br/ojs/index.php/rap/article/viewFile/8812/7568>.

Vale a pena acessar,

RIMA da duplicação da BR-070: Disponível em: < http://www.dnit.gov.br/download/meio-ambiente/acoes-e-atividades/estudos-ambientais/rima-aguaslindas-final.pdf>

RIMA aproveitamento hidrelétrico belo monte: Disponível em: <http://restrito.norteenergiasa.com.br/site/wp-content/uploads/2011/04/NE.Rima_.pdf>

Minhas anotações

Minhas anotações

Aula 5º

Gestão ambiental pública

A Gestão Ambiental Pública tem por objetivo a organização e a preservação ambiental. No Brasil, o SISNAMA é o órgão público responsável pela Gestão Ambiental, porém a comunidade e as empresas têm fundamental participação para promoção de um ambiente ecologicamente equilibrado.

A Agenda 21 possui um papel importante para a contribuição da sociedade e empresas para promoção do desenvolvimento sustentável. Trata-se de uma forma de gerir determinados ambientes, em esfera global, nacional ou local, estabelecendo diretrizes para melhoraria da qualidade de vida da população.

Um quesito fundamental para edificação da Gestão Ambiental Pública é a Educação Ambiental, que se entende pela construção em meio coletivo e individual de valores, conhecimentos, habilidades, atitudes e competências voltadas para a conservação do meio ambiente.

Vamos ler mais sobre o assunto?

Bons estudos!

Bons estudos!

Objetivos de aprendizagem

Ao término desta aula, vocês serão capazes de:

- compreender da gestão ambiental pública;
- conhecer e diferenciar a agenda 21 global, brasileira e local;
- entender a importância da educação ambiental no meio social.

Seções de estudo

1 - Gestão ambiental pública
2 - Agenda 21 e gestão ambiental pública
3 - Educação ambiental

1 - Gestão ambiental pública

A Gestão Ambiental surgiu da necessidade do ser humano organizar melhor suas diversas formas de se relacionar com o meio ambiente (MORALES, 2006). A tentativa de conciliar o uso produtivo dos recursos naturais com um mínimo de abuso, assegurando-se assim a produtividade em longo prazo, gerou a gestão ambiental.

Com a evolução de ideais da humanidade em relação entre homem-natureza, e a união de técnicas, conhecimentos, que deve ser utilizada tanto por parte da sociedade como pela parte empresas, buscou-se de soluções e alternativas para manter o equilíbrio ambiental, reduzindo ou recuperando a degradação do meio natural (ALCANTARA et al., 2012).

Assim a Gestão Ambiental Pública nada mais é que o poder público gerindo o meio em que vivemos, através de legislações e ações voltadas para proteção, conservação e manejo ambiental.

Em esfera nacional, quem condiciona a Gestão Ambiental Pública é o Sistema Nacional do Meio Ambiente (SISNAMA), promulgado na Lei nº 6.938/81, abrange os órgãos e entidades da União, dos Estados, do Distrito Federal, dos territórios e dos Municípios, bem como as Fundações instituídas pelo Poder Público, responsáveis pela proteção e melhoria da qualidade ambiental.

Para gerir determinado ambiente faz-se necessário utilizar os instrumentos da Política Nacional de Meio Ambiente:
- Estabelecimento de padrões de qualidade ambiental;
- Zoneamento Ambiental;
- Avaliação de Impactos Ambientais;
- Licenciamento Ambiental;
- Incentivos à produção e instalação de equipamentos para a melhoria da qualidade ambiental;

No sentido de realização da gestão ambiental pública é primordial a aplicação das políticas e legislações ambientais vigentes, buscando um ambiente preservado e a melhor qualidade de vida da população.

A gestão ambiental pública envolve o setor político e a cada troca de governos pode surgir alterações em seus programas e diretrizes. É importante ressaltar que o desenvolvimento sustentável e a gestão ambiental deve ser um ponto crucial para o planejamento de governos.

Para aplicação da gestão ambiental em municípios é necessária à união de equipe multidisciplinar, que observe diversos aspectos, nos campos sociais, ambientais e econômicos.

A promoção de atividades como a educação ambiental, o saneamento básico, a preservação de áreas verdes e o controle de epidemias auxiliam na aplicação da gestão ambiental, pois são atividades que promovem a qualidade de vida e a salubridade ambiental.

É necessário ter uma gestão ambiental municipal eficaz e eficiente, que promova alguns pontos essenciais como:

1. Preservação, conservação e manejo de áreas verdes no município e também em limites interestaduais. Um instrumento importante para esse tópico e a lei de Uso e Ocupação do Solo municipal, que dará as diretrizes de áreas que não podem ser ocupadas por determinadas atividades.

    Dentro do perímetro urbano costuma-se ter poucas áreas verdes, porém elas são de suma importância para qualidade de vida da população, promovendo o lazer, proteção do lençol freático, áreas de permeabilidade de água no solo auxiliando assim a drenagem urbana, equilíbrio do microclima, purificação do ar, entre outros.

2. Educação Ambiental. A educação ambiental é um dos principais quesitos no âmbito da gestão ambiental, pois com a educação ambiental sendo empregada nas escolas, bairros, praças e espaços públicos, traz o crescimento da consciência ecológica possibilitando assim a melhoria do ambiente em todos os pontos do município, evitando ocupação de áreas irregulares, descarte de resíduos sólidos de forma incorreta, desperdício de água, poluição de corpos hídricos, epidemias urbanas como a dengue, febre amarela e chikungunya.

3. Aplicação e fortificação de fiscalizações de legislações ambientais. O Poder Público e as empresas precisam ter uma boa relação, assim o incentivo a busca de certificações verdes seria uma alternativa para garantir a melhora contínua de empreendimentos, como apresentado na Figura 1. A fiscalização pública precisa atuar de forma eficiente evitando assim a contaminação de recursos ambientais.

Figura 1. Melhora contínua na Gestão Ambiental.

Disponível em: < https://www.researchgate.net/figure/Figura-1-Modelo-de-Sistema-de-Gestao-Ambiental-para-A-Norma-14001_fig1_317929540>. Acesso em: 1 abr, de 2019.

Existem vários outros pontos que precisam ser observados para promoção da gestão ambiental pública, para isso existem ferramentas e políticas de apoio. A tarefa da preservação ambiental vai muito além da ação de governantes, é necessária a participação efetiva da sociedade e dos empreendimentos.

2 - Agenda 21 e gestão ambiental pública

Um marco no quesito da gestão ambiental ocorreu na conferência Rio 92 (Conferência das Nações Unidas sobre Meio Ambiente e Desenvolvimento Humano), que reuniu representantes de governo de 179 países para discutir as questões ambientais do planeta, nela foi elaborado um documento de suma importância, a Agenda 21 Global, que estabelece princípios e ações de gestão ambiental para o século XXI, propondo ainda que cada organização, nação ou município, desenvolva sua Agenda 21.

Segundo a Secretaria de Meio Ambiente e Recursos Hídricos, a Agenda 21 Global foi assinada por 179 países e organizada em 40 capítulos, divididos em 4 seções, onde são apontadas as bases para ações, os objetivos, as atividades e os meios de implementação de planos, programas e projetos direcionados à melhoria da qualidade de vida e às questões relativas à conservação e gestão de recursos para o desenvolvimento sustentável.

As Seções são divididas em:

Seção I: Dimensões Sociais e Econômicas;

Seção II: Conservação e Gerenciamento dos Recursos para o Desenvolvimento;

Seção III: Fortalecimento do Papel dos Grupos Principais;

Seção IV: Meios de Implementação.

A Agenda 21 Global promove para a implantação do documento em cada nação, determinando as prioridades de acordo com o local estabelecido. Assim a Agenda 21 em meio público é um documento fundamental para promoção de ideias de desenvolvimento sustentável, com a cooperação da comunidade, do governo e das empresas que atuam no local.

No Brasil foi desenvolvida a Agenda 21 Brasileira, que é considerado um mecanismo de gestão ambiental nacional, servindo como instrumento de planejamento participativo para o desenvolvimento sustentável do país, resultado de uma vasta consulta à população brasileira e possuindo seis eixos temáticos:

1. Gestão dos Recursos Naturais.
2. Agricultura Sustentável.
3. Cidades Sustentáveis.
4. Infraestrutura e Integração Regional.
5. Redução das Desigualdades Sociais.
6. Ciência e Tecnologia para o Desenvolvimento Sustentável

Devido ao Brasil ter um território extenso e possuir particularidades em relação às necessidades sociais e ambientais, a Agenda 21 Brasileira promove a criação das Agendas 21 Locais, que é estabelecida para determinadas áreas, e esse documento deve incluir uma série de atividades, ferramentas e abordagens que podem ser escolhidas pelas autoridades locais e seus parceiros de acordo com as circunstâncias e prioridades locais.

Figura 2. Agenda 21.

Disponível em: <http://projetovivercomcivilidade.blogspot.com/2012/05/agenda-21-aula-explicativa.html>. Acesso em: 1 abr. 2019.

Segundo o Ministério do Meio Ambiente (MMA), a Agenda 21 Local é um dos principais instrumentos para se conduzir processos de mobilização, troca de informações, geração de consensos em torno dos problemas e soluções locais e estabelecimento de prioridades para a gestão de um determinado ambiente. O processo deve ser articulado com outros projetos, programas e atividades do governo e sociedade, sendo consolidado, dentre outros, a partir do envolvimento dos agentes regionais e locais; análise, identificação e promoção de instrumentos financeiros; difusão e intercâmbio de experiências; definição de indicadores de desempenho.

Pode-se aplicar a agenda 21 Local em estados, municípios, bacias hidrográficas, unidades de conservação, em bairros, escolas, parques, empresas, em todos os locais quem busquem pela melhoria de seu ambiente. Para realizar uma agenda 21 é necessário observar diversos fatores, como sociedade, educação, saúde, legislações, meio ambiente e preservação ambiental, tudo isso aliado ao desenvolvimento econômico, como apresentado na Figura 3.

Figura 3. Agenda 21 e suas vertentes.

Fonte: Elaborado pelo autor.

Podemos concluir que a agenda 21 é um importante instrumento da gestão ambiental pública, em esfera global, nacional ou local, auxiliando na tomada de decisões e organização da promoção do desenvolvimento sustentável.

3 - Educação ambiental

A Constituição Federal (CF), de 1988, determina que o Poder Público deve promover a Educação Ambiental em todos os níveis de ensino, pois "todos têm direito ao meio ambiente ecologicamente equilibrado, bem de uso comum do povo e essencial a sadia qualidade de vida, impondo-se ao poder público e à coletividade o dever de defendê-lo e preservá-lo para as presentes e futuras gerações".

Em 1999 foi promulgada a Lei Nº 9.795, que institui a Política Nacional de Educação Ambiental. No art. 1 desta mesma lei entende-se por educação ambiental os processos por meio dos quais o indivíduo e a coletividade constroem valores sociais, conhecimentos, habilidades, atitudes e competências voltadas para a conservação do meio ambiente, bem de uso comum do povo, essencial à sadia qualidade de vida e sua sustentabilidade.

A fundamentação da Educação Ambiental no Brasil veio com a Política Nacional do Meio Ambiente, e se fortificou visto a necessidade de difundir o conhecimento básico ambiental para todas as esferas sociais. Para um profissional aplicador é importante utilizar metodologias e técnicas de educação ambiental.

De acordo com as leis nacionais a educação ambiental é um componente essencial e permanente da educação, devendo estar presente, de forma articulada, em todos os níveis e modalidades do processo educativo, em caráter formal e não-formal.

Podemos definir a Educação Ambiental Formal como aquela exercida como atividade escolar, de sala de aula, da pré-escola ao 3º grau, e a não-formal como aquela exercida em diversos espaços da vida social, pelas mais variadas entidades e profissionais em contato com outros atores sociais no espaço público ou privado (LEONARDI, 1999).

A educação ambiental não-formal é realizada, na maioria das vezes, por grupos de ambientalistas, e ONGs, com uma intenção de transformar pensamentos individuais para assim transformar o ambiente em que vivemos.

Quadro1. Objetivos fundamentais da educação ambiental de acordo como Artigo 5º da Lei Nº 9.795 de 1999.

Art. 5º São objetivos fundamentais da educação ambiental:
I - o desenvolvimento de uma compreensão integrada do meio ambiente em suas múltiplas e complexas relações, envolvendo aspectos ecológicos, psicológicos, legais, políticos, sociais, econômicos, científicos, culturais e éticos;
II - a garantia de democratização das informações ambientais;
III - o estímulo e o fortalecimento de uma consciência crítica sobre a problemática ambiental e social;
IV - o incentivo à participação individual e coletiva, permanente e responsável, na preservação do equilíbrio do meio ambiente, entendendo-se a defesa da qualidade ambiental como um valor inseparável do exercício da cidadania;
V - o estímulo à cooperação entre as diversas regiões do País, em níveis micro e macrorregionais, com vistas à construção de uma sociedade ambientalmente equilibrada, fundada nos princípios da liberdade, igualdade, solidariedade, democracia, justiça social, responsabilidade e sustentabilidade;
VI - o fomento e o fortalecimento da integração com a ciência e a tecnologia;
VII - o fortalecimento da cidadania, autodeterminação dos povos e solidariedade como fundamentos para o futuro da humanidade.

Disponível em: < https://www.jusbrasil.com.br/topicos/11750603/artigo-5-da-lei-n-9795-de-27-de-abril-de-1999> Acesso em : 05 de maio de 2019

A educação ambiental pode ser aplicada em qualquer instituição, meio público ou empreendimento, através de palestras, atividades multidisciplinares, inserção em exercícios, atividades e debates. A promoção da educação ambiental deve começar na sociedade, desde a educação básica, assim os valores e a conscientização ecológica vai sendo fortificada e consolidada com o passar dos anos.

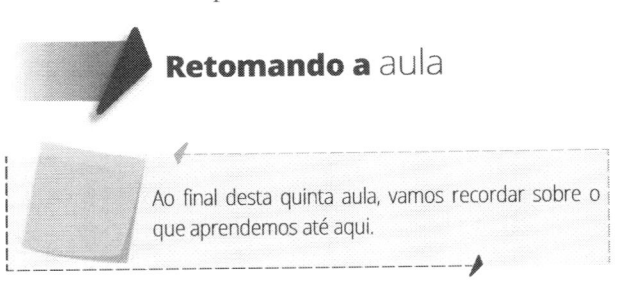

Retomando a aula

Ao final desta quinta aula, vamos recordar sobre o que aprendemos até aqui.

1 - Gestão ambiental pública

A Gestão Ambiental Pública nada mais é que o poder público gerindo o meio em que vivemos, através de legislações e ações voltadas para proteção, conservação e manejo ambiental.

Em esfera nacional, quem condiciona a Gestão Ambiental Pública é o Sistema Nacional do Meio Ambiente (SISNAMA), promulgado na Lei nº 6.938/81, abrange os órgãos e entidades da União, dos Estados, do Distrito Federal, dos territórios e dos Municípios, bem como as Fundações instituídas pelo Poder Público, responsáveis pela proteção e melhoria da qualidade ambiental.

A gestão ambiental pública envolve o setor político e a cada troca de governos pode surgir alterações em seus programas e diretrizes. É importante ressaltar que o desenvolvimento sustentável e a gestão ambiental deve ser um ponto crucial para o planejamento de governos.

2 - Agenda 21 e gestão ambiental pública

Criada na Rio 92 (Conferência das Nações Unidas sobre Meio Ambiente e Desenvolvimento Humano), a Agenda 21 é um importante instrumento da gestão ambiental pública, em esfera global, nacional ou local, auxiliando na tomada de decisões e organização da promoção do desenvolvimento sustentável.

3 - Educação ambiental

Entende-se por educação ambiental os processos por meio dos quais o indivíduo e a coletividade constroem valores sociais, conhecimentos, habilidades, atitudes e competências voltadas para a conservação do meio ambiente, bem de uso comum do povo, essencial à sadia qualidade de vida e sua sustentabilidade.

Vale a pena

Vale a pena ler,

LEI No 9.795, DE 27 DE ABRIL DE 1999. Política da Educação Ambiental – Disponível em: <http://www.planalto.gov.br/ccivil_03/leis/l9795.htm>

Diretrizes Curriculares Nacionais para a Educação Ambiental- Disponível em: <http://conferenciainfanto.mec.gov.br/images/conteudo/iv-cnijma/diretrizes.pdf>.

Identidades da Educação Ambiental Brasileira. Disponível em: <http://files.zeartur.webnode.com.br/200000044e06b4e1651/Identidades_EA_Brasileira.pdf#page=115>.

A educação e a sustentabilidade: o desafio de um paradigma e a década da educação para o desenvolvimento sustentável da Unesco (2005-2014). Disponível em: <https://periodicos.fclar.unesp.br/iberoamericana/article/view/6484>.

Curso educação ambiental / Ambientagro Soluções Ambientais. – Edição revisada e ampliada, 2017. Disponível em: https://www.sema.ce.gov.br/wp-content/uploads/sites/36/2018/11/M1-Educa%C3%A7%C3%A3o-Ambiental.pdf>.

Vale a pena **acessar**

Agenda 21 Global. Disponível em: <http://www.meioambiente.pr.gov.br/arquivos/File/agenda21/Agenda_21_Global_Integra.pdf>.

Agenda 21 Brasileira. Disponível em: < http://www.mma.gov.br/responsabilidade-socioambiental/agenda-21/agenda-21-brasileira.html>.

Agenda 21 brasileira. Disponível em: <https://www.pucsp.br/ecopolitica/projetos_fluxos/doc_principais_ecopolitica/Agenda21%20Brasil.pdf>.

Agenda 21 Local município de SP. Disponível em: <https://www.prefeitura.sp.gov.br/cidade/secretarias/meio_ambiente/publicacoes_svma/index.php?p=5254>

Minhas anotações

Minhas anotações

Aula 6º

Sistema de gestão ambiental

O Sistema de gestão ambiental tem por objetivo promover a sustentabilidade e a produção em uma forma concisa e estruturada. A ISO 14000 é a norma de padronização internacional utilizada para auxiliar as empresas nesse processo.

A única norma certificável da família ISO 14000 é a 14001, que permite a empresa ser reconhecida e diferenciada pelo seu sistema de gestão ambiental.

O SGA é guiado pelo ciclo PDCA (Plan-Do-Check-Act), que busca a melhora contínua das etapas para que assim o sistema sempre se aprimore.

Vamos aprender mais sobre o assunto?

Boa aula!

Bons estudos!

Objetivos de aprendizagem

Ao término desta aula, vocês serão capazes de:

- compreender a importância do sistema de gestão ambiental;
- conhecer a Família ISO 14000;
- saber a aplicabilidade do ciclo PDCA.

Seções de estudo

1 - Sistema de Gestão Ambiental (SGA)
2 - Família ISO 14000
3 - Plan-Do-Check-Act (PDCA)

1 - Sistema de Gestão Ambiental (SGA)

Em 1972, na Conferência das Nações Unidas sobre o Meio Ambiente, realizada em Estocolmo foi implantada a primeira medida de adoção de padrões de controle e qualidade em indústrias, elaborado com um relatório de avaliação de impactos ambientais, resultando em um controle final dos processos ("*end of the pipe*"). Neste primeiro momento, as indústrias obtiveram uma resposta reativa, limitando-se somente ao comprimento das normas quando elas fossem exigidas.

A mudança de pensamento quanto à preservação da natureza em consenso com a economia evoluiu nos anos de 1980, devido à implantação de legislações ambientais e da evolução da conscientização ecológica.

Entre os anos 80 e 90 alguns países lançaram normativas nacionais, porém para quesito de exportação havia a necessidade da criação de uma normativa internacional, estabelecendo padrões uniformes para uso de todas as nações.

Nos anos de 1990 foi desenvolvido pela *International Organization for Standardization* (ISO), uma organização internacional de padronização, a família ISO 14000, denominada Sistema de Gestão Ambiental (SGA), com o intuito de definir os procedimentos para gerenciar ou administrar uma organização em harmonia com o meio ambiente, sendo uma norma internacional, utilizada como forma de padronização de sistemas e produtos.

As primeiras normas da série ISO 14000 foram lançadas em 1996, e abordavam distintos tópicos como a rotulagem ambiental, as auditorias e a avaliação do ciclo de vida do produto.

Nos anos 2000 a família das ISOs cresceu e em 2004 o sistema 14000 constava de 25 normas, regidas pelo ciclo de melhora contínua PDCA (Plan-Do-Check-Act). Além das normativas de SGA, o conceito de unificação de controle empresarial se fortificou, incluindo o SGA dentro de um sistema de gestão integrada, contemplando outros setores da empresa.

Hoje, o Sistema de Gestão Ambiental (SGA), dentro das empresas é visto com o intuito de planejar e aperfeiçoar processos para reduzir ou prever impactos ambientais. Dessa forma, as empresas precisam ter um planejamento ambiental, prevendo os possíveis impactos e seus métodos de controle.

Para deixar mais claro, utilizemos como exemplo uma suposta produção de doce de leite, no qual a priori indaguemos algumas questões: Qual lenha a ser usada? Qual o manejo da origem dessa lenha? Como será transporte? As embalagens serão confeccionadas com que material? Essas são algumas das inúmeras perguntas a serem respondidas, no qual responder todas elas é exatamente efetivar um planejamento ambiental, e consequentemente a efetivação de um sistema de gestão ambiental (SGA) (DAL FORNO, 2017).

Assim, é nítida a importância de se ter um planejamento ambiental para desenvolver um SGA, podendo então ser conceituado como uma organização de toda uma civilização, na luta pela preservação e conservação dos recursos naturais de um território, no qual busca que os impactos negativos que inevitavelmente são gerados, sejam minimizados, e os impactos positivos sejam maximizados (SOUZA; SILVA, 2010).

O SGA está ligado à aplicação de técnicas corretivas e preventivas, visando atuar na origem do problema de uma determinada empresa. Nesse contexto, precisamos refletir sobre a importância dos profissionais envolvidos no processo, de forma que esses tenham a devida competência para tomar decisões adequadas e viáveis sobre a questão ambiental dentro das organizações (MENEGUETTI et al., 2016).

A solução para a problemática das empresas em cumprir seu papel em controlar seus impactos ambientais potenciais e reais é a implementação deste então mencionado sistema de gestão ambiental, sendo, portanto, o seu modo de concepção de atuação. Um Sistema de Gestão Ambiental (SGA) fornece a ordem e a consistência necessária para uma organização trabalhar suas preocupações ambientais, através da alocação de recursos, atribuição de responsabilidade, avaliação contínua de suas práticas, procedimentos e processos (NOGUEIRA et al., 2013).

A implementação de um SGA constitui uma ferramenta para identificar e gerenciar seus aspectos e impactos ambientais, elevando as oportunidades de melhorias que reduzam tais impactos das atividades, produtos ou serviços sobre o meio ambiente, gerando com isso novas receitas e oportunidades de negócio (ANDREOLLI, 2002).

2 - Família ISO 14000

A Série ISO 14000 é um grupo de normas que fornece ferramentas e estabelece um padrão de Sistemas de Gestão Ambiental (SGA), é por meio destes padrões que a empresa poderá sistematizar a sua gestão através de uma política ambiental que vise à melhoria contínua em relação ao meio ambiente (AMORIM, 2005).

Uma das formas de gerenciamento ambiental de maior adoção das empresas tem sido a implementação de um sistema de gestão ambiental, segundo as normas internacionais Série ISO 14000, visando à obtenção de uma certificação (NICOLELLA et al., 2004) (Quadro 1).

Quadro 1. Famílias de normas NBR ISO 14000.

ISO 14001	Sistema de Gestão Ambiental (SGA) - Especificações para implantação e guia
ISO 14004	Sistema de Gestão Ambiental - Diretrizes Gerais
ISO 14010	Guias para Auditoria Ambiental - Diretrizes Gerais
ISO 14011	Diretrizes para Auditoria Ambiental e Procedimentos para Auditorias
ISO 14012	Diretrizes para a Auditoria Ambiental - Critérios de Qualificação
ISO 14020	Rotulagem Ambiental - Princípios Básicos
ISO 14021	Rotulagem Ambiental - Termos e Definições
ISO 14022	Rotulagem Ambiental - Simbologia para Rótulos
ISO 14023	Rotulagem Ambiental - Testes de Metodologias para Verificação
ISO 14024	Rotulagem Ambiental - Guia para Certificação com Base em Análise Multicriterial
ISO 14031	Avaliação da Performace Ambiental
ISO 14032	Avaliação da Performece Ambiental dos Sistemas de Operadores
ISO 14040*	Análise do Ciclo de Vida - Princípios Gerais
ISO 14041	Análise do Ciclo de Vida - Inventário
ISO 14042	Análise do Ciclo de Vida - Análise dos Impactos
ISO 14043	Análise do Ciclo de Vida - Migração dos Impactos

Fonte: MENEGUETTI, 2012.

Para conseguir e manter o certificado ISO 14000, a empresa precisa seguir a legislação ambiental do país, treinar e qualificar os funcionários para seguirem as normas, diagnosticar os impactos ambientais que está causando e aplicar procedimentos para diminuir os danos ao meio ambiente.

A norma ISO 14001 é a única norma do conjunto ISO 14000 que certifica ambientalmente uma organização, no entanto, não exige que a organização tenha o melhor desempenho ambiental e as melhores tecnologias disponíveis, basta seguir as normas e implantar os processos indicados (RUPPENTHAL, 2014). Ainda segundo Ruppenthal (2014), a norma ISO 14004 é um guia para o estabelecimento e implementação de um Sistema de Gestão Ambiental – SGA destinado apenas ao uso interno e que não ensejam certificação.

As instituições que alcançam a certificação da ISSO 14001 dispõem de vários benefícios como: desperdício reduzido de matéria-prima, maior quantia de produtos, confiabilidade de mercado, maior credibilidade em licitações, excelentes oportunidades de negócios, maior competitividade e reduções de impactos ambientais (ANDRADE; TACHIZAWA; CARVALHO, 2000).

3 - Plan-Do-Check-Act (PDCA)

O responsável pela gestão ambiental deverá garantir que o SGA seja estabelecido, documentado, implementado e mantido de acordo com o descrito nas normas ISO 14000 (KRAEMER, 2009). O SGA é baseado na metodologia do PDCA (*Plan-Do-Check-Act*), visando à melhora contínua (Figura 1).

Figura 1. Ciclo do PDCA

Disponível em: <http://www.agenciaduplo.com.br/blog/melhoria-continua-uma-aliada-para-a-gestao/>. Acesso em: 7 abr. 2019.

O ciclo PDCA é uma metodologia para saber como se cria e avalia os processos do sistema a ponto de poder verificar onde estão centrados os problemas e falhas, verificando onde deveríamos inibir ações e melhorias, gerando uma melhoria continuidade no sistema (DAL FORNO, 2017). Cada termo do ciclo PDCA será brevemente explicado abaixo, segundo Meneguetti (2012):

1. **Planejar:** estabelecer os objetivos e processos necessários para atingir os resultados em concordância com a política ambiental da organização.
2. **Executar:** implementar os processos.
3. **Verificar:** monitorar e medir os processos em conformidade com a política ambiental, objetivos, metas, requisitos legais e outros, e relatar os resultados.

4. **Agir:** agir para continuamente melhorar o desempenho do sistema de gestão ambiental.

A aplicação desse ciclo nos componentes principais do SGA, pela ISO 14.001, se resume seguindo a própria norma ABNT NBR ISO 14001:2004 e Kraemer (2009), nas seguintes etapas (Figura 2):

Figura 2. Representação do Sistema de Gestão Ambiental segundo a ISO 14001

Fonte: MENEGUETTI et al., 2016.

1. Política Ambiental – é a posição adotada por uma organização referente ao ambiente, ou seja, é o ponto de partida para a implementação e aprimoramento do SGA de uma organização, permitindo a expressão de suas intenções a respeito do tratamento das questões ambientais que lhe digam ou possam lhe dizer respeito. A política deve refletir o comprometimento, do nível hierárquico mais alto da organização, de estar em conformidade com requisitos legais aplicáveis e outros requisitos, com a prevenção de poluição e com a melhoria contínua do desempenho ambiental. A elaboração e definição dessa política é o primeiro passo na implementação de um SGA, traduzindo-se em uma espécie de comprometimento da organização para com as questões do ambiente, buscando uma melhoria contínua dos aspectos ambientais.

2. Planejamento – A Série ISO 14001 recomenda que a organização formule um plano para cumprir sua Política Ambiental. Este plano deve incluir os seguintes tópicos: aspectos ambientais; requisitos legais e outros requisitos; objetivos e metas; e programas de gestão ambiental. Abaixo, veremos a abordagem de Nicolella (2004). Cada tópico desta etapa está esclarecido a seguir:

Aspectos ambientais

Aspecto ambiental é definido, pela NBR ISO 14001, como elemento das atividades, produtos e serviços de uma organização, que possam interagir com o meio ambiente. O aspecto pode estar relacionado a uma máquina ou equipamento, assim como, a uma atividade executada por ela ou por alguém que produza ou apresente a possibilidade de produzir algum efeito sobre o meio ambiente (NICOLELLA, 2004).

O objetivo desse item da norma é fazer com que a empresa identifique todos os impactos ambientais significativos, reais e potenciais, relacionados com suas atividades, produtos e serviços, para que possa controlar os aspectos sob sua responsabilidade (MEYSTRE, 2003). Aspecto ambiental significa em outras palavras a causa dos danos ambientais, e o impacto é o resultado, ou seja, seus efeitos ambientais, positivos ou negativos (REIS; QUEIROZ, 2002) (Figura 3).

Figura 3. Exemplo da diferença entre aspecto e impacto ambiental.

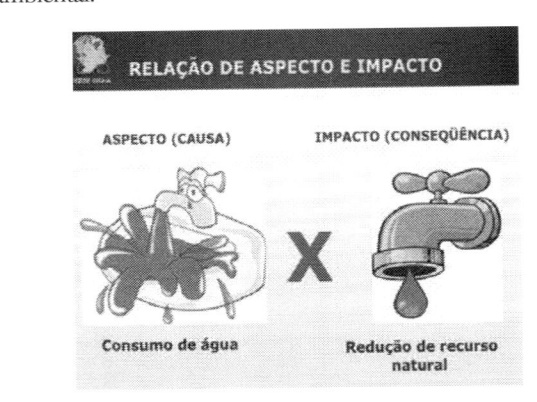

Disponível em: <https://pt.slideshare.net/Verde-Ghaia/aspectos-e-impactos-9905762>. Acesso em: 7 abr.2019.

Nesta fase, o emprego da ACV (*Life Cycle Assessment* – LCA, Análise do Ciclo de Vida) é um método utilizado para avaliar o impacto ambiental de bens e serviços (Figura 4). A ACV do produto é a história do produto, desde a fase de extração das matérias-primas, passando pela fase de produção, distribuição, consumo, uso e até a sua transformação em lixo ou resíduo (MENEGUETTI et al., 2016).

Figura 4. Análise do Ciclo de Vida

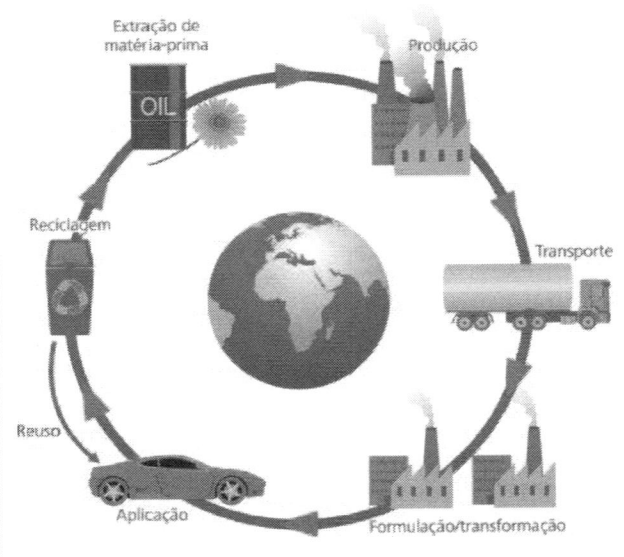

Fonte: MENEGUETTI et al., 2016.

Requisitos legais e outros requisitos

Os requisitos definidos pela política ambiental da empresa colocam com clareza os comprometimentos, destacando-se o atendimento à legislação, normas ambientais aplicáveis e outros requisitos ambientais (NICOLELLA, 2004).

Objetivos e metas

Os objetivos e metas devem refletir os aspectos e impactos ambientais significativos e relevantes visando o desdobramento em metas e objetivos ambientais a serem alcançados operacionalmente por setores específicos da empresa, com responsabilização definida (NICOLELLA, 2004).

Programas de Gestão Ambiental

O Programa de Gestão Ambiental deve ser entendido pela empresa como sendo um roteiro para implantar e manter um sistema de gestão ambiental que permita alcançar os objetivos e metas, previamente definidos. O programa de gestão ambiental deve conter um cronograma de execução, que permita comparação entre o realizado e o pré-aviso, recursos financeiros alocados às atividades e definição de responsabilidades e prazos de cumprimento dos objetivos e metas (NICOLELLA, 2004).

3. Implementação – regras, responsabilidades e autoridades devem estar definidas, documentadas e comunicadas a todos, de modo a garantir a sua aplicação.

4. Verificação e ações corretivas (Quadro 2) – a organização deve definir, estabelecer e manter procedimentos de controle e medida das características-chave dos seus processos que possam ter impacto sobre o ambiente; assim, também, a responsabilidade pela análise de não conformidades e implementação de ações corretivas e preventivas deve estar devidamente documentada, bem como todas as alterações daí resultantes; todos os registros ambientais, incluindo os relacionados às formações e auditorias, devem estar identificáveis e acessíveis.

Quadro 2. Fases da Ação Corretiva

Fases da Verificação e ação corretiva	Detalhamento	Base Conceitual
Monitoramento e medição	fase em que se elaboram procedimentos e a documentação de todos os processos e atividades que possam vir a causar impactos significativos ao meio ambiente. É a análise do desempenho ambiental a partir de normas e medidas de controle ambiental, monitoramento, fiscalização e adoção de ações de controle	Afonso (2006)
Avaliação do atendimento a requisitos legais e outros	Atendimento da legislação ambiental vigente relativa à organização	Cajazeira (1998)
Não conformidade, ação corretiva e ação preventiva	medidas que visam corrigir e prevenir quaisquer impactos danosos ao meio ambiente, bem como assegurar que sejam efetuadas as mudanças e correções necessárias. Ações corretivas previnem a reincidência de não-conformidades, já as ações preventivas promovem melhorias potenciais, a partir da eliminação das causas dessas não-conformidades	Cajazeira (1998)
Controle de registros	dados referentes ao desempenho ambiental da empresa, como identificação, manutenção e descarte de registros ambientais e os resultados das auditorias	Dias et al. (2003)
Auditoria interna	é um instrumento de gestão ambiental que avalia a eficácia das ações de controle, visando o comprometimento gerencial e a melhoria contínua do SGA. Deve ser realizada periodicamente, de forma objetiva e imparcial, primando pela credibilidade e padronização de procedimentos	Almeida (2002) Andrade et al. (2002) Tinoco e Kraemer (2004)

Fonte: SOUZA, 2010.

5. Revisão – cabe à direção, com uma frequência definida por ela própria, rever o SGA e avaliar a adequabilidade e eficácia do mesmo, em um processo que deverá ser devidamente documentado.

Em 2015, a ISO 14001 passou por revisão, no qual espera-se atender as mais recentes tendências sustentáveis mundiais de forma mais compatível a realidade de todos, evitando e/ou diminuindo que alguém saia em desvantagem para sua aplicação. Segundo a ISO (2015), as principais alterações da ISO 14001/2004 estão relacionadas aos seguintes aspectos (MENEGUETTI et al., 2016):

- Maior destaque da gestão ambiental dentro dos processos de planejamento estratégico das organizações;
- Maior foco na liderança;
- Inclusão de iniciativas proativas para proteger o meio ambiente de danos e degradações, tais como o uso sustentável dos recursos e a mitigação das mudanças climáticas;
- Melhora da performance ambiental;
- Pensar no Ciclo de Vida, considerando os aspectos ambientais;
- Adição de estratégias de comunicação.

Para saber se a questão ambiental está sendo bem gerenciada nos negócios é preciso realizar a medição do desempenho ambiental do sistema de gestão ambiental implementado pelas organizações, basicamente trata-se de mensurar os resultados encontrados com a gestão da organização (ABNT NBR ISO 14001:2004).

Dessa forma, deve-se elencar uma série de fatores que interagem entre si permitindo uma rápida visualização do comportamento e impacto dos indicadores ambientais em um índice que representa o desempenho ambiental. No contexto de sistemas da gestão ambiental, os resultados podem ser medidos com base na política ambiental, objetivos ambientais e metas ambientais da organização e outros requisitos de desempenho ambiental.

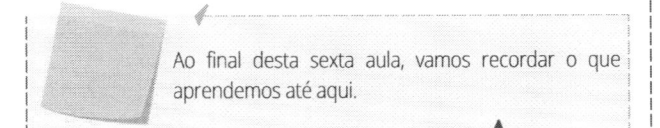

Retomando a aula

Ao final desta sexta aula, vamos recordar o que aprendemos até aqui.

1 - Sistema de Gestão Ambiental (SGA)

O SGA está ligado à aplicação de técnicas corretivas e preventivas, visando atuar na origem do problema de uma determinada empresa. A implementação de um SGA constitui uma ferramenta para identificar e gerenciar seus aspectos e impactos ambientais, elevando as oportunidades de melhorias que reduzam tais impactos das atividades, produtos ou serviços sobre o meio ambiente, gerando com isso novas receitas e oportunidades de negócio.

2 - Família ISO 14000

A Série ISO 14000 é um grupo de normas que fornece ferramentas e estabelece um padrão de Sistemas de Gestão Ambiental (SGA), é por meio destes padrões que a empresa poderá sistematizar a sua gestão através de uma política ambiental que vise à melhoria contínua em relação ao meio ambiente. A norma ISO 14001 é a única norma do conjunto ISO 14000 que certifica ambientalmente uma organização, no entanto, não exige que a organização tenha o melhor desempenho ambiental e as melhores tecnologias disponíveis, basta seguir as normas e implantar os processos indicados.

3 - Plan-Do-Check-Act (PDCA)

O SGA é baseado na metodologia do PDCA (Plan-Do-Check-Act), visando a melhora contínua. Cada termo do ciclo PDCA é:

1. **Planejar:** estabelecer os objetivos e processos necessários para atingir os resultados em concordância com a política ambiental da organização.
2. **Executar:** implementar os processos.
3. **Verificar:** monitorar e medir os processos em conformidade com a política ambiental, objetivos, metas, requisitos legais e outros, e relatar os resultados.
4. **Agir:** agir para continuamente melhorar o desempenho do sistema de gestão ambiental.

Vale a pena

Vale a pena ler

O sistema ISO e a Certificação Ambiental. Disponível em: <http://www.scielo.br/pdf/rae/v35n6/a07v35n6.pdf>

Gestão ambiental e mudanças da estrutura organizacional. Disponível em: <http://www.scielo.br/pdf/raeel/v2n2/v2n2a06>

Vale a pena assistir

Sistema de Gestão Ambiental nas Empresas. Disponível em: <https://www.youtube.com/watch?v=90jxPVLQanw>.

Minhas anotações

Aula 7º

Sistema de gestão integrada

O Sistema de Gestão Integrada (SGI) tem por objetivo correlacionar processos antes vistos de forma separada.

A ISO 14001 (Sistema de Gestão do Meio Ambiente), 9001 (Sistema de Gestão da Qualidade) e 45001 (Sistemas de Gestão de Segurança e Saúde Ocupacional), fazem parte do SGI, ambas possuem a mesma estrutura, gerando a facilidade da integração ao realizar a certificação.

As auditorias ambientais têm função importante dentro de organizações, pois elas avaliam os processos do SGA, garantindo assim a proteção aos recursos naturais. Vamos aprender mais sobre o assunto? Boa aula!

Bons estudos!

Objetivos de aprendizagem

Ao término desta aula, vocês serão capazes de:

- conhecer a conceituação de Sistema de Gestão Integrada (SGI);
- saber quais as normativas que compõe a SGI;
- compreender a aplicabilidade e a importância das auditorias ambientais.

Seções de estudo

1 - Sistema de Gestão Integrada (SGI)
2 - Normativas SGI
3 - Auditoria Ambiental

1 - Sistema de Gestão Integrada (SGI)

Um sistema pode ser classificado como um conjunto de elementos interdependentes, de modo a formar um todo organizado. Podemos definir o Sistema de Gestão Integrada (SGI) como um conjunto de processos inter-relacionados que tem por objetivo atender requisitos de maneira simultânea. O cumprimento dos requisitos preestabelecidos deve agir em todos os processos.

O SGI busca a harmonização de normativas para que elas atuem em conjunto, atendendo os requisitos para a certificação da empresa. A figura 1 relata o conceito de sistema de gestão integrada, com a junção dos componentes básicos:
- Sistema de gestão do meio ambiente
- Sistema de gestão da qualidade
- Sistemas de gestão de segurança e saúde ocupacional

Podemos afirmar que um sistema utilizando método integrado atinge resultados produtivos e satisfatórios, pois realiza com qualidade a prestação de serviços, respeitando o meio ambiente através do controle de impactos ambientais, atendendo as legislações e cumprindo as necessidades básicas de segurança e saúde de seus funcionários.

Figura 1: Concepção conceitual de um sistema integrado.

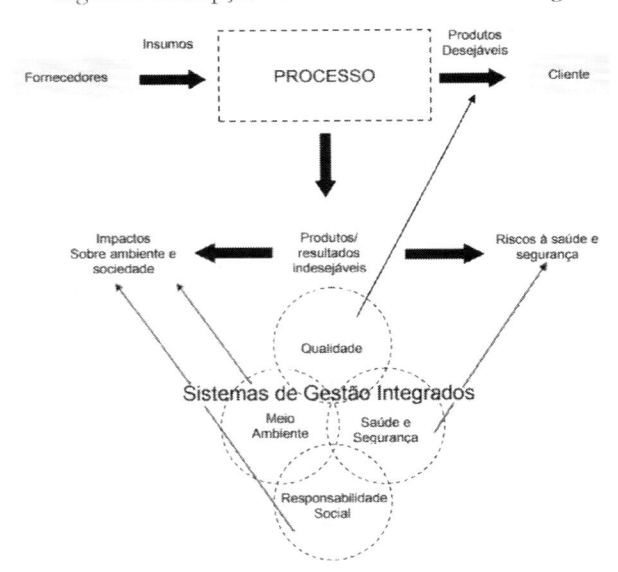

Fonte: Neto, Tavares e Hoffmann (2008).

Os requisitos que envolvem a certificação são oriundos de distintas áreas que possuem uma ligação entre elas, como os seguintes requisitos: legais (leis ambientais, previdenciárias, de saúde e segurança), de clientes, de produtos e serviços, de eficiência, de trabalhadores e de partes interessadas.

É requisito comum das normativas do SGI, a competência e qualificação dos profissionais, a comunicação interna e externa, o controle de documentos e registros, o monitoramento e medição de procedimentos, as ações corretivas, análise crítica da direção e auditorias internas.

A primeira ISO certificadora referente ao SGI foi desenvolvida em 1994, a ISO 9001, de Sistema de Gestão de Qualidade, com o objetivo de otimização de processos, tornando-os mais ágeis a fim de obter maior lucratividade e elevar a qualidade do produto. A ISO 9001 foi revisada nos anos 2000, 2008 e em 2015.

A ISO 14001 foi lançada em 1996 com o intuito da promoção do Sistema de Gestão Ambiental nas empresas, essa norma foi revisada nos anos de 2004 e 2015.

A revisão das normas ocorre principalmente para obtenção da padronização entre elas, melhorando o potencial de integração.

A integração dos sistemas pode trazer diversos benefícios para empresa, como a diminuição de custos e melhoria da qualidade do produto, facilidade para obtenção das certificações, auxílio na elaboração de metodologias inovadoras envolvendo diversos aspectos, potencializa a eficácia do atendimento aos requisitos, diminuição de acidentes de trabalho, conquistas de novos mercados, entre outros.

Da mesma forma que o Sistema de Gestão Ambiental (SGA), o SGI também segue o ciclo PDCA de melhora contínua, visando sempre à otimização dos processos operacionais. A figura 2, demonstra a aplicabilidade do ciclo PDCA no SGI.

Figura 2. Ciclo PDCA.

Disponível em:< http://www.reframax.com.br/portal/nossa-empresa/qualidade/>. Acesso em: 15 abr. 2019.

Para realizar a implantação do SGI é necessário proceder de determinadas etapas, podendo haver variação entre as etapas:

1. Direção estruturada: a direção da empresa deve estabelecer metas e objetivos, ela é responsável pelo planejamento, execução e monitoramento de atividades, estabelecendo funções para os empregados e garantindo a execução do ciclo PDCA.
2. Planejamento: realizar o planejamento estratégico organizacional, alinhado as normativas do SGI. Deve ser definida as metas e objetivos observando

todos os aspectos operacionais.
3. Mapeamento: analisa a área de abrangência do SGI, estudando a qualidade das operações e as possíveis mudanças e melhorias. As informações devem ser mapeadas, a fim de identificar e estabelecer as etapas mais críticas de uma atividade, definindo, assim, suas entradas e saídas.
4. Implantação das normativas: aplicar os processos desenvolvidos no planejamento e mapeamento de acordo com as normativas.
5. Processos operacionais: garantir através de treinamento, capacitação e monitoramento que os processos operacionais estejam dentro das diretrizes estabelecidas pela normativa, e por fim ter um produto de acordo com as especificações esperadas.
6. Implantação: realização das atividades que estão inseridas no Sistema de Gestão Ambiental e no Sistema de Gestão de Segurança e Saúde Ocupacional.
7. Auditoria interna: são realizadas de forma periódica para verificação e adequação dos processos, com o intuído de garantir que os mesmos estejam de acordo com as normativas.
8. Ações corretivas: com a auditoria interna são encontradas falhas no sistema, assim os gestores necessitam realizar um plano de ações corretivas para solucionar as falhas encontradas.
9. Auditoria externa: a auditoria externa é realizada pelo órgão certificador com o intuito de analisar e verificar a eficácia do sistema implantado pela empresa. O auditor irá observar todos os itens da normativa e se a empresa estiver em conformidade ela obtém a certificação.
10. Manutenção da certificação: todos os processos de 1 a 9 se repetem no intuito de manter a certificação. Cada certificação tem um prazo de validade diferente, e o gestor deve ter o controle dos processos para os mesmos sempre estarem em andamento com as normas.

2 - Normativas SGI

As normas ISO do Sistema de Gestão Integrada, em 2012, sofreram alterações para se adequarem entre si. O sistema ISO padronizou o SGI através do Anexo SL, que nada mais é que uma estrutura implantada para facilitar a integração, aplicabilidade e conformidade entre as ISO.

Assim seguindo a nova metodologia, as ISO 14001 (Sistema de Gestão do Meio Ambiente), 9001 (Sistema de Gestão da Qualidade) e 45001 (Sistemas de Gestão de Segurança e Saúde Ocupacional) possuem a mesma estrutura, gerando a facilidade da integração ao realizar a certificação.

A Estrutura do Anexo SL é organizada da seguinte forma:
- Escopo
- Referências Normativas
- Termos e definições (comuns)
- Contexto da Organização
- Liderança
- Planejamento
- Apoio/ Suporte
- Operação
- Avaliação de Desempenho
- Melhoria

Figura 3. Família ISO.

Disponível em: <http://www.wan-ifra.org/articles/2019/04/12/iso-12647-3-iso-9001-iso-14001-iso-45001-certifications>. Acesso em: 10 abr. 2019.

Para certificação do Sistema de Gestão Integrada de uma empresa, ela precisa contemplar o conjunto de: ISO 9001, ISO 14001 e ISO 45001, como ilustrado na figura 3.

Até o ano de 2018, a certificação voltada para o Sistema de Gestão de Segurança e Saúde Ocupacional era a OHSAS 18001 (Occupational Health ans Safety Assessments Series oficialmente publicada pela BSI – British Standards Institution), uma norma que visa proteger e assegurar que os colaboradores de uma organização tenham um ambiente de trabalho saudável e seguro.

A norma OHSAS 18001 foi substituída pela ISO 45001, devido às outras normativas do SGI serem da série ISO e gerarem uma facilidade no processo de certificação com a inserção do Anexo SL, assim surgiu a necessidade de renovação da norma OHSAS 18001.

As organizações já certificadas na OHSAS 18001 terão o prazo de três anos a partir da data de sua publicação da ISO 45001 (12 de Março de 2018) para realizar esta transição entre as certificações. Caso a empresa não possua a OHSAS 18001, ela pode requerer de forma direta a ISO 45001, sem nenhuma restrição.

Figura 4. Sistema de Gestão Integrada até 2018.

Fonte: <http://avance-engenharia.com.br/site/noticias/auditoria-do-sgi-sistema-de-gestao-integrada/>. Acesso em: 02 mar. 2019.

O Sistema de Gestão Integrada contempla um conjunto de ISO certificáveis, que se aplicadas geram a qualidade do produto, o bem-estar do funcionário da empresa, e por fim a conservação dos recursos naturais.

ISO 9001:2015- Sistema de Gestão da Qualidade.

É uma norma de padronização para um determinado serviço ou produto. Essa norma faz parte do conjunto de normas designada ISO 9000 e pode ser implementada por organizações de qualquer tamanho, independentemente da sua área de atividade.

ISO 45001:2018 - Sistemas de gestão de segurança e saúde ocupacional.

O documento fornece um conjunto robusto e efetivo de processos para melhorar a segurança do trabalho nas cadeias de suprimentos globais. Projetado para ajudar organizações de todos os tamanhos e indústrias, espera-se que a nova norma internacional reduza lesões e doenças no local de trabalho em todo o mundo.

ISO 14001:2015 - Sistema de Gestão Ambiental.

A normativa especifica os requisitos de um Sistema de Gestão Ambiental e permite a uma organização desenvolver uma estrutura para a proteção do meio ambiente e rápida resposta às mudanças das condições ambientais. A norma leva em conta aspectos ambientais influenciados pela organização e outros passíveis de serem controlados por ela.

3 - Auditoria Ambiental

No contexto de Sistemas da Gestão Ambiental, os resultados podem ser medidos com base na política ambiental, objetivos ambientais e metas ambientais da organização e outros requisitos de desempenho ambiental. E de modo geral, um ótimo instrumento para avaliar o desempenho ambiental de uma empresa é a auditoria ambiental, que está presente como elementos essenciais na fase de Verificações e Ações Corretivas no SGA (CURI, 2011).

A Auditoria Ambiental surgiu nos Estados Unidos no final da década de 70, com a finalidade de verificar o cumprimento da legislação. Segundo Campos e Lerípio (2009) a auditoria ambiental é um esforço relativamente recente, ainda em desenvolvimento, no sentido de determinar se uma organização está em concordância com requerimentos legais e/ou políticas e padrões internos.

Segundo Ruppenthal (2014), a auditoria ambiental permite realizar a avaliação sobre o desempenho dos equipamentos instalados, visando a fiscalizar e limitar o impacto de suas atividades sobre o meio ambiente. Deve ser independente, sistemática, periódica, documentada e objetiva. É realizada por uma equipe multidisciplinar de auditores especializados nos campos contábil, financeiro, econômico e ambiental.

A auditoria ambiental almeja expor como está a situação da empresa para fornecer um diagnóstico atual no que diz respeito à poluição do ar, águas e resíduos sólidos, buscando sempre a melhoria ambiental contínua, além de servir como fiscalização das atividades com relação ao atendimento da legislação ambiental aplicável, concessão de licenças, verificação do cumprimento aos condicionantes do processo de licenciamento, quantificação e qualificação de danos, atendimento a demandas e cronogramas de fiscalização estabelecidos por lei, além de apuração de denúncias (CAMPOS & LERÍPIO, 2009).

Barbieri (2007) mostra sete modelos de auditorias ambientais para a aplicação do gestor ambiental, aplicáveis a qualquer empreendimento (Figura 9).

Figura 9. Representação do Sistema de Gestão Ambiental segundo a ISO 14001.

Fonte: MENEGUETTI et al., 2016.

Curi (2011) descreve os sete tipos de auditorias da seguinte forma:

Auditoria de Conformidade: Verificar o grau de conformidade com a legislação ambiental. Sua função se limita a verificar o status das licenças ambientais e avaliar se as atividades da empresa operam dentro dos limites da lei, atendendo às normas municipais, estaduais e federais que regulam o setor.

Auditoria de Desempenho Ambiental: tem por finalidade verificar o impacto do empreendimento sobre o meio ambiente, por meio de medidas da poluição e do consumo de matéria-prima, água e energia, por exemplo. O desempenho ambiental é comparado com as metas exigidas pelas leis, como também com os objetivos e metas estipulados na política ambiental da organização.

Auditoria *due dilligence*: é utilizada em situações de fusão, cisão, compra ou venda. Verificação das responsabilidades de uma empresa perante acionistas, credores, fornecedores, clientes, governos e outras partes interessadas.

Auditoria de Desperdícios e Emissões: é utilizada para medir os efeitos negativos dos negócios, contribuindo para a implantação de melhorias. Um exemplo é a sugestão de substituição de recursos menos poluentes.

Auditoria Pós-acidente: Verifica as causas do acidente e identifica as responsabilidades e avaliar os danos. É importante para conter os danos e corrigir os instrumentos do SGA da organização.

Auditoria de Fornecedores: responsável pela investigação dos aspectos ambientais dos produtos e serviços adquiridos pela empresa. É uma auditoria útil na hora de escolher ou renovar o contrato de um fornecedor, ajudando a vincular a organização a parceiros ecologicamente mais corretos.

Auditora do SGA: ajuda a avaliar o desempenho do SGA, verificando se está em conformidade com os requisitos e a política ambiental, verificando se a empresa é passível de ser certificada ou não.

Existem ainda as auditorias externas e as internas. A auditoria interna é também chamada de auditoria de primeira parte e é conduzida pela própria organização, ou por outros em seu nome Já a auditoria externa, e é segregada em auditoria de segunda parte e de terceira parte, sendo respectivamente, auditoria conduzida por um cliente em seu fornecedor e a auditoria conduzida por organização externa independente (exemplo: órgão INMETRO) (BARBIERI, 2016).

As auditorias são realizadas por pessoal qualificado, no qual há todo um processo, em que em resumo pode ser ordenado como: análise de documentos, registros e informações obtidas por meio de entrevistas, realização de observações in loco, organização de reuniões de trabalho, processo de medições, ensaios e testes (BARBIERI, 2016). De forma mais detalhada, o processo de auditoria ambiental está exemplificado em forma e fluxograma na Figura 10.

Figura 10. Representação do Sistema de Gestão Ambiental segundo a ISO 14001.

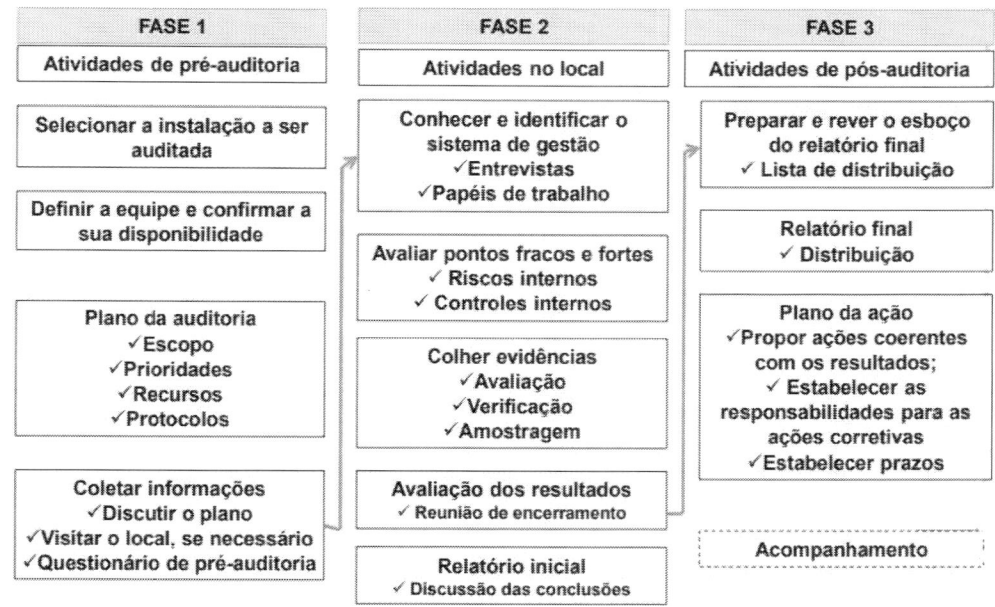

Fonte: BARBIERI, 2016.

Retomando a aula

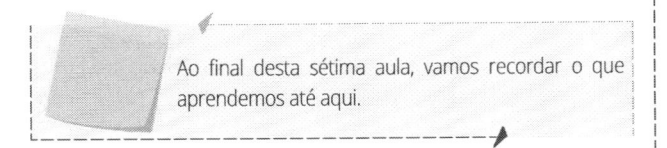

> Ao final desta sétima aula, vamos recordar o que aprendemos até aqui.

1 - Sistema de Gestão Integrada (SGI)

Podemos falar que um sistema utilizando método integrado atinge resultados produtivos e satisfatórios, pois realiza com qualidade a prestação de serviços, respeitando o meio ambiente através do controle de impactos ambientais, atendendo as legislações e cumprindo as necessidades básicas de segurança e saúde de seus funcionários. Para realizar a implantação do SGI é necessário proceder de determinadas etapas, podendo haver variação entre elas.

2 - Normativas SGI

ISO 9001:2015 - Sistema de Gestão da Qualidade.
É uma norma de padronização para um determinado serviço ou produto. Esta norma faz parte do conjunto de normas designada ISO 9000 e pode ser implementada por organizações de qualquer tamanho, independentemente da sua área de atividade.

ISO 45001:2018 - Sistemas de gestão de segurança e saúde ocupacional.
O documento fornece um conjunto robusto e efetivo de processos para melhorar a segurança do trabalho nas cadeias de suprimentos globais. Projetado para ajudar organizações de todos os tamanhos e indústrias, espera-se que a nova norma internacional reduza lesões e doenças no local de trabalho em todo o mundo.

ISO 14001:2015 - Sistema de Gestão Ambiental.
A normativa especifica os requisitos de um Sistema de Gestão Ambiental e permite a uma organização desenvolver uma estrutura para a proteção do meio ambiente e rápida resposta às mudanças das condições ambientais. A norma leva em conta aspectos ambientais influenciados pela organização e outros passíveis de serem controlados por ela.

3 - Auditoria Ambiental

A auditoria ambiental permite realizar a avaliação sobre o desempenho dos equipamentos instalados, visando a fiscalizar e limitar o impacto de suas atividades sobre o meio ambiente. Deve ser independente, sistemática, periódica, documentada e objetiva. É realizada por uma equipe multidisciplinar de auditores especializados nos campos contábil, financeiro, econômico e ambiental.

Vale a pena

Vale a pena ler,

Diagnóstico da integração dos sistemas de gestão ISO 9001, ISO 14001 e OHSAS 18001. Disponível em: <http://www.scielo.br/pdf/prod/2015nahead/0103-6513-prod-004811.pdf>

Etapas necessárias para a implantação de um sistema de gestão integrado. Disponível em:<https://periodicos.ufsm.br/reaufsm/article/view/6286>

Sistema de gestão integrada como estratégia para a sustentabilidade organizacional. Disponível em: <www.uel.br/revistas/uel/index.php/ros/article/download/25951/20921>

Minhas anotações

Aula 8º

Certificação ambiental

A certificação ambiental possui diversos benefícios, permitindo ao consumidor diferenciar produtos ambientalmente corretos, e o empresário, atribuindo valor agregado ao seu produto, possuindo acesso a créditos de bancos nacionais e internacionais, conquistando os mais distintos mercados, aumentando a eficiência na sua produção, entre outros.

É importante conhecermos e diferenciarmos os tipos de selos ambientais. Devemos saber suas funções e características para obtermos um selo verde. Dessa forma, temos que seguir determinados procedimentos, de acordo com a certificação requerida para obtermos os selos.

Vamos aprender um pouco mais sobre o assunto?

Bons estudos!

Objetivos de aprendizagem

Ao término desta aula, vocês serão capazes de:

- compreender a importância da certificação ambiental;
- conhecer os tipos de selos e rótulos ambientais;
- saber como é realizado o processo para obtenção de certificações ambientais.

Seções de estudo

1 - Certificação ambiental
2 - Classificação da rotulagem ambiental
3 - Obtenção da certificação

1 - Certificação ambiental

A Certificação Ambiental surgiu pela necessidade de diferenciar os produtos que apresentavam um desempenho ambiental adequado, considerando sua utilização pelo consumidor e todos os aspectos ambientais durante a produção. Com o tempo, o processo de produção, desde a matéria-prima até a disposição de resíduos, começou a ser o principal fator para a obtenção da Certificação Ambiental (BITAR & ORTEGA, 1998).

Os certificados ambientais, também conhecidos como selos verdes, constituem de normas e procedimentos para obtenção de uma gestão ambiental eficiente.

A primeira normativa relacionada à gestão ambiental foi a BS 7750, que surgiu na Grã-Bretanha em 1972, por iniciativa do British Standards Institute e após foi seguida por outros países europeus.

O primeiro selo verde que surgiu foi na Alemanha em 1978, o selo foi denominado de Blue Angel (Anjo Azul), e tinha como finalidade diferenciar produtos que não agredissem o meio ambiente.

O Anjo Azul leva em conta uma análise no ciclo de vida do produto, considerando uma comparação com os produtos similares no mercado. O selo ainda considera todos os aspectos de proteção e impactos ambientais. Nos dias atuais, o Anjo Azul está presente em mais de 80 categorias de produtos, como produtos de limpeza, babás eletrônicas e impressoras.

Figura 1. Selo Anjo Azul.

Disponível em: <https://www.dw.com/pt-br/um-anjo-a-servi%C3%A7o-do-meio-ambiente/a-885979> Acesso em: 3 abr. 2019.

Até o início dos anos 90, os selos ambientais ainda não tinham uma importante relevância devido à dificuldade de um processo eficiente de controle e fiscalização. Nessa época, algumas normativas se fortificaram, auxiliando na regulamentação técnica de alguns produtos. No ano de 1993 foi adotada pela União Europeia um regulamento direcionado ao sistema de gestão ambiental, o Eco Management and Audit Scheme (EMAS).

Ainda em 1993, a ISO desenvolveu o TC-207, um comitê técnico com o intuito de desenvolver normas internacionais sobre um amplo conjunto de aspectos relacionados com a gestão ambiental. O TC-207 foi composto por 30 países, entre eles o Brasil.

Em consequência da TC-207, foi publicada em 1996 a ISO 14001, uma norma certificável que regulamente o sistema de gestão ambiental de empresas, amplamente utilizada em âmbito mundial.

A primeira empresa obter a certificação ambiental no Brasil foi a Bahia Sul Celulose S.A, em 1996. Em 1997 mais de 30 empresas brasileiras obtiveram a certificação, enquanto na Europa havia mais de 3000 empresas certificadas.

A certificação busca a efetividade ambiental com eficiência e eficácia econômica, e tem os objetivos de:

- Diferenciar os produtos produzidos de maneira ambientalmente correta.
- Estimular a produção de produtos com um ciclo de vida limpo, e a melhora contínua.
- Orientar o consumidor sobre os produtos que tenha menor risco a impactos ambientais negativos.
- Estimular o consumo sustentável e a consciência ecológica.

A certificação ambiental nos dias atuais é visada pelas empresas, e atribui vários benefícios aos empresários como melhora a imagem do produto, atribuição de valor agregado, possuir acesso a créditos de bancos nacionais e internacionais, conquistar os mais distintos mercados, aumentar a eficiência na sua produção, entre outros.

Consolidar a imagem de empresa séria, que tem responsabilidade ambiental e se preocupa com seus impactos na natureza e se estabelecer como referência no mercado são apenas alguns dos benefícios que ter um selo sustentável pode oferecer ao empreendimento. Conseguir essa certificação também pode:

- abrir as portas do seu negócio para grandes empresas que priorizam a compra de materiais e produtos de empresas sustentáveis;
- diminuir desperdícios e melhorar seus processos internos;
- melhorar o relacionamento da sua empresa com a comunidade local;
- dar acesso a linhas de crédito privilegiadas em vários bancos que oferecem vantagens a empresas sustentáveis, como o BNDES, BNB, Sudene, Itaú, entre vários outros;
- sinalizar comprometimento com os acionistas e fornecedores da empresa através do selo ISE (Índice de Sustentabilidade Empresarial) na bolsa de valores;
- e permitir que a sua empresa exporte seus produtos (no caso do selo ISO 14001).

Disponível em:< http://onirabr.com/blog/conheca-os-beneficios-de-usar-o-selo-verde-para-as-empresas/>. Acesso em: 4 abr.2019.

2 - Classificação da rotulagem ambiental

Devido aos benefícios, muitas empresas usam rótulos ambientais nos quais não possuem nenhuma fiscalização, não podendo ser considerados verídicos, para isso precisamos conhecer os selos verdes certificados. Em relação à rotulagem ambiental podemos classificar em três tipos.

Rotulagem Tipo I – Programas de Selo Verde;
Rotulagem Tipo II – Autodeclarações ambientais;
Rotulagem Tipo III – Inclui avaliações de Ciclo de Vida.

Rotulagem Ambiental Tipo I:

O selo tipo I é aquele que possui a certificação ambiental sujeitas a testes, provas e auditorias ambientais. O selo Tipo I pode ser concedida tanto para empresas que geram produtos (indústrias em geral), como para prestadoras de serviços (consultorias, comércio, etc).

Existem vários selos verdes para vários tipos de atividades e produtos, o selo tipo I é o mais confiável e o que atribui os benefícios às empresas, de acordo com a certificação requerida. Na seção de estudo 3, veremos como requeremos a obtenção da rotulagem tipo I.

Figura 2. Exemplos de Selos Tipo I.

U.S. Green Building Council LEED GOLD 2012	LEED (Leadership in Energy and Environmental Design) – Internacional - Focado no ramo de edificações.
Programa Brasileiro GHG Protocol	Foco na poluição atmosférica e mudanças climáticas - Internacional - contabilização das emissões de gases de efeito estufa (GEE).
Qualidade ABNT Ambiental	Rótulo Ecológico ABNT - Internacional - regulamentação de rótulos de acordo com a NBR ISO 14024.
RG MAT	RGMAT- avaliar o desempenho ambiental de materiais, especialmente para a construção civil.
FSC	FSC (Forest Stewardship Council) focada em produtos madeireiros e não madeireiros originados de bom manejo florestal.

Fonte: Elaborado pelo Autor.

Rotulagem ambiental Tipo II:

Os selos tipo II nada mais são que autodeclarações dadas pelos produtores aos seus próprios produtos. Não existe fiscalização ou auditoria para verificação da autenticidade desse selo, assim nada assegura que ele seja confiável. Para o produtor é visto como uma forma de informar o consumidor de alguns conceitos ambientalmente corretos que ele utiliza, ganhando assim alguns clientes em potencial. O selo tipo II não necessariamente é expresso por imagem, muitas vezes somente vem escrito no rótulo do produto, como nos exemplos a seguir:

- 100% Orgânico;
- Compostável;
- Conserva Água;
- Com refil;
- Produto sustentável;
- Não contém aerossol;
- Sem uso de recursos naturais não renováveis, entre outros.

Figura 3. Exemplos de Selos Tipo II.

| Alumínio Reciclável | Longa Vida Reciclável | Embalagem Reciclável |

Disponível em: <http://embalagemsustentavel.com.br/tag/rotulagem-ambiental/page/3/>. Adaptado pelo Autor. Acesso em: 5 abr.2019.

De acordo com a Associação Brasileira de Embalagem (ABRE), existem algumas informações mínimas necessárias para tornar a autodeclaração verificável:

- Identificação da norma ou método utilizado;

Obs.: o método deve seguir uma norma internacional reconhecida, que tenha aceitação internacional, ou um método da indústria/comércio revisado entre pares.

- Resultado dos ensaios ou evidência documental;
- Quando o serviço for contratado, incluir nome e endereço da empresa (com competência técnica comprovada) que realizou os ensaios;
- Evidência de que a declaração é precisa e não enganosa. Deve ser fundamentada, verificável e relevante (levando em conta os aspectos ambientais e etapas do ciclo de vida do produto);
- Quando se tratar de comparação com outros produtos devem ser declarados o método utilizado, o resultado dos ensaios dos produtos e quaisquer premissas estabelecidas;
- Comprovação de que a avaliação realizada fornece garantia quanto à exatidão da autodeclaração, considerando a vida útil do produto, o período em que ele está no mercado e o período posterior razoável.

Nota: Além dos tópicos acima, devem ser observados os requisitos específicos para as autodeclarações ambientais constantes no item 5.7 da Norma ABNT NBR ISO 14021:2004.

Disponível em: <http://www.abre.org.br/wp-content/uploads/2012/07/cartilha_rotulagem.pdf>. Acesso em: 5 abr. 2019.

A rotulagem Tipo II também tem o intuito de facilitar

a reciclagem do produto, informando de qual material ele é produzido, um exemplo é o plástico. Existem vários tipos de plásticos utilizados para produção de embalagens, e a classificação é determinada pela Norma NBR 13230 da ABNT, como os apresentados na figura 4, e para reciclagem o ideal e separá-los de acordo com o tipo do seu material.

Figura 4. Rotulagem para diferenciar os tipos de plásticos.

1 = Poli (tereftalato de etileno)
2 = Polietileno de alta densidade
3 = Poli (cloreto de vinila)
4 = Polietileno de baixa densidade
5 = Polipropileno
6 = Poliestireno
7 = Outros

Disponível em: <http://embalagemsustentavel.com.br/2008/09/10/rotulagem-ambiental-ii/>. Acesso em: 5 abr. 2019.

Rotulagem Ambiental Tipo III:

A norma ISO 14.025 trata dos rótulos do tipo III, que listam critérios de impactos ambientais para os produtos considerando o seu ciclo de vida. Os selos são concedidos e licenciados por entidades de terceira parte e podem vir a auxiliar o consumidor na escolha do produto, pois apresenta dados de acordo com a utilização do mesmo. Alguns Selos tipo III são obrigatórios no Brasil, como o PROCEL.

Figura 5. Exemplo de Selo tipo III.

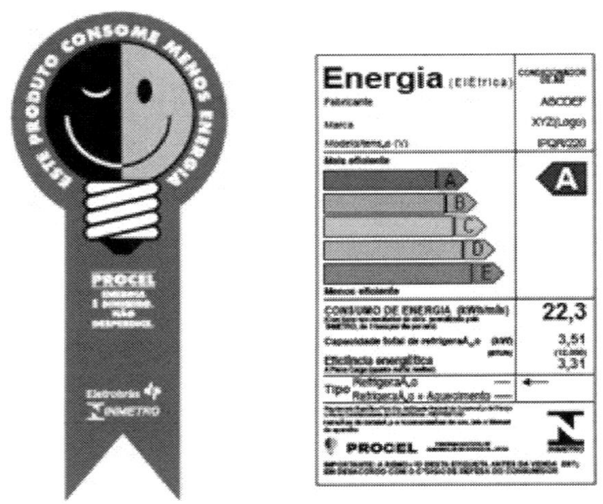

Disponível em: <http://blog.valejet.com/o-que-e-energy-star/>. Acesso em: 5 abr.2019.

3 - Obtenção da certificação

Um produto pode conter os três tipos de selo, I, II e III. Para obter o Selo II, o fabricante não necessita realizar procedimentos preestabelecidos, pois se trata de autodeclarações, e não possui auditorias de controle para ele. Em respeito ao Selo tipo III, esse deve ser aprovado pelo órgão certificador, pois constam informações fundamentais para escolha do produto.

O selo tipo I, denominado selo verde, pode ser considerado o mais difícil de alcançar, pois ele necessita de procedimentos padrões, envolvendo testes e auditorias, como apresentando na figura 6 e quadro 1. Para se obter esse tipo de certificação, a empresa precisa para uma taxa estabelecida pelo certificador, cada selo possui uma taxa própria, que engloba os custos financeiros referentes a todo processo.

Visto que existem inúmeros selos verdes, em primeiro momento a empresa deve buscar o que se adequa a seu produto e necessidade. Após delimitar o selo verde devem ser analisadas as características e propriedades dele para adequação do produto a certificação.

A empresa se responsabiliza pela adequação do produto e da produção, tendo consultoria do órgão certificador, auxiliando com instruções de como aperfeiçoar o serviço prestado levando em conta os aspectos ambientais, sociais e econômicos.

O órgão certificador irá realizar testes em produtos e fazer auditorias locais, assim que a empresa estiver pronta para o mesmo, o selo verde é contemplado pela empresa somente após o órgão garantir que ela está de acordo com os padrões e normativas do selo.

O prazo de validade do selo verde se altera de acordo com a certificação. Enquanto o produto estiver contemplado com o selo ele poderá ser testado ou auditado, para garantir que a qualidade e as normativas estejam sempre de acordo com o padrão estabelecido.

Figura 6. Passos para Obtenção da Licença Ambiental.

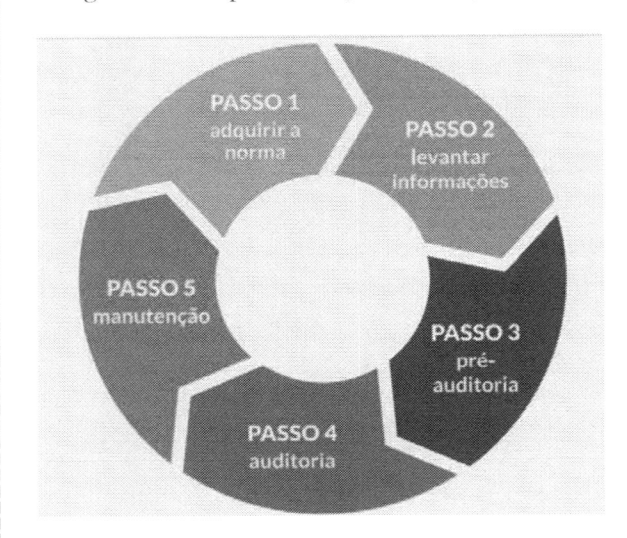

Disponível em: <http://sustentabilidade.sebrae.com.br/Sustentabilidade/Para%20sua%20empresa/Publica%C3%A7%C3%B5es/Sebrae_Cartilha2ed_Certificacao.pdf>. Acesso em: 2 abr.2019.

Quadro 1. Passos para obtenção da certificação. Adaptado pelo autor.

PASSO 1 Adquirir a norma	Ler sobre as normas ambientais e adquirir em íntegra qual for mais interessante para seu nicho de mercado.
PASSO 2 Levantar informações	Estudar as regras e procedimentos exigidos pela norma, entrar em contato com o fornecedor para saber do tempo e investimento para adquirir a norma. Marcar as auditorias de certificação ou testes de ensaio no caso de produtos.
PASSO 3 Pré-auditoria	No geral o certificador inclui taxas de consultoria e apoio para quem quer se certificar. Algumas certificações dispõem de uma pré-auditoria para avaliar os processos e analisar o grau de preparação da empresa para o processo final.
PASSO 4 Auditoria	Uma vez realizada a auditoria ou prova, o relatório é revisado de forma independente para emissão do certificado. Nesse documento constarão quais processos foram cumpridos e qual certificação foi realizada. Dentro de uma mesma norma existem variações segundo a abrangência e características do que vai ser testado.
PASSO 5 Manutenção	Obtida a certificação, o auditor irá visitar a empresa regularmente para facilitar a renovação da certificação após a expiração de validade. Produtos podem ser testados para garantir a eficiência do processo.

Disponível em: <http://sustentabilidade.sebrae.com.br/Sustentabilidade/Para%20sua%20empresa/Publica%C3%A7%C3%B5es/Sebrae_Cartilha2ed_Certificacao.pdf>. Acesso em: 2 abr. 2019.

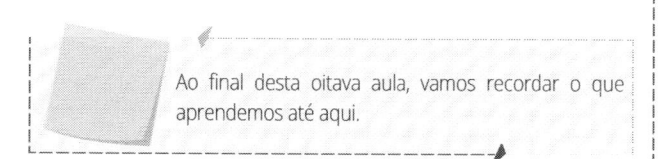

Retomando a aula

Ao final desta oitava aula, vamos recordar o que aprendemos até aqui.

1 - Certificação Ambiental

A Certificação Ambiental surgiu pela necessidade de diferenciar os produtos que apresentavam um desempenho ambiental adequado, considerando sua utilização pelo consumidor e todos os aspectos ambientais durante a produção. Existem vários tipos de selos verdes, sendo diferenciados pelo tipo de produto e atividade gerada.

2 - Classificação da Rotulagem Ambiental

Rotulagem Tipo I – Programas de Selo Verde: aquele que possui a certificação ambiental sujeitas a testes, provas e auditorias ambientais. O selo Tipo I pode ser concedida tanto para empresas que geram produtos (indústrias em geral), como para prestadoras de serviços (consultorias, comércio, etc).

Rotulagem Tipo II – Autodeclarações ambientais: nada mais são que autodeclarações dadas pelos produtores aos seus próprios produtos. Não existe fiscalização ou auditoria para verificação da autenticidade desse selo, assim nada assegura que ele seja confiável.

Rotulagem Tipo III – Inclui avaliações de Ciclo de Vida: listam critérios de impactos ambientais para os produtos considerando o seu ciclo de vida. Os selos são concedidos e licenciados por entidades de terceira parte e podem vir a auxiliar o consumidor na escolha do produto.

3 - Obtenção da Certificação

Para obter o Selo verde devem ser seguidos os seguintes passos:

PASSO 1: Ler sobre as normas ambientais e adquirir em íntegra qual for mais interessante para seu nicho de mercado.

PASSO 2: Estudar as regras e procedimentos exigidos pela norma, entrar em contato com o fornecedor para saber do tempo e investimento para adquirir a norma. Marcar as auditorias de certificação ou testes de ensaio no caso de produtos.

PASSO 3: No geral o certificador influi taxas de consultoria e apoio para quem quer se certificar. Algumas certificações dispõem de uma pré-auditoria para avaliar os processos e analisar o grau de preparação da empresa para o processo final.

PASSO 4: Uma vez realizada a auditoria ou prova, o relatório é revisado de forma independente para emissão do certificado. Nesse documento, constarão quais processos foram cumpridos e qual certificação que foi realizada. Dentro de uma mesma norma existem variações segundo a abrangência e características do que vai ser testado.

PASSO 5: Obtida a certificação, o auditor irá visitar a empresa regularmente para facilitar a renovação da certificação após a expiração de validade. Produtos podem ser testados para garantir a eficiência do processo.

Vale a pena

Vale a pena ler,

O sistema iso 14000 e a certificação ambiental. Disponível em: <http://www.scielo.br/pdf/rac/v35n6/a07v35n6.pdf>.

Vale a pena acessar,

Cartilha da Rotulagem Ambiental. Disponível em: <http://www.abre.org.br/downloads/cartilha_rotulagem.pdf>.

Vale a pena assistir,

Selos na Construção Civil: Jornal da Globo. Disponível em: <https://www.youtube.com/watch?v=TYVQeaVQ3QM.>.

Selos Verdes: Jornal da Globo. Disponível em: <https://www.youtube.com/watch?v=7Xwr2JXdsJM>

Referências

ALCANTARA, L. A.; SILVA, M. C. A.; NISHIJIMA, T. *Educação ambiental e os sistemas de gestão ambiental no desafio do desenvolvimento sustentável*. Revista Eletrônica em Gestão, Educação e Tecnologia Ambiental, v.5, n.5, p.734-740, 2012.

AMORIM, E. L. *Gestão Ambiental*. Universidade Federal de Alagoas – Centro de Tecnologia, 2005.

ANDRADE, R. O. B.; TACHIZAWA, T.; CARVALHO, A. B. de. *Gestão ambiental*: enfoque estratégico aplicado ao desenvolvimento sustentável. São Paulo: Markron Books, 2000.

ANDREOLLI, C. V. *Gestão Ambiental*. São João da Boa Vista: Coleção Gestão Empresarial, 2002, p. 62.

ANTUNES, Paulo de Bessa. *Direito Ambiental*. 12ª ed. Rio de Janeiro: Lumen Júris, 2010, p.149.

BARBIERI, J. C. *Gestão Ambiental Empresarial*: conceitos, modelos e instrumentos. 2. ed. São Paulo: Saraiva, 2007.

BARBIERI, J. C. *Gestão Ambiental Empresarial*: Conceitos, Modelos e Instrumentos. 4. ed. 2016.

BITAR, O.Y & ORTEGA, R.D. Gestão Ambiental. In: OLIVEIRA, A.M.S. & BRITO, S.N.A. (Eds.). *Geologia de Engenharia*. São Paulo: Associação Brasileira de Geologia de Engenharia (ABGE), 1998. cap. 32, p.499-508.

BRAGA, B.; HESPANHOL, I.; CONEJO, J.; MIERZWA, J. C.; BARROS, M.; SPENCER, M.; PORTO, M.; NUCCI, N.; NEUSA, J.; EIGER, S. *Introdução à Engenharia Ambiental*: o desafio do desenvolvimento sustentável. São Paulo: Editora Pearson. 2005.

CAGNIN, C. H. *Fatores relevantes na implementação de um sistema de gestão ambiental com base na Norma ISO 14001*. 1999. Dissertação (Mestrado em Engenharia da Produção) – Universidade Federal de Santa Catarina, Florianópolis: [s.n.], 1999.

CAMARA, J. B. D. *Governança Ambiental no Brasil*: Ecos do Passado. Revista de Sociologia e Política., Curitiba, v. 21, n. 46, p. 125-146, 2013.

CAMPOS, L. M. S.; LERÍPIO, A. A. *Auditoria Ambiental*: uma ferramenta de gestão. São Paulo: Atlas, 2009.

CARVALHO, D.L.; LIMA, A.V. *Metodologias para Avaliação de Impactos Ambientais de Aproveitamentos Hidrelétricos*. In: XVI Encontro Nacional dos Geógrafos, Porto Alegre. 2010. Aproveitamentos Hidrelétricos. In: XVI Encontro Nacional dos Geógrafos, Porto Alegre, 2010.

CURI, D. *Gestão ambiental*. Pearson Education do Brasil. São Paulo, 2011.

DAL FORNO, M. A. R. *Fundamentos em gestão ambiental*. Porto Alegre: Editora da UFRGS, 2017. p. 86.

KRAEMER, M. E. P. *Custos ambientais e sua gestão*. 2009. Disponível em: <http://br.monografias.com/trabalhos/custos-ambientais/custos-mbientais.shtml>. Acesso em: 07 de maio de 2019.

LEONARDI, M. L. A. *Educação ambiental como um instrumento de superação da insustentabilidade atual*. In: Cavalcanti, Clóvis (org) Meio Ambiente, Desenvolvimento Sustentável e Políticas Públicas, 2.ed., São Paulo, Cortez: Recife: Fundação Joaquim Nabuco, 1999.

LEOPOLD, L.B.; et al. *A procedure for evaluating environmental impact*. Washington: U. S. Geological Survey, 1971.

MACEDO, R. K. de, Gestão Ambiental - Os Instrumentos Básicos para a Gestão Ambiental de Territórios e de Unidades Produtivas. ABES: AIDIS. Rio de Janeiro. vRJ. 1994.

MENEGUETTI, C. F. *Gestão ambiental empresarial*. Maringá - PR, 2012. 133 p. Pós-Graduação Gestão ambiental – EaD - Centro Universitário de Maringá. Maringá: [s.n.], 2012.

MENEGUETTI, C. F.; PACCOLA, E. A. S.; GASPAROTTO, F. *Fundamentos da Gestão Ambiental*. Maringá: UniCesumar, 2016. 281 p.

MEYSTRE, J. de A. Acompanhamento de Implementação da Certificação Ambiental pela Norma NBR ISO 14001/96 em uma Micro-Empresa de Consultoria Ambiental. In: SEMINÁRIO ECONOMIA DO MEIO AMBIENTE, 3., 2003, Campinas. *Regulação estatal e auto-regulação empresarial para o desenvolvimento sustentável*. Campinas: Instituto de Economia, UNICAMP, 2003.

MORAES, A. C. R. *Meio Ambiente e Ciências Humanas*. 2. ed. São Paulo: Hucitec, 1997.

NASCIMENTO, L. F. Quando a gestão social e a gestão ambiental se encontram. In: ENCONTRO NACIONAL DA ASSOCIAÇÃO NACIONAL DOS PROGRAMAS DE PÓS-GRADUAÇÃO EM ADMINISTRAÇÃO, 39, 2007, Rio de Janeiro. Anais Eletrônicos... Rio de Janeiro: ANPAD, 2007. 1 CD-ROM.

NETO, B. M. R.; TAVARES, J. D. C. T.; HOFFMANN, S. C. *Sistemas de Gestão Integrados – Qualidade, Meio Ambiente, Responsabilidade Social, Segurança e saúde no trabalho*. SENAC, São Paulo, 2008.

NETO, J. M. B. *Crimes Ambientais da Lei nº9.605*: Competência federal ou estadual? Boletim dos Procuradores da República - ANPR, nº 13. 1999.

NICOLELLA, G.; MARQUES, J. F.; SKORUPA, L. A. *Sistema de gestão ambiental*: aspectos teóricos e análise de um conjunto de empresas da região de Campinas, SP. Jaguariúna: Embrapa Meio Ambiente, 2004.

NOGUEIRA, C. O. G.; LAUDARES, S. S. A.; BORGES, L.A.C. Gestão Ambiental no Brasil: O Caminho para a Sustentabilidade. *Fórum Ambiental da Alta Paulista*, v. 9, n. 5, p. 135-144, 2013.

NOVAIS, V. M. S. *Desafios para uma efetiva gestão ambiental no Brasil*. 2010. Disponível em: < http://www.uesb.br/eventos/ebg/anais/4h.pdf>. Acesso em: 1 mar. 2019.

OLIVEIRA, Antonio Inagê de Assis. Legislação. In: CEBDS. Centro Empresarial para o Desenvolvimento Sustentável, 2012. Disponível em: <http://www.cebds.org.br/legislacao/>. Acesso em: 1 mar. 2019.

REIS, L. F. S. de S. D. ; QUEIROZ, S. M. P. *Gestão ambiental em pequenas e médias empresas*. Rio de Janeiro, 2002.

RESOLUÇÃO CONAMA Nº 001, de 23 de janeiro de 1986. *Dispõe sobre critérios básicos e diretrizes gerais para a avaliação de impacto ambiental*. Brasília, 1986. Disponível em: <http://www.mma.gov.br/port/conama/legiabre.cfm?codlegi=23>. Acesso em: 18 mar. 2019.

RUPPENTHAL, J. E. *Gestão ambiental*. Santa Maria: Universidade Federal de Santa Maria, Colégio Técnico Industrial de Santa Maria, Rede e-Tec Brasil, 2014.

RUPPENTHAL, J. E. *Gestão ambiental*. Santa Maria: Universidade Federal de Santa Maria, Colégio Técnico Industrial de Santa Maria, Rede e-Tec Brasil, 2014.

SANCHEZ, L. E. *Avaliação de impacto ambiental*: conceitos e métodos. São Paulo: Oficina de Textos, 2006.

SANCHEZ, L. E. O processo de avaliação de impacto ambiental, seus papéis e funções. In: LIMA, A. L. B. R.; TEIXEIRA, H. R. & SANCHEZ, L. E. (orgs.) *A efetividade da Avaliação de Impacto Ambiental no Estado de São Paulo: uma análise a partir de estudos de caso*. São Paulo: Secretaria do Meio Ambiente, Coordenadoria de Planejamento Ambiental, 1995. p. 13-19.

SEBRAE. Guia Prático para Sustentabilidade nos Pequenos Negócios: Ferramentas para o desenvolvimento territorial e fomento à criação de negócios inovadores e sustentáveis / Centro Sebrae de Sustentabilidade, Sebrae em Mato Grosso e Sebrae em Mato Grosso do Sul – Cuiabá: Sebrae/MT, 2014. 128 p. il.

SOARES, T. S. et al. Considerações sobre gestão ambiental empresarial. In: VALVERDE, S. R. *Elementos de gestão ambiental empresarial*. Viçosa: UFV, 2005.

SOUSA, A. C. A. *A evolução da política ambiental no Brasil do século XX*. Disponível em:< www.achegas.net/numero/vinteeseis/ana_sousa_26.htm>. Acesso em: 01 mar. 2019.

SOUZA, R. A. R. **A** *Educação Ambiental permeando a Implantação do Sistema de Gestão Ambiental e a Certificação ISO 14001*. Monografia de especialização – Curso de Especialização em Educação Ambiental -Universidade Federal de Santa Maria. Santa Maria: [s.n.], 2010.

SOUZA, T. C.; SILVA, E. V. *Planejamento e gestão ambiental*: análise integrada da Praia de Canoa Quebrada em Aracati- Ce. In: SEMINÁRIO LATINO AMERICANO DE GEOGRAFIA FÍSICA, 4., 2010.

THEODORO, S. M. C. H. A fertilização da Terra pela Terra: Uma alternativa de sustentabilidade para o pequeno produtor rural. Tese de Doutorado. CDS/UnB. Brasília. 2000.

TINOCO, J. E. P.; KRAEMER, M. E. P. *Contabilidade e gestão ambiental*. São Paulo: Atlas, 2004.

VALLE, C. E. *Qualidade ambiental*: como ser competitivo protegendo o meio ambiente. São Paulo: Pioneira, 1995, p.117.

VERDUM, R.; MEDEIROS, R. M. V. (Org.). RIMA - *Relatório de Impacto Ambiental*: legislação, elaboração e resultados. 5. ed. rev. ampl. Porto Alegre: Editora da UFRGS, 2006.

Minhas anotações

Minhas anotações

Graduação a Distância
5º SEMESTRE

Ciências Biológicas

FISIOLOGIA HUMANA E BIOFÍSICA

UNIGRAN EAD

UNIGRAN - Centro Universitário da Grande Dourados

Rua Balbina de Matos, 2121 - CEP 79.824 - 9000
Jardim Universitário
Dourados - MS
Fone: (67) 3411-4141 / Fax: (67) 3411-4167

Os direitos de publicação desta obra são reservados ao Centro Universitário da Grande Dourados (UNIGRAN), sendo proibida a reprodução total ou parcial de acordo com a Lei 9.160/98.

Os artigos de sites e revistas indicados para a leitura foram registrados como nos originais.

CEAD
Coordenadoria de Educação a Distância

Apresentação do Docente

Luis Fernando Benitez Macorini é graduado em Biomedicina e pós-graduação lato sensu em Biomedicina Estética pelo Centro Universitário da Grande Dourados (UNIGRAN). É mestre em Ciências da Saúde com área de concentração em Farmacologia e Toxicologia e, atualmente, doutorando em Ciências da Saúde com área de concentração em Farmacologia e Toxicologia, os Universidade Federal da Grande Dourados (UFGD). É coordenador do curso de Biomedicina e professor da UNIGRAN, das disciplinas de Fisiologia Humana, Biofísica, Imunologia Básica e Clínica, Ética e Biossegurança e Fundamentos da Biomedicina. Na UNIGRAN, também atua como membro titular da comissão de Biossegurança, no cargo de diretor executivo e do Comitê de Ética em Pesquisa com Seres Humanos (CEP). É delegado regional do CRBM, 1ª região do estado de Mato Grosso do Sul. Possui experiência em pesquisa científica nas áreas de síndrome metabólica, atividade antimicrobiana, ansiolítica, antioxidante, hipolipemiante, hipoglicemiante, anti-inflamatória, anti-hipertensiva de produtos naturais.

MACORINI, Luis Fernando Benitez. VIEIRA Emerson Canato. Fisiologia Humana e Biofísica. Dourados: UNIGRAN, 2021.

56 p.: 23 cm.

1. Sistema Digestório. 2. Biofísica da Visão.

Apresentação do Docente

Bem-vindo!

Emerson Canato Vieira possui graduação em Física pela Universidade Federal do Mato Grosso do Sul (UFMS) e mestrado em Engenharia Mecânica pela Universidade de Taubaté (UNITAU). Atualmente, é professor cedido da Universidade Estadual de Mato Grosso do Sul (UEMS), ministrando aulas nos cursos de Engenharia Física e Engenharia Ambiental e professor do Centro Universitário da Grande Dourados (UNIGRAN), com disciplinas no curso de Tecnologia em Radiologia. Tem experiência na área de Física, com ênfase em Física Geral, Ensino à Distância, Formação Continuada e Processos de Fabricação em Engenharia Mecânica.

Minhas anotações

Sumário

Conversa inicial 4

Aula 01
Introdução à Fisiologia (Homeostase) e Fisiologia do Sistema Nervoso 7

Aula 02
Sistema Muscular e Circulatório 15

Aula 03
Sistema Respiratório e Sistema Renal 21

Aula 04
Sistema Digestório 27

Aula 05
Biomecânica 33

Aula 06
Dinâmica dos Movimentos 39

Aula 07
Biofísica da Visão 45

Aula 08
Biomagtetismo 51

Referências 55

Conversa Inicial

Prezados(as) estudantes,

Bem-vindos(as) à disciplina de Fisiologia Humana e Biofísica, na qual vocês vão conhecer os processos físicos e químicos que estão associados aos mecanismos biológicos dos tecidos e órgãos do corpo humano dentro do nosso curso de Ciências Biológicas na UNIGRAN EaD.

Para que seu estudo se torne proveitoso e prazeroso, esta disciplina foi organizada em oito aulas, com temas e subtemas que, por sua vez, são subdivididos em seções (tópicos), atendendo aos objetivos do processo de ensino-aprendizagem.

Após ter estudado a Aula 1, introdutória, sobre os mecanismos de sinais e controle da homeostasia e fisiologia do sistema nervoso é de suma importância a absorção máximas dos conceitos para continuar navegando pelos próximos capítulos. Na Aula 2, vocês terão uma abordagem sobre o funcionamento do sistema muscular e os mecanismos de controle de contração, além de conhecer todos os conceitos do sistema circulatório e como o músculo cardíaco sofre excitação para que haja contração e, consequentemente, a liberação do fluxo do sangue para os vasos sanguíneos. Na Aula 3, a abordagem será sobre o sistema respiratório e os mecanismos de hematose e o controle de filtração, reabsorção e secreção do sistema renal. Na aula 4, iremos trabalhar tudo o funcionamento e fluxo do sistema digestório desde a formação do bolo alimentar e os mecanismos de digestão, motilidade e absorção até a formação do bolo fecal. Nas aulas 5, 6, 7 e 8 serão abordados temas e conceitos de biofísica no funcionamento do organismo humano.

Dentre os objetivos de aprendizagem, esperamos que vocês consigam compreender: o funcionamento dos sistemas que, ao nível molecular, integram o organismo, aprendendo as formas de comunicação e de funcionamento na placa motora; o mecanismo molecular de contração muscular; o potencial de ação na célula neuronal; as sinapses elétricas e químicas e a organização do sistema nervoso central. A ideia é que entendam o sistema cardiovascular através dos fatores que o controlam, bem como os que o alteram. Ademais, iremos estudar o mecanismo de excreção e de controle hídrico através dos rins, entender o funcionamento do sistema respiratório e suas alterações e aprendermos a respeito da estrutura do sistema digestório e mecanismo e função de produção de secreções.

Assim, de acordo com o Plano de Ensino da disciplina anteriormente definido e atendendo aos objetivos de aprendizagem propostos, as aulas foram definidas através de seções que contribuirão para um melhor entendimento do conteúdo levando à multiprofissionalmente, interdisciplinarmente e transdisciplinarmente com extrema produtividade na promoção da saúde baseado na convicção científica, de cidadania e de ética. Serão trabalhados temas como controle da homeostase, sistema nervoso central e periférico, sistema muscular, sistema circulatório, sistema respiratório, sistema renal e biofísica dos sistemas.

Esperamos, portanto, que até o final da disciplina vocês possam ampliar a compreensão sobre o funcionamento em conjunto do corpo humano e os processos de biofísica que os envolve. Porém, antes de iniciar a leitura, gostaríamos que vocês parassem um instante para refletir sobre algumas questões:

- O que é homeostase?
- Quais são e como ocorrem os mecanismos de controle do organismo humano?

Não se preocupem. Não queremos que vocês respondam, de imediato, todas essas questões. Mas esperamos que, até o final, vocês tenham respostas e, também, formulem outras perguntas. Bons estudos!

Aula 1º

Introdução à Fisiologia (Homeostase) e Fisiologia do Sistema Nervoso

Caros(as) alunos(as), esta é nossa primeira aula!

Para que possamos iniciar nossos estudos na disciplina, trataremos dos conceitos gerais sobre Fisiologia e o equilíbrio para garantia da Homeostasia, além do principal controlador o sistema nervoso. Neste contexto, faço algumas perguntas para direcionamento: o que estuda a Fisiologia Humana? O que é homeostasia? Quais são os controladores do organismo humano? Como ocorre a sinalização, controle e resposta pelo sistema nervoso?

Mas não se preocupe, por enquanto, vocês não precisam responder esses questionamentos. Primeiro, vamos nos deter ao conhecimento teórico. Para isso, daremos início a nossa disciplina!

Para iniciarmos nossas atividades, vamos conhecer e analisar os objetivos de aprendizagem desta aula e as seções de estudo a serem desenvolvidas na mesma. Boa aula!

Bons estudos!

Objetivos de aprendizagem

Ao término desta aula, vocês serão capazes de:

- definir Homeostase;
- entender sobre mecanismos de sinal, controle e resposta celular para garantia de condição vital;
- entender como o sistema nervoso se comunica para controlar os mecanismos e ações teciduais.

Seções de estudo

1- Introdução à Fisiologia Humana
2- Sistema nervoso
3- Potencial de ação neural

1- Introdução à Fisiologia Humana

O organismo humano é um dos mais complexos da cadeia animal e caracteriza-se com propriedades emergentes, ou seja, aquelas que não podem ser preditas de forma individualizada. Cada estrutura do nosso corpo, por menor que ela seja, faz parte de uma grande engrenagem que tem o objetivo de mantermo-nos vivos e com equilíbrio.

A Fisiologia é o campo que estuda o conjunto dessas engrenagens desde um pequeno átomo, nível mais básico de organização, até a formação de uma comunidade (Figura 1), estando intimamente associado ao estudo da Anatomia e Histologia Humana. Neste contexto, Fisiologia pode ser definida como o estudo químico, físico e biológico do funcionamento normal do corpo humano.

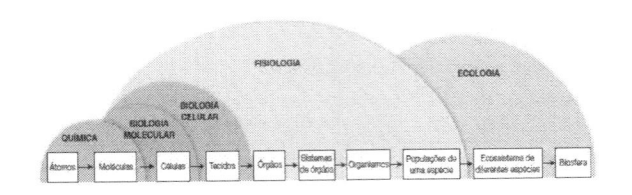

Figura 1. Níveis de organização relacionados a Fisiologia Humana. Disponível em: SILVERTHORN, D.U. Fisiologia Humana. 5. ed. Porto Alegre: Artmed, 2010.

E para entender melhor o que significa o funcionamento normal do corpo humano precisamos ter o conhecimento do termo Homeostasia. A homeostase é o conceito de um ambiente interno estável, ou seja, em equilíbrio, como temperatura corporal, frequência cardíaca, pressão arterial, metabolização a nível intracelular, entre outras, que mantêm a sobrevida ótima das células.

Vale ressaltar que as células necessitam de um ambiente apropriado para poderem se manterem viáveis para desempenhar suas funções. Essa importância se destaca, pois, um conjunto de células formam os tecidos, um conjunto de tecidos formam os órgãos e um conjunto de órgão formam o organismo, sendo assim, para que tudo funcione de maneira adequada é necessário que os meios internos (intra) e externo (extra) das células estejam em equilíbrio para manter a homeostasia.

Para os fisiologistas, é sempre importante ter definido o conceito de que, pequenas mudanças ocorrem o tempo todo dentro do nosso organismo, mas que, de forma organizada, nosso conjunto de engrenagens (mecanismos internos) conseguem monitorar seu estado interno e tomar as medidas para corrigir alterações que ameacem as funções de cada tecido e/ou órgão. Quando essas compensações não são bem-sucedidas (quebra da homeostasia), podemos ter um estado de desordem interna ou até mesmo desenvolvimento de alguma patologia, Figura 2 (GUYTON, 2006).

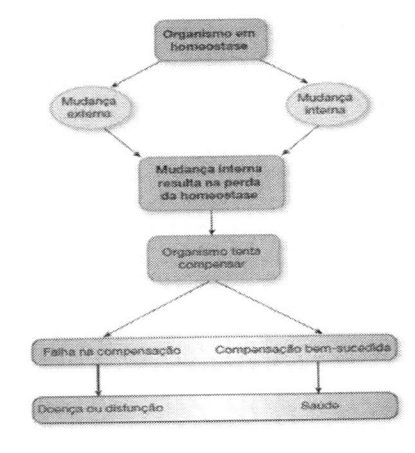

Figura 2. Homeostase. Disponível em: SILVERTHORN, D.U. Fisiologia Humana. 5. ed. Porto Alegre: Artmed, 2010.

Para entendermos os mecanismos internos de controle da homeostasia, temos que retomar a base de citologia e pensarmos nos componentes básicos para dar proteção e sustentação as células, em que se destacam: o líquido extracelular (LEC) e o líquido intracelular (LIC). Se avaliarmos que as células são a base para sustentação dos tecidos e como consequência dos órgãos e do organismo, é preciso entender como elas são protegidas.

Entre a grande maioria das células existe um meio líquido (extracelular) rico em diversas substâncias (Figura 3) e nutrientes capazes de dar equilíbrio ao metabolismo celular, funcionando ainda como um meio de transição entre o ambiente externo e o interior celular, como esse líquido funciona como um tampão celular e as células não suportam grandes alterações ao seu redor, os mecanismos compensatórios (homeostáticos) foram desenvolvidos em nosso organismo para mantê-lo em equilíbrio garantindo a sobrevida ótima das células.

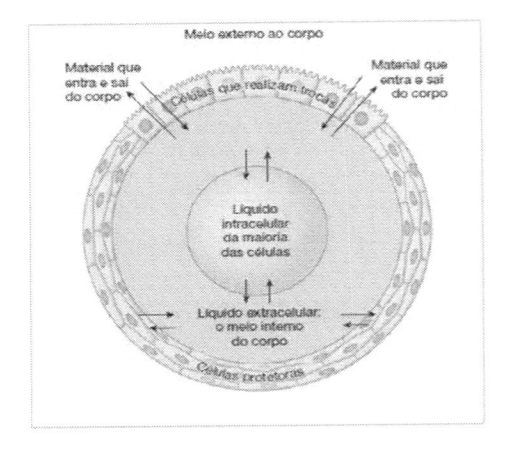

Figura 3. Relação entre o meio interno e externo das células. Disponível em: SILVERTHORN, D.U. Fisiologia Humana. 5. ed. Porto Alegre: Artmed, 2010.

Para isso, nosso organismo desenvolveu um sistema de controle, visando garantir o ajuste necessário de cada célula, assim, mantendo estável processos chaves como pressão arterial, glicemia, frequência respiratória, hematose e outras variáveis reguladas. De forma simplificada, todo sistema controle possuem três componentes: sinal de entrada – controlador (centro integrador de sinal e resposta) e sinal de saída (resposta a um estímulo), conforme Figura 4.

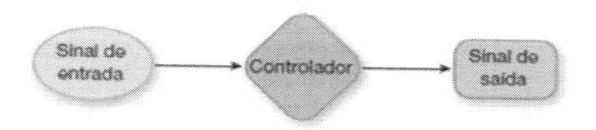

Figura 4. Sistema de controle simples. Disponível em: SILVERTHORN, D.U. Fisiologia Humana. 5. ed. Porto Alegre: Artmed, 2010.

Dentre os principais controladores ou centro integradores do nosso organismo, podemos destacar o sistema nervoso.

2- Sistema nervoso

O sistema nervoso dentre diversas funções é um dos principais controladores do equilíbrio do organismo. Através de seu centro de controle, o qual possui uma rede de bilhões ou trilhões de células nervosas, consegue captar mensagens teciduais, codificá-las e emitir um sinal de resposta para compensação local.

De modo geral, o sistema nervoso pode ser divido em sistema nervoso central (medula espinhal e encéfalo) e periférico (ramos nervosos periféricos e gânglios). Além disso, sua funcionalidade pode ser atrelada aos neurônios motores somáticos, que estão ligados aos músculos esquelético e aos neurônios autonômicos que estão ramificadas em músculo liso, músculo cardíaco, glândulas endócrinas e glândulas exócrinas.

A célula funcional do sistema nervoso é o neurônio, capaz de ser sensibilizado por um sinal e transmitir uma resposta. Sempre que ocorre uma alteração tecidual, células receptoras sensibilizam os neurônios que transmitem aquela informação via potencial elétrico e químico, processo conhecido como impulso nervoso, até o centro de controle para uma rápida resposta.

O neurônio é uma célula com perfil irregular e que pode ser divido em três partes: dendrito, corpo celular e axônio (Figura 5). Essa célula tem função de gerar o impulso nervoso através de alteração no potencial de membrana, pela ativação da bomba de Na^+ e K^+, e transferir a sinalização química da exocitose de neurotransmissores em um processo conhecido como sinapse.

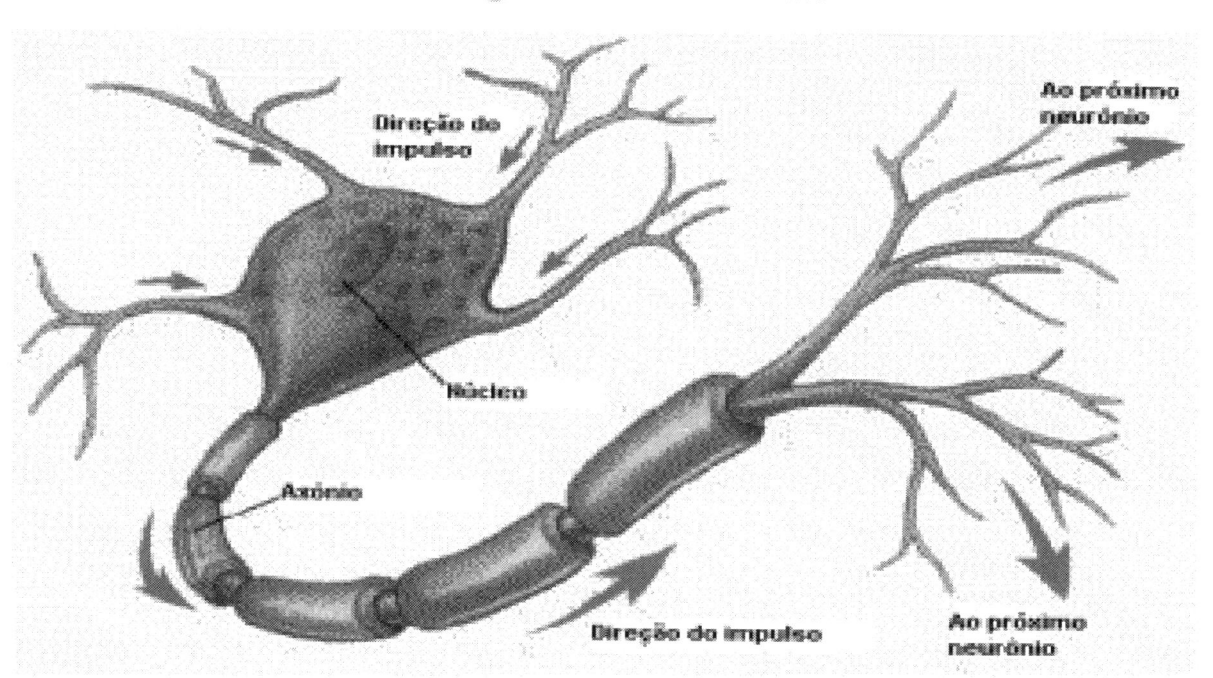

Figura 5. Estrutura de um neurônio. Disponível em: SILVERTHORN, D.U. Fisiologia Humana. 5. ed. Porto Alegre: Artmed, 2010.

O sentido do impulso nervoso pelo neurônio sempre inicia no dendrito (responsável por captar o sinal de entrada), passa pelo corpo celular até ser transformado em impulso elétrico no axônio como o sinal de saída. Após o impulso elétrico chegar na porção terminal do axônio (terminal axonal), ocorre a sensibilização para a abertura de canais de cálcio, que irão ativar as proteínas acopladoras de membrana e promover a liberação do substâncias conhecidas como neurotransmissor em uma região de líquido extracelular conhecida como fenda sináptica gerando o impulso químico, como é possível ver na Figura 6 (GUYTON, 2006).

1. Um potencial de ação despolariza o terminal axônico.

2. A despolarização abre canais de Ca²⁺ controlados por voltagem e o Ca²⁺ entra na célula.

3. A entrada do cálcio inicia a exocitose do conteúdo das vesículas sinápticas.

4. O neurotransmissor se difunde através da fenda sináptica e se liga aos receptores na célula pós-sináptica.

5. A ligação do neurotransmissor inicia uma resposta na célula pós-sináptica.

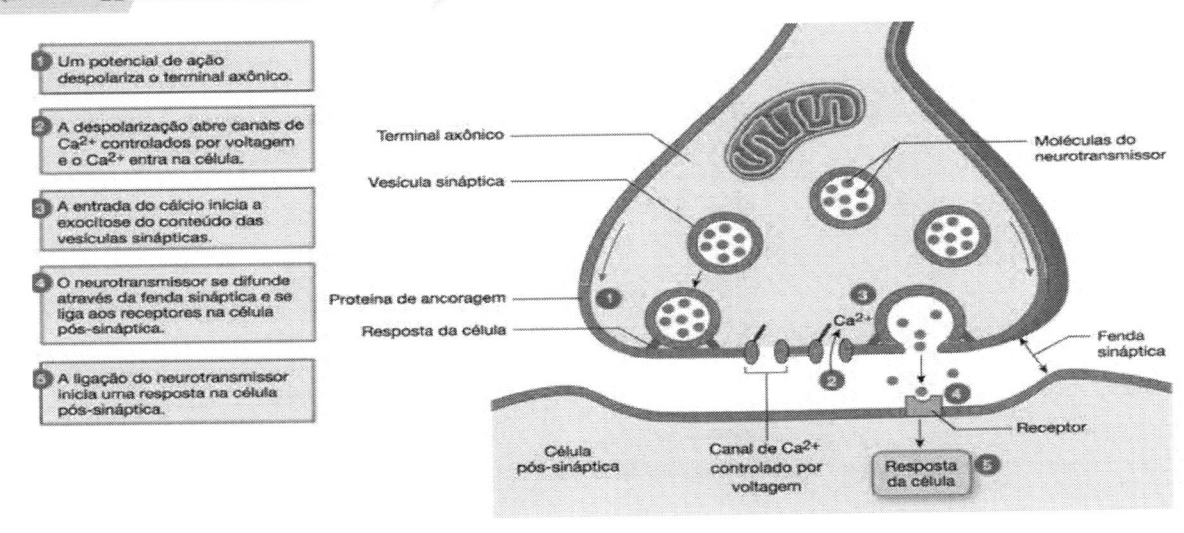

Figura 6. Exocitose de neurotransmissores e sinapse. Disponível em: SILVERTHORN, D.U. Fisiologia Humana. 5. ed. Porto Alegre: Artmed, 2010.

2.1 Receptores sensoriais

Os receptores sensoriais são terminações nervosas que têm por função converter estímulos de ambientes em impulsos nervosos a partir de sinalizações químicas alterando o potencial de membrana de um neurônio iniciando o impulso elétrico e, como consequência, o impulso químico para realização de sinapses.

Esses receptores podem ser classificados como: Quimiorreceptores (estimulados por concentração de oxigênio, gás carbônico, pH e até mesmo glicose); Mecanorreceptores (estimulados por pressão como os barorreceptores, estiramento celular, táteis como vibrações, materiais ponte agudos, som); Fotorreceptores (estimulados por fótons de luz); Termorreceptores (estímulo por temperatura) e os Nociceptores (reconhecimento de dor local ou dor neuropática). Ele também podem ser classificados como terminações nervosas livres, encapsulada ou especializadas (Figura 7).

As terminações nervosas livres são as mais comuns e são formadas por um axônio ramificado. Estão envolvidas na captação de sensação mecânica, térmica e, também, de dor. Já as terminações nervosas encapsuladas são mais complexas e fazem parte os corpúsculos* de Meissener, os corpúsculos de Water-Paccini, os corpúsculos de Krause, os corpúsculos de Ruffini e os discos ou meniscos de Merckel. Além desses, ainda existem as terminações nervosas especiais que estão restritas a uma determinada área como célula pilosa, visão, audição, gustação, olfação e equilíbrio. A figura a seguir exemplifica os três tipos de terminações nervosas que quando sensibilizados (sinal) ativam o sistema nervoso (controlador) para codificar e emitir uma resposta tecidual através do impulso nervoso.

Sugestão*: estudar a função de cada um dos corpúsculos.

(a) **Receptores simples** são neurônios com terminações nervosas livres.

(b) **Receptores neurais complexos** têm terminações nervosas envoltas por cápsulas de tecido conectivo.

(c) A maioria dos **receptores sensoriais especiais** são células que liberam neurotransmissores em neurônios sensoriais, iniciando um potencial de ação.

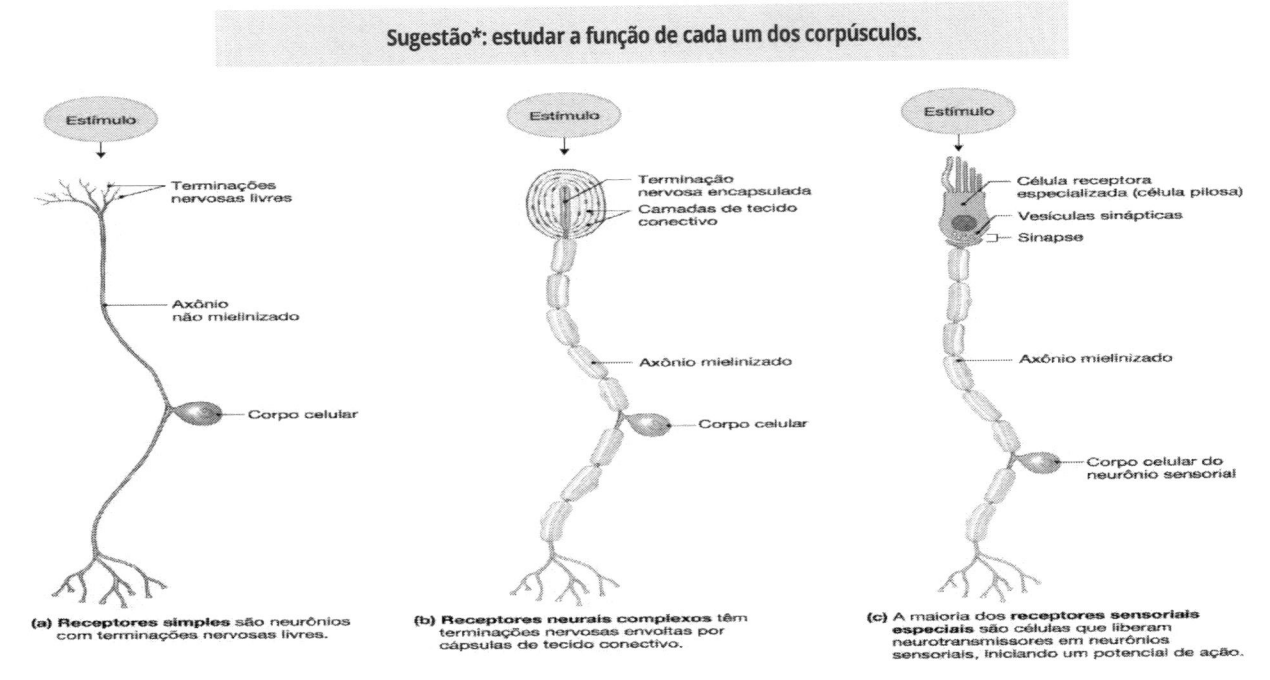

Figura 7. Tipo de terminações nervosas. Disponível em: SILVERTHORN, D.U. Fisiologia Humana. 5. ed. Porto Alegre: Artmed, 2010.

3- Potencial de ação neural

A partir do momento que temos a captação de um sinal pelos receptores e os estímulos das terminações nervosas os sinais neurais ativados são transmitidos por meio de potenciais de ação que podem ser considerados como variações muito rápidas do potencial de membrana. Cada estímulo ao potencial de ação é iniciado por modificação abrupta do potencial de repouso. Esse potencial de membrana de repouso tecnicamente é considerado um potencial negativo e quando ativado passa para um potencial positivo e, em seguida, termina com modificação quase tão rápida para o potencial negativo voltando ao seu estado repouso. Para conduzir um sinal neural, o potencial de ação se desloca, ao longo da fibra nervosa, até atingir seu término e está dividido em três fases: repouso, despolarização e repolarização (GUYTON, 2006).

A fase de repouso é caracterizada pelo momento antes do potencial de ação, em que a membrana celular se encontra polarizada com maior concentração de Na^+ no líquido extracelular e K^+ no líquido intracelular, esse potencial é medido em -90mV, ou seja, a membrana da célula em repouso está com uma força elétrica de -90mV. Quando ocorre o estímulo para transmissão do impulso nervoso (sinal/resposta neural) os neurônios são sensibilizados e se inicia a etapa de despolarização da membrana (GUYTON, 2006).

A fase de despolarização de membrana celular é quando a mesma fica muito permeável (facilita a entrada) aos íons de Na^+, nesse momento estado "polarizado" da membrana que se encontrava -90mV (como relatado anteriormente), sofre alteração variando rapidamente na direção da positividade (torna-se uma membrana com potencial positivo) (GUYTON, 2006).

Em sequência, os processos de despolarização de membrana ativam, rapidamente para equilíbrio (mecanismo natural de manter o equilíbrio celular) a etapa de repolarização da membrana. Dentro de poucos décimos milésimos de segundo após a membrana ter ficado extremamente permeável aos íons Na^+, esses canais começam a se fechar, enquanto os canais de K^+ se abrem mais que o normal (ficam mais permeáveis). Então, a rápida difusão dos íons K^+ para o exterior restaura o potencial de membrana negativo normal voltando ao estado de repouso (GUYTON, 2006).

Essas três etapas consequentes promovem a transmissão do impulso nervoso ao longo do axônio por potencial elétrico até a porção final da célula. Quando esse potencial chega à porção final do axônio, esse irá estimular a abertura de canais de íons de cálcio (Ca^+) em sua membrana, ficando mais permeável ao mesmo. Já no LIC, as concentrações aumentadas de cálcio promovido pela sensibilização da membrana vão estimular as proteínas acopladoras a acoplar as vesículas sinápticas (estruturas localizadas dentro da porção final do axônio que armazém neurotransmissores) e iniciar o processo conhecido como exocitose de neurotransmissores para a fenda sináptica (região entre terminal axonial do neurônio pré sináptico e dendrito do neurônio pós sináptico).

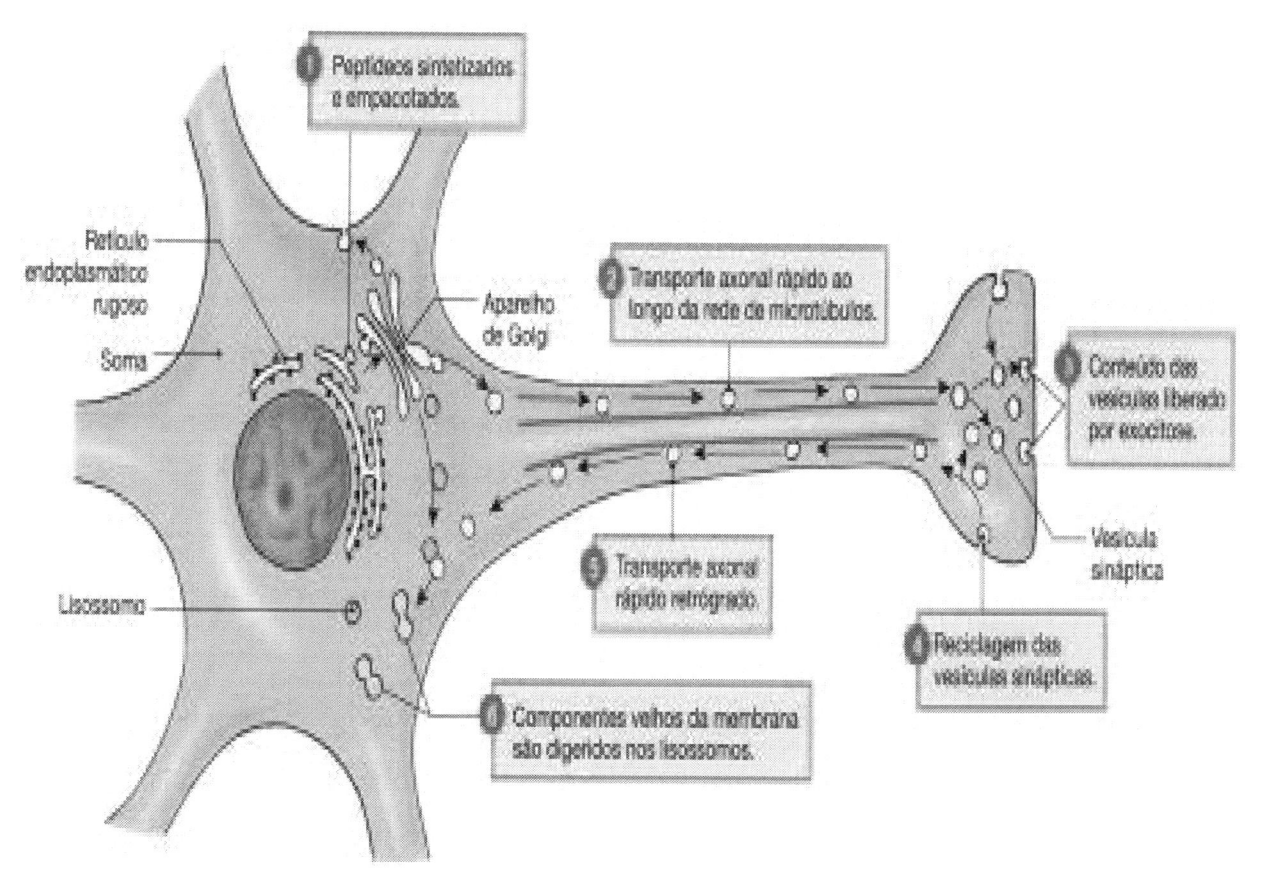

Figura 8. Estrutura, formação e transporte de neurotransmissores. Disponível em: SILVERTHORN, D.U. Fisiologia Humana. 5. ed. Porto Alegre: Artmed, 2010.

Os neurotransmissores são estruturas a base de aminoácidos que estimulam processos de sinapses neuronais transmitindo informações, em que cada neurotransmissor pode ter diversos efeitos em suas células receptoras (pós-sinápticas) estando dependente do receptor de membrana específico para cada célula.

3.1 Mecanismo de sinal, controle e resposta

De modo geral, após uma célula neural ser sensibilizada pelos seus receptores periféricos, inicia-se a transmissão do impulso nervoso (através de todos os mecanismos explicados até aqui) até o sistema nervoso central (SNC). O caminho da sinalização após estímulo até a chegada ao SNC ocorre por vias de rede neuronal conhecida como sensorial ou aferentes (neurônios aferentes). Após recebimento e controle redes neuronais do SNC reconheceram o estímulo e enviarão uma resposta ao local sensibilizado perifericamente, essa resposta ocorre por impulso elétrico através de redes neuronais eferentes (neurônios eferentes), conforme Figura 9.

Os neurônios eferentes podem ser divididos em motor somáticos, que atuam nas respostas ao estímulo de músculo esquelética (promovendo sinapse para contração ou relaxamento muscular) e os neurônios autonômico, que como o próprio nome sugere, são os sinais intrínsecos controlados internamente e estão ligados aos músculos liso, músculo cardíaco, glândulas endócrinas e exócrinas e tecido adiposo.

Vale ressaltar que o sistema autonômico ainda pode estar dividido em respostas simpáticas (aquelas adequadas às situações de emergência ou estresse que requerem respostas rápidas e intensas como aumento da frequência respiratória e cardíaca) e as parassimpáticas, que atuam como o controle da ação do simpático promovendo diminuição da frequência cardíaca e respiratória, por exemplo.

> **Sugestão: assistir aula sobre SNC e ler material complementar sobre o sistema nervoso autonômico.**

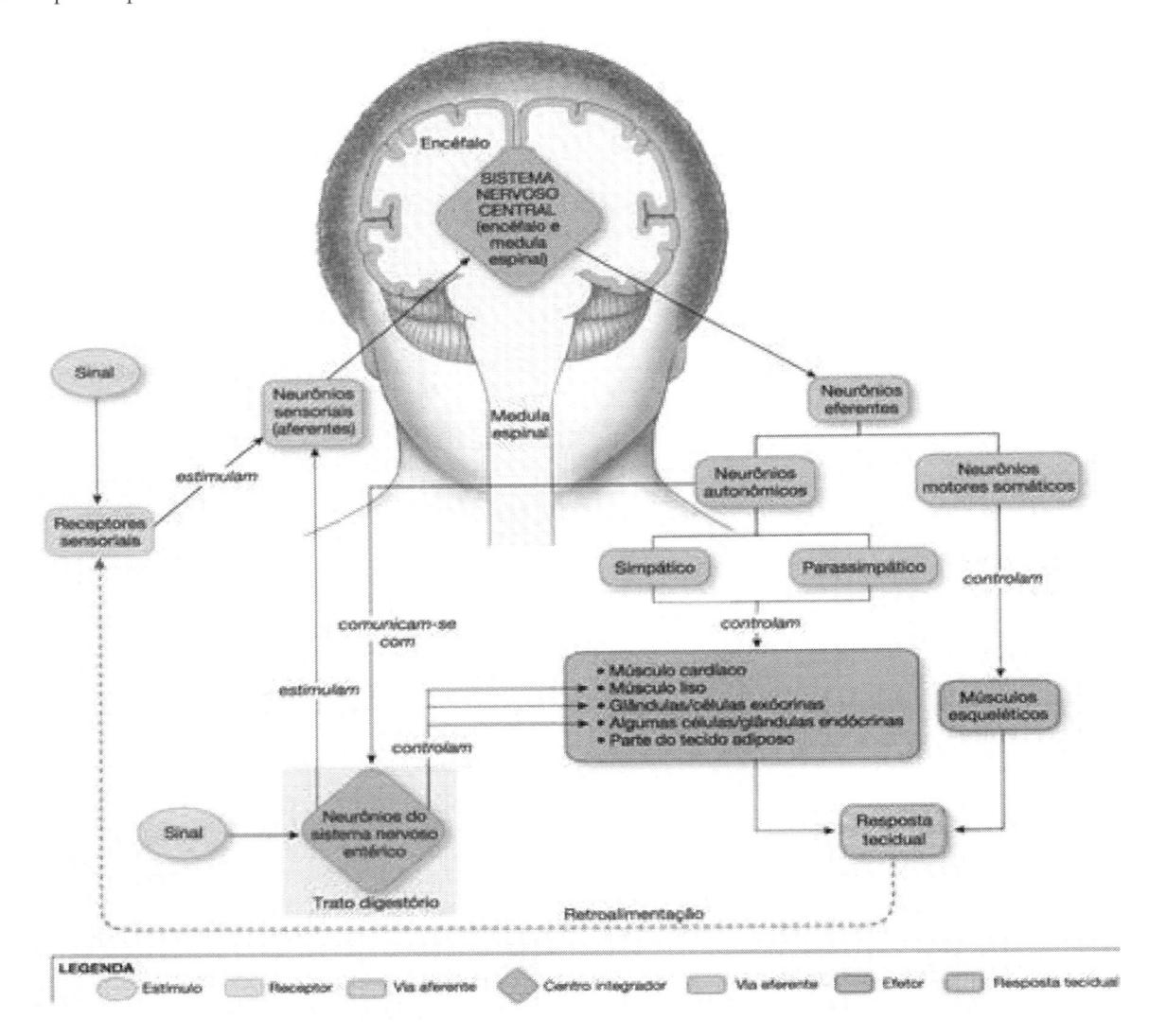

Figura 9. Estrutura organizacional de sinal, controle e resposta do Sistema Nervoso. Disponível em: SILVERTHORN, D.U. Fisiologia Humana. 5. ed. Porto Alegre: Artmed, 2010.

Retomando a aula

> Chegamos, assim, ao final de nossa aula. Espera-se que agora tenha ficado mais claro o entendimento de vocês sobre Fisiologia do Sistema Nervoso e Endócrino. Vamos recordar alguns pontos importantes que foram discutidos?

Nesta primeira aula, descobrimos o que é homeostase e como ocorre o controle dos sinais pelo sistema nervoso. Aprendemos, então, que o sistema nervoso recebe sinalização por receptores sensoriais quando alguma coisa muda ao redor de suas células e por meio de uma cascata de reações químicas e físicas ocorre na rede nervosa, a partir de suas células neurais para que seja reestabelecida a ordem ou para que tenha uma rápida resposta tecidual a aquele estímulo.

Vale apena, então, relembrar alguns pontos importantes como os sinais neurais que são transmitidos por meio de potenciais de ação, que são variações muito rápidas do potencial de membrana. Cada potencial de ação começa por modificação abrupta do potencial de repouso negativo normal para um potencial positivo e, em seguida, termina com modificação quase tão rápida para o potencial negativo.

Ainda é válido reforçar que o sentido do impulso nervoso pelo neurônio sempre inicia no dendrito (responsável por captar o sinal de entrada), passa pelo corpo celular até ser transformado em impulso elétrico no axônio como o sinal de saída. Após o impulso elétrico chegar na porção terminal do axônio (terminal axonal) é estimulada a abertura de canais de cálcio, que irão ativar as proteínas acopladoras de membrana e promover a liberação do neurotransmissor na fenda sináptica gerando o impulso químico.

Vale a pena

Vale a pena ler,

GUYTON, Arthur C.; HALL, John E. *Tratado de fisiologia médica*. 9. ed. Rio de Janeiro: Guanabara Koogan; Rio de Janeiro: Elsevier, 2006.

SILVERTHORN, Dee Unglaub; JOHNSON, Bruce R. *Fisiologia humana:* uma abordagem integrada. 5. ed. Porto Alegre: Artmed, 2011.

Minhas anotações

Aula 2º

Sistema Muscular e Circulatório

> Prezados(as) alunos(as)!
> Nesta aula, iremos abordar o funcionamento muscular e os estímulos para iniciar os processos de contração dos músculos, além das estruturas proteicas que são ativadas para que isso ocorra. Além disso, daremos sequência para o sistema circulatório que é regido pelo miocárdio e os vasos sanguíneos com função de transportar o sangue para todos os tecidos do corpo humano. Bom trabalho.
>
> — Bons estudos!

Objetivos de aprendizagem

Ao término desta aula, vocês serão capazes de:

- aprender como é sinalizado a contração muscular na placa motora;
- verificar como ocorre o deslizamento dos filamentos de actina e miosina;
- entender como o sistema circulatório é ativado e transporta o sangue para todos os tecidos, além do controle de pressão sanguínea.

Seções de estudo

1- Sistema Muscular
2- Músculo Estriado Cardíaco
3- Sistema Circulatório

1- Sistema Muscular

Anatomicamente, os músculos estão divididos em: músculo estriado esquelético, músculo estriado cardíaco e músculo liso. Eles têm função de movimento, estabilização corporal e controle da hemostasia e digestão. Cerca de 40% do corpo são compostos por músculos esqueléticos e quase outros 10% são formados por músculos liso e cardíaco (GUYTON, 2006).

1.1 Músculo esquelético

É possível dizer que o músculo esquelético é formado por estruturas como feixes, fibras, miofibrilas, sarcômeros, sendo esses a menor unidade contrátil de um músculo e os complexos proteicos conhecidos como filamentos de actina e miosina (Figura 10). Vale destacar que essa classe muscular é enervada pelas fibras nervosas motor somáticas (já discutidas anteriormente) e essa enervação ocorre em uma região conhecida como placa motora.

Após estímulo do sistema nervoso para que ocorra a contração muscular esquelética, os neurotransmissores acetilcolina são liberados diretamente na placa motora e ligam-se aos receptores nicotínicos celulares estimulando uma cascata de reação intramuscular.

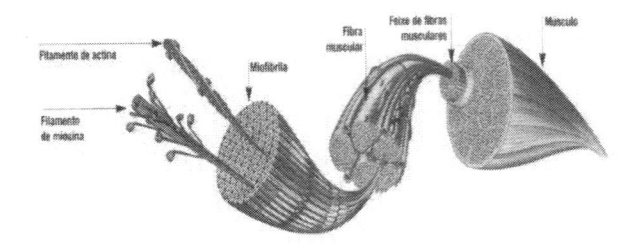

Figura 10. Estrutura, formação do músculo esquelético. Disponível em: SILVERTHORN, D.U. Fisiologia Humana. 5.ed. Porto Alegre: Artmed, 2010.

Segundo descrito por Guyton (2006), o desencadeamento e decurso de uma contração muscular ocorre segundo as etapas sucessivas seguintes (Figura 11 e 12):
- ✓ Um potencial de ação percorre um axônio motor até suas terminações nas fibras musculares.
- ✓ Em cada terminação, há secreção de pequena quantidade da substância neurotransmissora, chamada acetilcolina (GUYTON, 2006).
- ✓ A acetilcolina atua sobre área localizada da membrana da fibra muscular, abrindo numerosos canais proteicos acetilcolina dependentes (GUYTON, 2006).
- ✓ A abertura desses canais acetilcolina-dependentes permite o influxo de grande quantidade de íons sódio para o interior da membrana da fibra muscular, no ponto da terminaçãonervosa. Isso produz um potencial de ação na fibra muscular (GUYTON, 2006).
- ✓ O potencial de ação se propaga ao longo da membrana da fibra muscular do mesmo modo como o faz nas membranas neurais (GUYTON, 2006).
- ✓ O potencial de ação despolariza a membrana da fibra muscular e, também, penetra profundamente no interior dessa fibra. Aí, faz com que o retículo sarcoplasmático libere, para as miofibrilas. grande quantidade de íons cálcio, que ficam armazenadas em seu interior (GUYTON, 2006).
- ✓ Os íons cálcio geram forças atrativas entre os filamentos de actina e de miosina, fazendo com que deslizem um em direção ao outro, o que constitui o processo contrátil (GUYTON, 2006).
- ✓ Após uma fração de segundo, os íons cálcio são bombeados de volta para o retículo sarcoplasmático, onde permanecem armazenados até que ocorra novo potencial de ação muscular; termina a contração muscular (GUYTON, 2006).

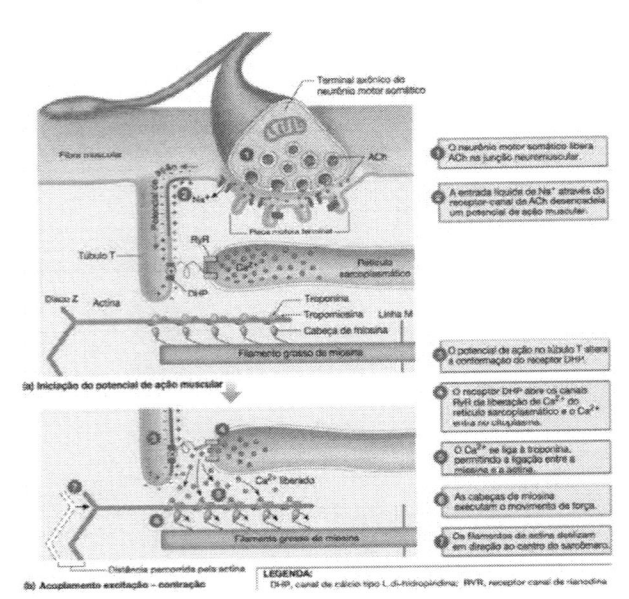

Figura 11. Estímulo da contração muscular esquelética. Disponível em: SILVERTHORN, D.U. Fisiologia Humana. 5. ed. Porto Alegre: Artmed, 2010.

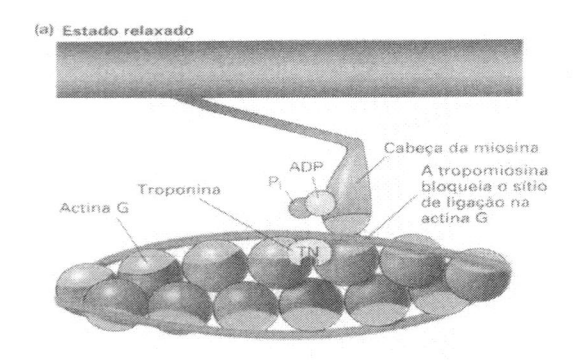

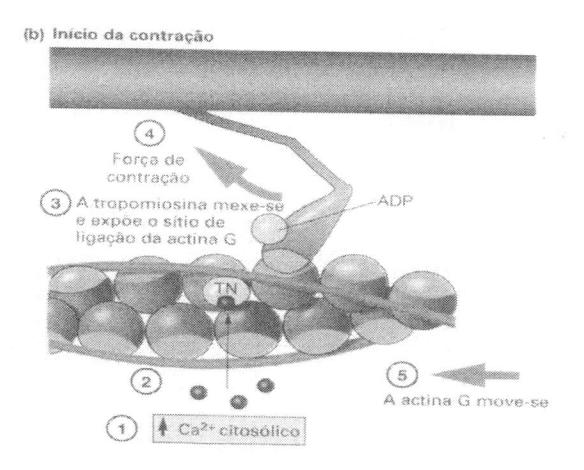

Figura 12. Demonstração da conformidade das proteínas em estado relaxado e em contração muscular após liberação de íon de Cálcio. Disponível em: SILVERTHORN, D.U. Fisiologia Humana. 5. ed. Porto Alegre: Artmed, 2010.

1.2 Músculo liso

O músculo liso tem característica de ser controlado por ações químicas e mecânicas, mas, principalmente, pelo potencial de ação e liberação de neurotransmissores do sistema nervoso autonômico, possuindo controle e ação simpática e parassimpática (como visto em Anatomia Humana).

Ainda é possível relatar que essa classe muscular estão presentes em diversos órgãos, porém podem ser encontrados com características diferentes por vários aspectos como dimensões físicas, organização em feixes ou camadas, resposta a diversos tipos de estímulos, características de inervação e de função (GUYTON, 2006).

O músculo liso, assim como o esquelético, contém tanto filamentos de actina como de miosina, ambos com características químicas semelhantes. Porém, os músculos lisos não contêm a proteína troponina e, sim, uma proteína conhecida como calmodulina, diferenciando o processo de contração muscular entre esquelético e liso (GUYTON, 2006).

Além disso, é válido destacar que o músculo liso sofre influência e controle dos nervos autonômicos, tendo seu estímulo para contração iniciado pelo neurotransmissor noradrenalina, que se liga a receptores adrenérgicos e para relaxamento a ação da acetilcolina, que está ligada aos receptores muscarínicos.

Estudos químicos mostraram que a actina e a miosina extraídas do músculo liso interagem entre si de modo quase idêntico ao da actina e miosina extraídas do músculo esquelético. Ainda é importante destacar que existem diferenças importantes que existem diferenças no acoplamento excitação-contração do músculo liso, no controle do processo da contração pelos íons cálcio, na duração da contração e na quantidade de energia necessária para o processo contrátil. Cabe, também, a diferença que músculo liso não apresenta a disposição estriada dos filamentos de actina e de miosina encontrada nos músculos esqueléticos (GUYTON, 2006).

Segundo Guyton, o processo de contração muscular lisa segue as seguintes etapas após estímulo dos sistemas de controle (Figura 13):

✓ Os íons cálcio se fixam a calmodulina.
✓ A combinação calmodulina-cálcio se fixa, então, ativa a miosina quinase, uma enzima fosforilativa.
✓ Uma das cadeias leves de cada cabeça de miosina, chama da de cadeia regulatória, fica fosforilada, em resposta à miosina quinase. Quando essa cadeia não está fosforilada, não ocorre o ciclo de fixação-desligamento da cabeça. Mas, quando a cadeia regulatória está fosforilada, a cabeça adquire a capacidade de se fixar ao filamento de actina e seguir por todo o processo do ciclo, o que resulta em contração muscular.

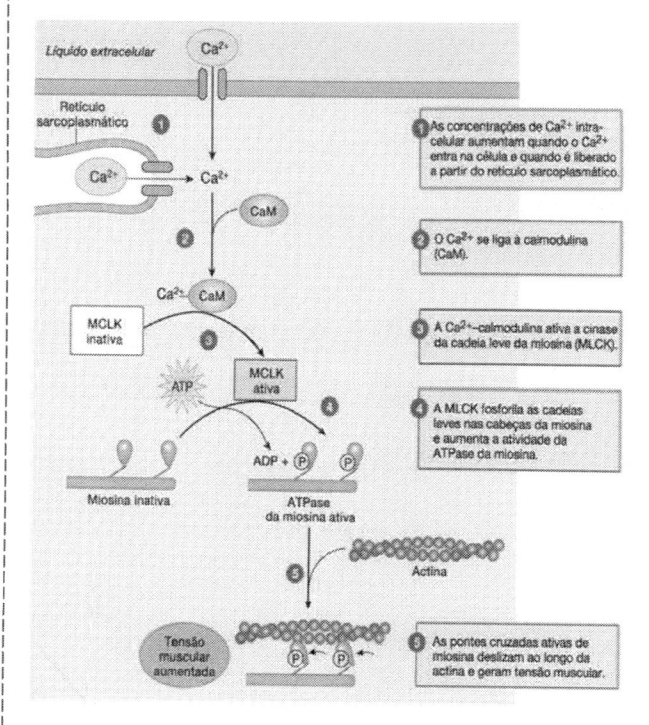

Figura 13. Estimulo e mecanismo da contração muscular lisa. Disponível em: SILVERTHORN, D.U. Fisiologia Humana. 5. ed. Porto Alegre: Artmed, 2010.

2- Músculo Estriado Cardíaco

O coração é constituído de três tipos principais de músculo cardíaco: músculo atrial, músculo ventricular e fibras musculares condutoras e excitatórias especializadas. Os tipos atrial e ventricular de músculo se contraem da mesma maneira que o músculo esquelético, exceto que a duração da contração é muito maior. Por outro lado, as fibras condutoras e excitatórias especializadas se contraem apenas fracamente, por conterem poucas fibrilas contrateis; em vez disso, elas apresentam ritmicidade e velocidades variáveis de condução, proporcionando um sistema excitatório para o coração e um sistema de transmissão para a condução controlada do sinal excitatório cardíaco por todo o coração (GUYTON, 2006).

2.1 Contração do músculo cardíaco

No músculo cardíaco o acoplamento para realização da excitação e contração ocorre por função direta dos íons de cálcio e dos túbulos T. O termo "acoplamento excitação-contração" indica o mecanismo pelo qual o potencial de ação faz contraírem-se as miofibrilas musculares. Entretanto, novamente, há diferenças quanto a este mecanismo no músculo cardíaco, que tem efeitos importantes sobre as características da contração muscular cardíaca (GUYTON, 2006).

Como ocorre com os músculos esqueléticos, ao se propagar pela membrana do músculo cardíaco, o potencial de ação também se dissemina para o interior da fibra muscular cardíaca, pelas membranas dos túbulos T (GUYTON, 2006). Os potenciais de ação dos túbulos T, por sua vez, atuam sobre as membranas dos túbulos sarcoplasmáticos, causando a liberação imediata de grande quantidade cálcio que estava armazenada dentro de uma estrutura muscular conhecida como retículo sarcoplasmático sendo liberado para o sarcoplasma muscular.

Em mais alguns milésimos de segundo, esses íons cálcio se difundem até as miofibrilas e ativam as reações químicas promovendo o deslizamento dos filamentos de actina e miosina o que leva a contração muscular. Até aqui, este mecanismo de acoplamento excitação contração é o mesmo que para o músculo esquelético, mas destaca-se que existe um segundo importantíssimo para continuidade da contração muscular cardíaca. Além dos íons cálcio liberados no sarcoplasma pelas cisternas do retículo sarcoplasmático, grande quantidade Ca$^+$ também entram nas células através dos túbulos T direto para o sarcoplasma e sem essa ação a força de contração do músculo cardíaco seria reduzida, pois o retículo sarcoplasmático do músculo cardíaco não armazenam Ca$^+$ suficiente para proporcionar contração completa. Outra observação importante é que os túbulos T do músculo cardíaco têm diâmetro 5 vezes maior que o dos túbulos dos músculos esqueléticos e volume 25 vezes maior (GUYTON, 2006).

A força de contração do músculo cardíaco depende, em grande parte, da concentração de íons cálcio nos líquidos extracelulares. A razão disto é que as extremidades dos túbulos T se abrem diretamente no exterior das fibras musculares cardíacas, possibilitando ao mesmo líquido extracelular do interstício do músculo cardíaco também fluir pelos túbulos T. Por conseguinte, tanto a quantidade de íons cálcio no sistema de túbulos T como a disponibilidade de íons cálcio para causar a contração do músculo cardíaco dependem diretamente da concentração de íons cálcio no líquido extracelular (GUYTON, 2006).

A título de contraste, a força de contração do músculo esquelético dificilmente é afetada pela concentração extracelular de íons cálcio, porque sua contração é causada quase que inteiramente pelos íons cálcio liberados pelo retículo sarcoplasmático no interior da própria fibra muscular esquelética (GUYTON, 2006).

Ao final do platô do potencial de ação, o influxo de íons cálcio para o interior das fibras musculares é interrompido subitamente e os íons cálcio presentes no sarcoplasma são rapidamente bombeados de volta tanto para o retículo sarcoplasmático como para os túbulos T. Em consequência, a contração cessa até que ocorra novo potencial de ação (GUYTON, 2006).

2.2 O sistema especializado de excitação e condução do coração

O coração é provido de um sistema especializado: (1) para a geração de impulsos rítmicos, para causar a contração rítmica do músculo cardíaco; e (2) para a condução rápida desses impulsos por todo o coração. Quando esse sistema funciona normalmente, os átrios se contraem cerca de um sexto de segundo antes da contração ventricular, o que possibilita maior enchimento dos ventrículos antes que eles bombeiem o sangue pelos pulmões e pela circulação periférica. Outra importância especial do sistema é que ele possibilita que todas as partes dos ventrículos se contraiam simultaneamente, o que é essencial para a geração efetiva de pressão nas câmaras ventriculares (GUYTON, 2006).

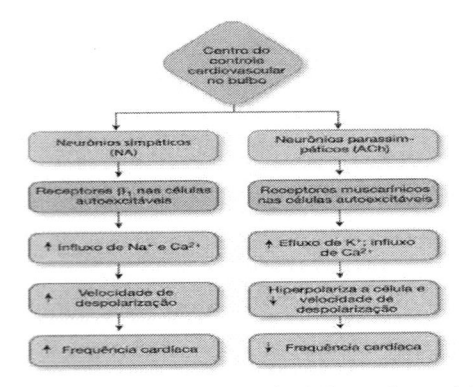

Figura 14. Controle Simpático e Parassímpatico do Sistema Nervoso Autonômico na frequência cardíaca. Disponível em: SILVERTHORN, D.U. Fisiologia Humana. 5.ed. Porto Alegre: Artmed, 2010.

De modo geral, após ser estimulado por sensibilização de receptores adrenérgicos (Figura 14), o potencial de ação para início da contração muscular cardíaca passa por conjuntos celulares conhecidos e na sequência de: Nó sinoatrial, Vias Internodais, Nó atrioventricular, Feixes de Hiss até chegar as fibras de purkinje (Figura 15). O processo de transmissão do sinal/impulso elétrico para estímulo da contração muscular cardíaca segue na figura abaixo (GUYTON, 2006).

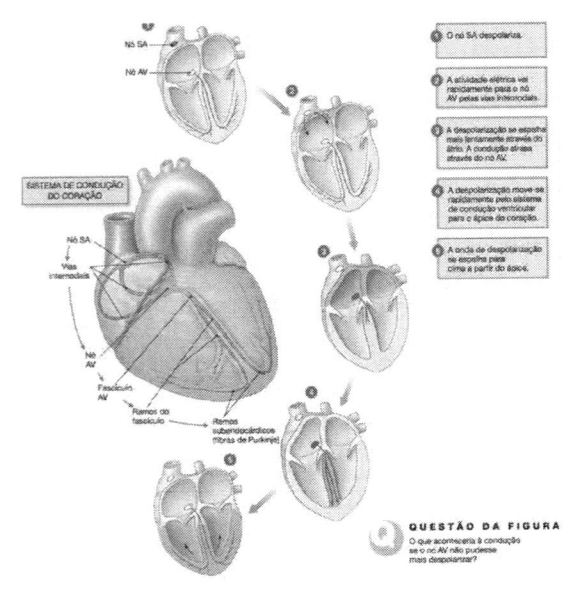

Figura 15. Sistema condutor cardíaco: SILVERTHORN, D. U. Fisiologia Humana. 5. ed. Porto Alegre: Artmed, 2010.

3- Sistema Circulatório

Guyton (2006) define a função da circulação sanguínea como a de atender às necessidades dos tecidos, transportando nutrientes até os tecidos, removendo daí os produtos de excreção, levando hormônios de uma para outra parte do corpo e manter, em geral, em todos os líquidos teciduais, um ambiente apropriado à sobrevida e função ótimas das células. Neste contexto, é de suma importância entender que todo o sangue que circula tem a função de atender as necessidades teciduais a partir da ação do coração, débito cardíaco e controle da pressão arterial.

Os vasos sanguíneos têm a função de receber o sangue bombeado do coração e circular por todo o corpo. Esses vasos podem ser divididos em: Artérias, Arteríola, Capilares, Vênulas e Veias. A função fisiológica de cada um é:
- ✓ Artérias: transportar o sangue sob alta pressão;
- ✓ Arteríolas: controlar a pressão arterial através de vaso constrição e vaso dilatação;
- ✓ Capilares: promover troca entre substâncias que estão circulando no sangue como líquidos, nutrientes, eletrólitos, hormônios e outras substâncias com o líquido intersticial;
- ✓ Vênulas: coletam o sangue dos capilares e coalescem em veias;
- ✓ Veias: recebem o sangue após troca com líquido instersticial e tem importante função no armazenamento do sangue.

Vale relatar que os vasos sanguíneos possuem constituição tecidual diferente como mostra na imagem e a característica de cada formação tecidual é o que determina a função de cada vaso sanguíneo como mostra a Figura 16.

	Diâmetro médio	Espessura média da parede	Endotélio	Tecido elástico	Músculo liso	Tecido fibroso
Artéria	4,0 mm	1,0 mm				
Arteríola	30,0 µm	6,0 µm				
Capilar	8,0 µm	0,5 µm				
Vênula	20,0 µm	1,0 µm				
Veia	5,0 mm	0,5 mm				

Figura 16. Estrutura tecidual para formação dos vasos sanguíneos. Disponível em: SILVERTHORN, D. U. Fisiologia Humana. 5. ed. Porto Alegre: Artmed, 2010.

O fluxo sanguíneo para cada tecido do corpo é quase sempre precisamente controlado em relação às necessidades do tecido e quando estão ativos ou em atividade, os tecidos acabam necessitando de mais fluxo sanguíneo para manter as necessidades fisiológicas e garantir um ambiente ótimo para suas células. Entretanto, é importante ressaltar que o coração não pode normalmente aumentar seu débito cardíaco exponencialmente ficando limitado a determinados volumes.

Sendo assim, para auxiliar o processo, mecanismos fisiológicos foram desenvolvidos para controlar o fluxo de sangue, sendo que os microvasos de cada tecido têm por função monitorar continuamente as necessidades locais. Exemplos de controle são a disponibilidade de nutrientes e o acúmulo de produtos da excreção tecidual, o que geram uma demanda e por consequência, controlam o fluxo de sangue com precisão. Conclui-se, então, o débito cardíaco (volume de sangue que o coração recebe) é controlado principalmente pela ação de fluxo tecidual local e, também, sofre ação direta da pressão sanguínea (GUYTON, 2006).

Além disso, é importante ressaltar que o sangue que sai do coração gera uma força na parede da artéria conhecida como a pressão arterial (PA). Essa pressão pode ser controlada independentemente do fluxo sanguíneo local ou do controle do débito cardíaco, pois o sistema circulatório possui um extenso sistema de controle de PA.

Ademais, o controle da pressão arterial é fundamental para garantia da pressão sanguínea e com isso faz com que sangue flua facilmente por toda a parte do corpo. E caso essa pressão sofra interferência e variação, mecanismos fisiológicos também foram desenvolvidos para manter a homeostase, como, por exemplo, se a pressão sanguínea cair ou aumentar excessivamente em comparação com seu nível médio normal (de cerca de 100 mm Hg), uma ação de reflexos do sistema nervoso é ativada e dentro de segundos, uma série de alterações circulatórias que estimulam o que chamamos de vasoconstrição ou vasodilatação iniciam o controle e a volta ao normal (GUYTON, 2006).

A vasoconstrição é o mecanismo ao qual o músculo liso presente, principalmente, nas arteríolas são ativados e comprimem o vaso aumentando a pressão arterial e sanguínea. Já a vasodilatação é o processo de relaxamento do músculo aumentando o calibre do vaso diminuindo a pressão arterial e sanguínea.

A importância do controle da pressão é que ele impede que as alterações do fluxo sanguíneo numa área do corpo afetem significativamente o fluxo em outras partes do corpo, porque não é permitido que a pressão máxima, comum a ambas as áreas, se altere por muito (GUYTON, 2006).

3.1 Pressão arterial

Segundo Guyton (2006), a cada batimento do coração, um novo jato de sangue enche as artérias. Se não fosse pela distensibilidade do sistema arterial, o fluxo sanguíneo pelos tecidos só ocorreria durante a sístole, não havendo fluxo sanguíneo durante a diástole. Felizmente, a combinação da distensibilidade das artérias com sua resistência reduz praticamente a zero as pulsações da pressão quando o sangue chega aos capilares; por esta razão, o fluxo sanguíneo tecidual quase não é afetado pela natureza pulsátil do bombeamento cardíaco.

Após estudos cardiovasculares foi observado que em adultos jovens normais, a pressão no pico máximo, conhecido como pressão sistólica, é de aproximadamente 120mmHg e, no ponto mais baixo, conhecido como pressão diastólica, é de aproximadamente 80mmHg, como comumente chamamos de 12/8 e a diferença entre essas duas pressões, em torno de 40mmHg, é denominada pressão diferencial (GUYTON, 2006).

A pressão arterial média é a média de todas as pressões medidas milissegundo a milissegundo por certo período. É importante relatar, que a pressão arterial também controla a pressão sanguínea e que a força ao qual o sangue é empurrado do coração para as artérias vai caindo progressivamente até a chegar a quase 0mmHg nas veias cavas (o retorno ao coração), como demonstrado na Figura 17.

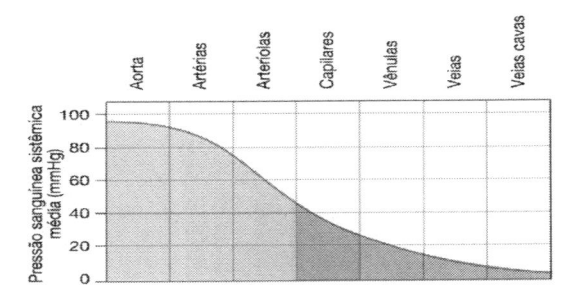

Figura 17. Pressão sanguínea ao longo dos vasos sanguíneos. Disponível em: SILVERTHORN, D. U. Fisiologia Humana. 5. ed. Porto Alegre: Artmed, 2010.

3.2 A microcirculação e o sistema linfático

Guyton (2006) relata que a microcirculação tem grande importância, pois ocorre à função mais ativa da circulação que é o transporte de nutrientes para os tecidos e a remoção dos produtos de excreção das células locais. Para isso, as pequenas arteríolas têm função de controlar o fluxo sanguíneo para cada área e as condições locais nos próprios tecidos controlam, por sua vez, o diâmetro das arteríolas (vasoconstrição ou vasodilatação). Assim, cada tecido controla, na maioria dos casos, seu próprio fluxo sanguíneo em relação às suas necessidades (GUYTON, 2006).

A microcirculação de cada órgão é, especificamente, organizada para servir às necessidades especiais desse órgão. Em geral, cada artéria nutriente, ao chegar a um órgão, ramifica-se seis a oito vezes antes dos ramos se tornarem suficientemente pequenos para serem denominados "arteríolas".

O sangue de uma arteríola passa por uma série de metarteríolas, que são designadas por alguns fisiologistas como arteríolas terminais e que têm estrutura intermediária entre a das arteríolas e a dos capilares. Após sair da metarteríola, o sangue passa para os capilares, alguns dos quais são grandes, sendo denominados canais preferenciais e outros são pequenos, os capilares verdadeiros. Após passar pelos capilares, o sangue penetra na vênula e retorna à circulação geral (GUYTON, 2006).

No ponto em que os capilares verdadeiros se originam das metarteríolas, uma fibra muscular lisa circunda geralmente o capilar. Isto é denominado esfíncter pré-capilar. Esse esfíncter pode abrir e fechar a entrada do capilar (GUYTON, 2006).

Ainda é válido reforçar que além da circulação sanguínea via vasos existe o sistema linfático, que tem o papel fundamental desempenhado por esse sistema na determinação da pressão do líquido intersticial. O sistema linfático é um sistema "gari" que remove o excesso de líquido, restos celulares e outros materiais dos espaços teciduais (GUYTON, 2006).

O sistema linfático constitui uma via acessória pela qual os líquidos podem fluir dos espaços intersticiais para o sangue. E, mais importante de tudo, os vasos linfáticos podem transportar, para fora dos espaços teciduais, proteínas e grandes materiais particulados, nenhum dos quais pode ser removido diretamente por absorção pelo capilar sanguíneo. Essa remoção de proteínas dos espaços intersticiais é uma função absolutamente essencial, sem a qual morreríamos dentro de cerca de 24 horas. Destaca-se ainda que a linfa deriva do líquido intersticial que flui para os vasos linfáticos. Por esta razão, a linfa, quando começa a sair de cada tecido, tem quase a mesma composição do líquido intersticial (GUYTON, 2006).

Retomando a aula

Chegamos, assim, ao final de nossa aula. Espera-se que agora tenha ficado mais claro o entendimento de vocês sobre Fisiologia do Sistema Muscular e Circulatório. Vamos recordar alguns pontos importantes que foram discutidos?

Nesta aula, abordamos o sistema muscular, definindo músculos esquelético, liso e cardíaco, além de entendermos sobre a circulação do sangue e linfa.

O músculo esquelético anatomicamente é formado por feixes, fibras, miofibrilas, sarcômeros (menor unidade contrátil) e os complexos proteicos de actina e miosina. Vale destacar que esse tipo de músculo é enervado pelas fibras nervosas motor somáticas em região conhecida como placa motora. Já o músculo liso encontrado em um órgão é diferente do presente nos demais por vários aspectos: dimensões físicas, organização em feixes ou camadas, resposta a diversos tipos de estímulos, características de inervação e de função.

E o coração é constituído de três tipos principais de músculo cardíaco: músculo atrial, músculo ventricular e fibras musculares condutoras e excitatórias especializadas. Os tipos atrial e ventricular de músculo se contraem da mesma maneira que o músculo esquelético, exceto que a duração da contração é muito maior. Por outro lado, as fibras condutoras e excitatórias especializadas se contraem apenas fracamente, por conterem poucas fibrilas contráteis; em vez disso, elas apresentam ritmicidade e velocidades variáveis de condução, proporcionando um sistema excitatório para o coração e um sistema de transmissão para a condução controlada do sinal excitatório cardíaco por todo o coração

Vale a pena

Vale a pena ler,

GUYTON, Arthur C.; HALL, John E. *Tratado de fisiologia médica*. 9. ed. Rio de Janeiro: Guanabara Koogan; Rio de Janeiro: Elsevier, 2006.

SILVERTHORN, Dee Unglaub; JOHNSON, Bruce R. *Fisiologia humana*: uma abordagem integrada. 5. ed. Porto Alegre: Artmed, 2011.

Aula 3º

Sistema Respiratório e Sistema Renal

Prezados(as) acadêmicos(as)!
Para darmos continuidade aos nossos estudos nesta aula trabalharemos os sistemas respiratórios abordando conceitos de hematose e mecanismos de ativação da respiração e sistema renal com abordagem nos processos de filtração, reabsorção e secreção de substância ou metabólitos presentes na corrente sanguínea. Além disso, serão abordados os hormônios que agem, principalmente, no controle da função renal e o sistema renina angiotensina aldosterona que tem papel fundamental no controle da pressão arterial como veremos em seguida. Boa aula!

Bons estudos!

Objetivos de aprendizagem

Ao término desta aula, vocês serão capazes de:

- definir e aprender sobre processos de hematose;
- entender sobre os mecanismos de controle da respiração;
- entender sobre a função renal e as ações hormonais no controle de excreção e, também, da pressão arterial

Seções de estudo

1- Sistema Respiratório
2- Sistema Renal

1- Sistema Respiratório

A respiração tem por objetivo fornecer oxigênio aos tecidos e remover o dióxido de carbono. Considerando-se esta função, a respiração pode ser dividida em quatro eventos principais:
1) ventilação pulmonar, que se refere a entrada e saída de ar entre a atmosfera e os alvéolos pulmonares;
2) difusão de oxigênio e de dióxido de carbono entre os alvéolos e o sangue;
3) transporte de oxigênio e de dióxido de carbono no sangue e nos líquidos corporais, para e das células;
4) regulação da ventilação e de outros aspectos da respiração (GUYTON, 2006).

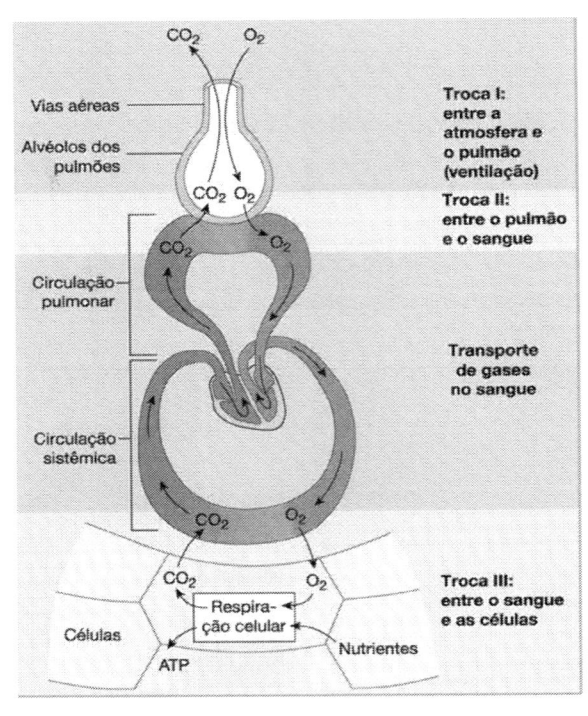

Figura 18. Circulação pulmonar e Circulação Sistêmica. Disponível em: SILVERTHORN, D. U. Fisiologia Humana. 5. ed. Porto Alegre: Artmed, 2010.

1.1 Ventilação pulmonar

Os pulmões podem sofrer expansão e retração por duas maneiras:
1) pelos movimentos do diafragma para baixo e para cima, a fim de aumentar ou diminuir a altura da cavidade torácica;
2) pela elevação e abaixamento das costelas para aumentar e diminuir o diâmetro ântero-posterior da cavidade torácica (GUYTON, 2006).

A respiração considerada normal é controlada pelo primeiro desses dois métodos, ou seja, pela ação do músculo diafragma. Durante processo de inspiração (entrada de ar), a contração do diafragma faz com que expanda a caixa torácica e, consequentemente, traciona os pulmões para baixo (GUYTON, 2006). Em sequência, o processo de expiração, o mesmo diafragma relaxa e com a ajuda da parede torácica e das estruturas abdominais que comprime os pulmões e estimula a retração elástica dos mesmos, diminuindo a o espaço interno empurrando ar de dentro dos alvéolos pulmonares para fora.

Porém, é importante ressaltar que durante uma respiração intensa, as forças elásticas não são poderosas o suficiente para causar a expiração rápida necessária, de modo que a força adicional necessária é obtida principalmente pela contração dos músculos auxiliares da respiração, principalmente, os abdominais, que auxiliam o diafragma e os intercostais a diminuir e/ou aumentar a pressão intrapulmonar (GUYTON, 2006)

1.2 Entrada e saída do ar

O pulmão é uma estrutura elástica que sofre colapso à semelhança de um balão e expele todo seu ar pela traquéia toda vez que não houver uma força para mantê-lo insuflado. Além disso, não existe qualquer inserção entre o pulmão e a parede da caixa torácica, exceto no local em que é suspenso no hilo, do mediastino. Com efeito, o pulmão literalmente flutua na caixa torácica, circundado por uma camada muito delgada de líquido pleural, que lubrifica os movimentos dos pulmões no interior da cavidade.

Além disso, o bombeamento contínuo desse líquido para os canais linfáticos mantém leve sucção entre a superfície visceral da pleura pulmonar e a superfície pleural parietal da cavidade torácica. Por conseguinte, os dois pulmões aderem à parede torácica como se estivessem colados, embora possam deslizar livremente, quando bem lubrificados, à medida que o tórax se expande e se retrai (GUYTON, 2006).

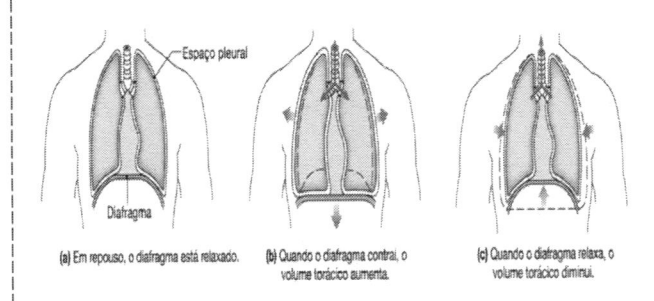

Figura 19. Ação do diafragma na inspiração e expiração. Disponível em: SILVERTHORN, D. U. Fisiologia Humana. 5. ed. Porto Alegre: Artmed, 2010.

1.3 Pressão alveolar

A pressão alveolar se refere à pressão existente no interior dos alvéolos pulmonares. Quando a glote está aberta e não ocorre fluxo de ar para dentro ou para fora dos pulmões, as pressões em todas as partes da árvore respiratória, ao longo dos alvéolos, são exatamente iguais à pressão atmosférica, considerada como 0 centímetro de água. Para provocar a entrada de ar durante a inspiração, a pressão nos alvéolos deve cair para um valor ligeiramente inferior à pressão atmosférica. Durante a expiração, ocorrem eventos opostos: a pressão alveolar se eleva para cerca de + 1 cm de água, forçando a saída do 0,5 l de ar inspirado dos pulmões durante os 2 a 3 segundos da expiração (GUYTON, 2006).

1.4 Volume e capacidade pulmonar

Segundo Guyton (2006), o volume e a caixa pulmonar é dependente dos seguintes passos:
1. A capacidade inspiratória equivale ao volume corrente mais o volume de reserva inspiratório. Trata-se da quantidade de ar (cerca de 3.500ml) que uma pessoa pode inspirar começando no nível expiratório normal e distendendo os pulmões ao máximo (GUYTON, 2006).
2. A capacidade residual funcional é igual ao volume de reserva expiratório mais o volume residual. Trata-se da quantidade de ar que permanece nos pulmões ao final da expiração normal (cerca de 2.300 ml) (GUYTON, 2006).
3. A capacidade vital é igual ao volume de reserva inspiratório, mais o volume corrente e mais o volume de reserva expiratório. Trata-se da quantidade máxima de ar que a pessoa pode expelir dos pulmões após enchê-los inicialmente ao máximo e, em seguida, expirar ao máximo (cerca de 4.600 ml) (GUYTON, 2006).
4. A capacidade pulmonar total se refere ao volume máximo de extensão dos pulmões com o maior esforço inspiratório possível (cerca de 5.800 ml); é igual à capacidade vital mais o volume residual (GUYTON, 2006).

Todos os volumes e as capacidades pulmonares são cerca de 20 a 25% menores nas mulheres do que nos homens e, evidentemente, são maiores em pessoas grandes e atléticas do que em pessoas pequenas e astênicas (GUYTON, 2006).

1.5 Centro Respiratório e Quimiorreceptores

Como descrito por Guyton (2006), o "centro respiratório" é constituído por vários grupos bastante dispersos de neurônios de localização bilateral no bulbo e na ponte. É dividido em três grandes conjuntos de neurônios:
1) o grupo respiratório dorsal, localizado na porção dorsal do bulbo, que desencadeia, principalmente, a inspiração;
2) o grupo respiratório ventral, localizado na parte ventrolateral do bulbo, que pode ocasionar tanto expiração quanto inspiração, dependendo dos neurônios do grupo que são estimulados;
3) o centro pneumotáxico, localizado dorsalmente na porção superior da ponte, que ajuda a controlar tanto a frequência quanto o padrão da respiração.

O grupo respiratório dorsal de neurônios desempenha o papel fundamental no controle da respiração. Por isso, consideraremos sua função em primeiro lugar.

O objetivo final da respiração é manter concentrações adequadas de oxigênio, dióxido de carbono e íons hidrogênio nos tecidos. Por conseguinte, é muito apropriado que a atividade respiratória seja muito sensível a alterações de qualquer uma dessas concentrações (GUYTON, 2006).

O excesso de dióxido de carbono ou de íons hidrogênio estimula, principalmente, o centro respiratório, determinando aumento acentuado da força dos sinais inspiratórios e expiratórios para os músculos da respiração. Por outro lado, o oxigênio não parece exercer efeito direto significativo sobre o centro respiratório do encéfalo para controlar a respiração. Com efeito, atua quase inteiramente sobre quimiorreceptores periféricos localizados nos corpúsculos carotídeos e aórticos; estes, por sua vez, transmitem sinais nervosos apropriados para o centro respiratório, a fim de controlar a respiração, como demonstrado na figura 20 (GUYTON, 2006).

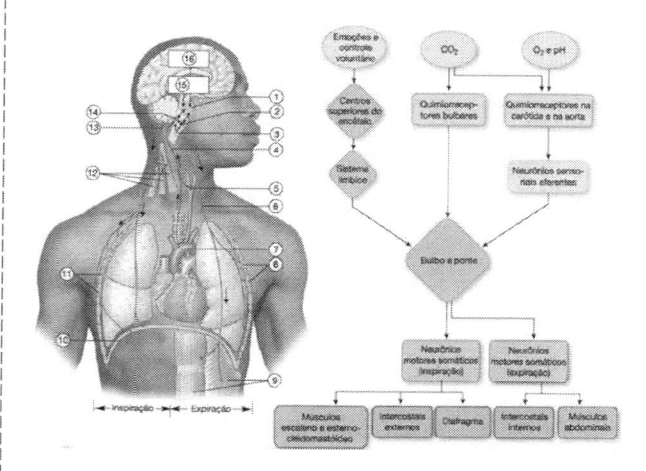

Figura 20. Ação do diafragma na inspiração e expiração. Disponível em: SILVERTHORN, D. U. Fisiologia Humana. 5. ed. Porto Alegre: Artmed, 2010.

- **Hematose, saturação de O2 e o equilíbrio do PH sanguíneo**

Hematose é o nome que se dá para a troca gasosa entre os alvéolos pulmonares e a corrente sanguínea. Esse processo ocorre para que possamos manter a saturação de oxigênio necessário para suprimento de nossas células. Lembrando que as células necessitam de oxigênio para promover respiração celular nas mitocôndrias e consequentemente auxiliar na produção de ATP (energia).

É válido ressaltar que além disso, outra importante função do equilíbrio de saturação de oxigênio é a manutenção do pH sanguíneo entre 7,35 e 7,45 (SILVERTHORN, 2010).

Quando falamos de saturação consideramos uma valor ideal entre 96% e 99% de moléculas de oxigênio do sangue arterial sistêmico ligados a uma proteína presente dentro da hemácia conhecida como Hemoglobina, essa proteína tem por função auxiliar nas trocas gasosas e, também, é a que dá a característica de cor vermelha aos eritrócitos (hemácia) (SILVERTHORN, 2010).

Nessa concentração de saturação de O2 ideal é factível correlacionar com um suprimento tecidual necessário para trocas e manutenção da homeostase. Quando o sangue chega carregado de oxigênio nos capilares teciduais existe a liberação dessas moléculas para o LEC e, como consequência, a grande concentração de CO_2 (subproduto da reação das mitocôndrias) e essas moléculas são captadas no sangue capilar onde por volta de 25% se liga a hemoglobina e os outros 75% voltam dissolvidos no plasma até a chegada aos alvéolos pulmonares (circulação venosa sistêmica) para serem liberados e expirados (SILVERTHORN, 2010).

Importante, também, correlacionar que o aumento das taxas de CO_2 e uma queda da saturação de O_2 (diminuição das concentrações de O_2 em sangue arterial sistêmico) podem, como dito anteriormente, alterar o pH sanguíneo, isso porque, o excesso de CO_2 nos tecidos reagem com íons de H^+ presentes no local e começam a formar o ácido carbônico o que leva a deixar um pH mais ácido (SILVERTHORN, 2010).

Vale a pena ler: acidose e alcalose respiratória.

2- Sistema Renal

Os rins desempenham duas funções principais. Em primeiro lugar, excretam a maior parte dos produtos terminais do metabolismo corporal e, em segundo lugar, controlam as concentrações da maioria dos constituintes dos líquidos orgânicos. O presente capítulo tem por objetivo apresentar os princípios básicos de formação da urina. Nos capítulos subsequentes, descreveremos com detalhes os mecanismos de processamento e controle da excreção de cada constituinte na urina (GUYTON, 2006).

Em seu conjunto, os dois rins contêm cerca de 2.000.000 de néfrons, tendo cada néfron a capacidade de formar urina por si só. Por conseguinte, na maioria dos casos, não é necessário considerar todo o rim, mas apenas a função de um único néfron, para explicar a função do rim. O néfron é constituído basicamente por (1) um glomérulo, pelo qual o líquido é filtrado do sangue, e (2) um longo túbulo no qual o líquido filtrado é transformado em urina no seu trajeto até a pelve renal (Figura 21) (GUYTON, 2006).

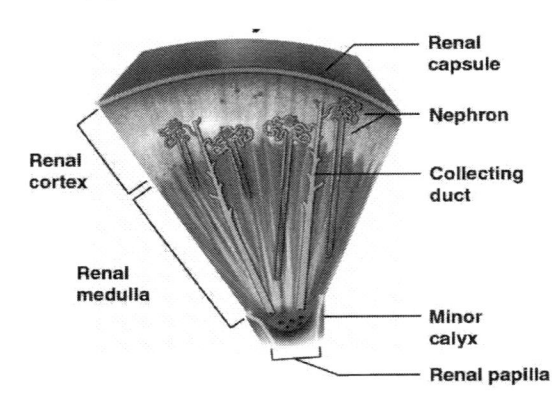

Figura 21. Néfron e ductos coletores. Disponível em: SILVERTHORN, D. U. Fisiologia Humana. 5. ed. Porto Alegre: Artmed, 2010.

O sangue penetra no glomérulo pela arteríola aferente e, a seguir, sai pela arteríola eferente. O glomérulo consiste numa rede de até 50 capilares paralelos, ramificados e anastomosados, recobertos por células epiteliais e envoltos pela cápsula de Bowman. A pressão do sangue no glomérulo determina a filtração de líquido para a cápsula de Bowman. E, a partir daí, o líquido flui para o túbulo proximal, localizado no córtex renal, juntamente com o glomérulo (GUYTON, 2006).

A partir do túbulo proximal, o líquido penetra na alça de Henle, que mergulha profundamente na massa renal; algumas dessas alças percorrem todo o caminho até a parte inferior da medula renal. Cada alça é dividida em ramo descendente e ramo ascendente. A parede do ramo descendente e a extremidade inferior do ramo ascendente são muito finas, por isso, receberam a designação de segmento delgado da alça de Henle. Todavia, depois que o ramo ascendente da alça percorre de volta parte do trajeto em direção cortical sua parede torna-se novamente espessa, como a das outras porções do sistema tubular; essa porção da alça de Henle é denominada segmento espesso do ramo ascendente (GUYTON, 2006).

Após passar pela alça de Henle, o líquido penetra, então, no túbulo distal que, como o túbulo proximal, situa-se no córtex renal. A seguir, ainda no córtex, até oito dos túbulos distais coalescem para formar o duto coletor cortical (também denominado túbulo coletor), cuja extremidade se afasta novamente do córtex e segue seu trajeto inferiormente pela medula, onde se transforma no duto coletor medular, embora seja simplesmente denominado duto coletor.

Gerações sucessivas de dutos coletores coalescem para formar dutos coletores progressivamente maiores que penetram na medula e seguem seu trajeto paralelamente às alças de Henle. Os dutos coletores maiores deságuam na pelve renal pelas pontas das papilas renais; estas consistem em projeções cônicas da medula que fazem protrusão nos cálices renais, que são, eles próprios, recessos da pelve renal Figura 26 (GUYTON, 2006).

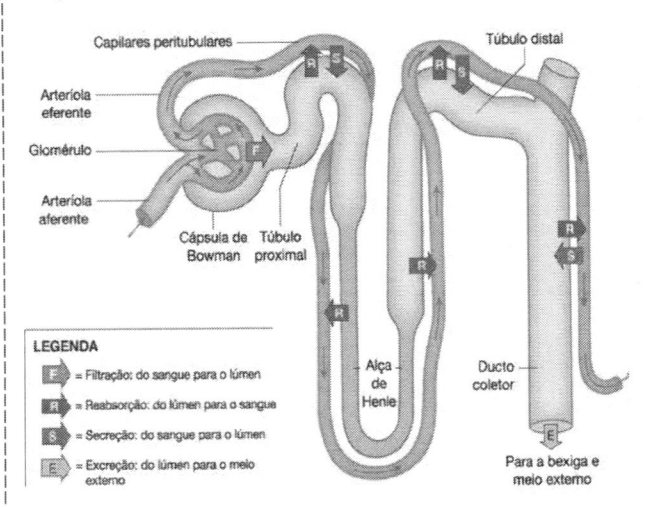

Figura 22. Filtração, reabsorção e secreção. Disponível em: SILVERTHORN, D. U. Fisiologia Humana. 5. ed. Porto Alegre: Artmed, 2010.

FILTRAÇÃO GLOMERULAR

O líquido que filtra através do glomérulo para o interior da cápsula de Bowman é denominado filtrado glomerular, a membrana dos capilares glomerulares recebe a designação de membrana glomerular. Em geral, apesar de essa membrana ser semelhante à de outros capilares em todo corpo, ela possui várias diferenças. Em primeiro lugar, possui três camadas principais: (1) a camada endotelial do próprio capilar, (2) a membrana basal e (3) uma camada de células epiteliais (GUYTON, 2006).

As células endoteliais capilares que revestem o glomérulo são perfuradas por literalmente milhares de pequenos orifícios, denominados fenestras. A seguir, por fora das células endoteliais, existe a membrana basal, constituída, principalmente, por uma rede de fibrilas de colágeno e proteoglicanos que também possuem grandes espaços através dos quais o líquido pode ser filtrado. A camada final da membrana glomerular é a camada de células epiteliais que revestem as superfícies externas do glomérulo. Todavia, essas células não são contínuas, mas consistem principalmente em projeções digitiformes que re cobrem a membrana basal (GUYTON, 2006).

Por conseguinte, o filtrado glomerular atravessa três camadas distintas antes de penetrar na cápsula de Bowman, mas cada uma dessas camadas é várias centenas de vezes mais porosa que a membrana capilar comum, o que explica o enorme volume de filtrado glomerular que pode ser formado a cada minuto. Contudo, a despeito da enorme permeabilidade da membrana glomerular, ela possui grau extremamente alto de seletividade para os tamanhos das moléculas que deixa passar (GUYTON, 2006).

REABSORÇÃO ESECREÇÃO NOS TÚBULOS

O filtrado glomerular que penetra nos túbulos do néfron flui por (1) túbulo proximal, (2) alça de Henle, (3) túbulo distal, (4) duto coletor cortical e (5) duto coletor, para o interior da pelve renal. Ao longo desse trajeto, as substâncias são reabsorvidas ou secretadas seletivamente pelo epitélio tubular e o líquido resultante desse processamento penetra na pelve renal sob a forma de urina. A reabsorção desempenha papel muito mais importante do que a secreção na formação da urina, porém o processo de secreção é especialmente relevante no sentido de determinar as quantidades de íons potássio, íons hidrogênio e outras substâncias na urina (GUYTON, 2006).

Em geral, mais de 99% da água existente no filtrado glomerular são reabsorvidos quando esse filtrado é processado nos túbulos. Por conseguinte, se algum constituinte dissolvido do filtrado glomerular não for reabsorvido ao longo de todo o trajeto dos túbulos, essa reabsorção de água irá obviamente concentrar a substância por mais de 99 vezes. Por outro lado, alguns constituintes, como glicose e aminoácidos, são reabsorvidos quase que por completo, de modo que suas concentrações caem para quase zero antes de o líquido se transformar em urina. Dessa maneira, os túbulos separam as substâncias que devem ser conservadas no organismo das que precisam ser eliminadas na urina, sendo essa separação efetuada sem haver grande perda de água pela urina (GUYTON, 2006).

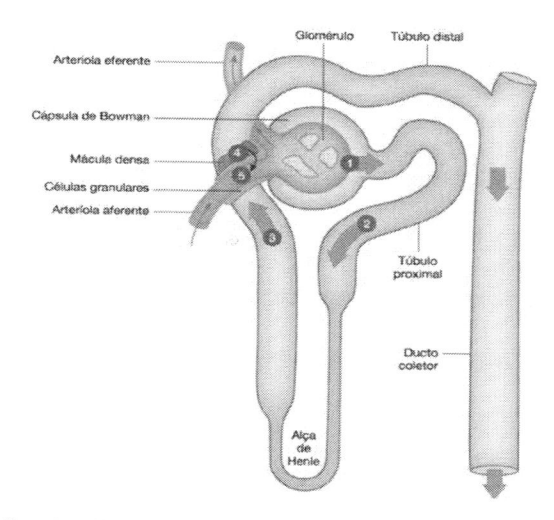

Figura 22. Néfron e células justaglomerulares. Disponível em: SILVERTHORN, D. U. Fisiologia Humana. 5. ed. Porto Alegre: Artmed, 2010.

CONTROLE DA PRESSÃO ARTERIAL

Os rins, além de promover excreta de produtos do metabolismo ou nocivo do organismo, ainda têm papel importante no ajuste da pressão arterial. Alguns mecanismos foram desenvolvidos para que tal fato possa acontecer como ativação da excreção de água e sódio, como, por exemplo, a ação do Peptídeo Natriurético Atrial e da Vasopressina (ADH) ou também pelo controle do Sistema Renina Angiotensina Aldosterona.

PEPTIDEO NATRIURÉTICO ATRIAL

Promove a excreção de sódio, em um processo denominado natriurese, é um produto secreção das paredes dos átrios do coração, em resposta a um aumento no volume do sangue. Seu mecanismo de ação se dá pela diminuição da secreção de renina pelas células justaglomerulares (rins) e diminui a secreção de aldosterona pelo córtex da suprarenal. Seu efeito global é a diminuição na reabsorção de sódio e água, sendo oposto aos efeitos da aldosterona e do ADH (SILVERTHORN, 2010).

HORMÔNIO ANTI DIURÉTICO (VASOPRESSINA)

É um hormônio peptídico secretado pela neuro-hipófise (ou lobo posterior da hipófise) e tem por função diminuir a excreção de água e promover a excreção de uma urina altamente concentrada. Atua nos ductos coletores, tornado-os permeáveis à água que é reabsorvida para os capilares peritubulares.

Os dois estímulos para a liberação de ADH são: (1) diminuição do volume sanguíneo e (2) aumento na concentração de solutos no plasma. Uma característica importante é que o álcool inibe a liberação de ADH, sendo assim a ingestão de bebida alcoólica age direto na resposta do ADH aumentando a excreção de líquido pela não reabsorção de água (SILVERTHORN, 2010).

SISTEMA RENINA ANGIOTENSINA ALDOSTERONA (SRAA)

O SRAA é um sistema de controle de pressão arterial que atua como potencial vasoconstritor e ativa a reabsorção de sódio. A renina é um polipeptídio liberado pela células justa glomerulares que ativa todo o processo, porém a renina não atua diretamente. Ela estimula o aumento a pressão arterial e a secreção de aldosterona (um hormônio da cortical da glândula adrenal), por intermédio do angiotensinogênio (globulina do plasma liberada principalmente em células hepáticas). Atuando sobre o angiotensinogênio, a renina libera um decapeptídio, conhecido como angiotensina I. Essa molécula fica circulante no plasma até sofre ação de uma enzima, também, circulante e produzida, principalmente, em pneumócitos, conhecida como Enzima Conversora de Angiotensina (ECA).

A ECAS remove dois aminoácidos da angiotensina I, formando angiotensina II (octapeptídio), que é considerado um potente vasoconstritor, atua na secreção de ADH e estimula a sede no centro hipotalâmico. Além disso, a renina secretada juntamente com a ação da angiotensina II estimula também o córtex da glândula supra renal a secretar um hormônio conhecido como aldosterona, esses processos estimulam o aumento da pressão arterial (SILVERTHORN, 2010).

A aldosterona age, principalmente, no túbulo contorcido distal estimulando a reabsorção de sódio e água e a excreção de potássio, determinando o aumento do volume sanguíneo. Como aumenta o volume sanguíneo, provoca também o aumento da pressão sanguínea (Figura 23) (SILVERTHORN, 2010).

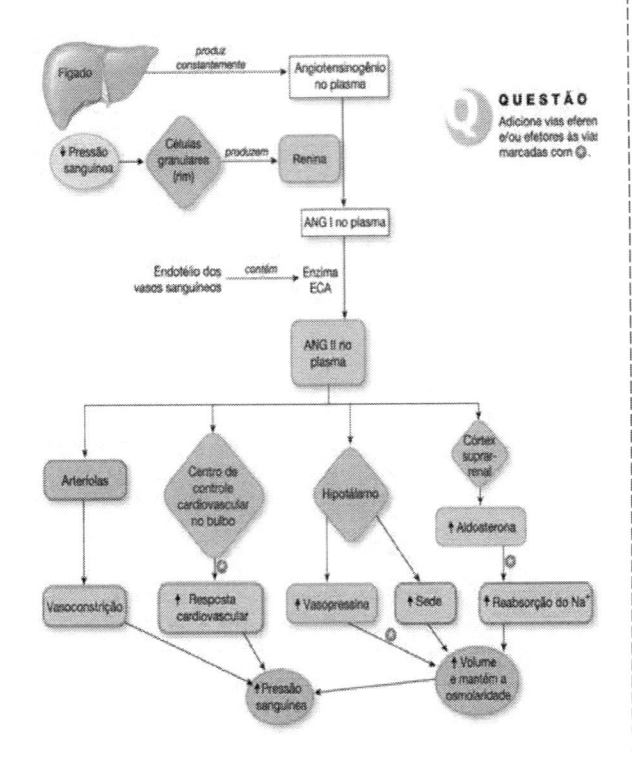

Figura 23. Sistema Renina Angiotensina Aldosterona. Disponível em: SILVERTHORN, D. U. Fisiologia Humana. 5. ed. Porto Alegre: Artmed, 2010.

QUESTÃO
Adicione vias eferentes e/ou efetoras às vias marcadas com ⊙.

Retomando a aula

Chegamos, assim, ao final de nossa aula. Espera-se que agora tenha ficado mais claro o entendimento de vocês sobre Fisiologia do Sistema Respiratório e Renal. Vamos recordar alguns pontos importantes que foram discutidos?

Nesta aula, abordamos que a respiração tem por objetivo fornecer oxigênio aos tecidos e remover o dióxido de carbono. Considerando-se esta função, a respiração pode ser dividida em quatro eventos principais:

1) ventilação pulmonar, que se refere à entrada e à saída de ar entre a atmosfera e os alvéolos pulmonares;
2) difusão de oxigênio e de dióxido de carbono entre os alvéolos e o sangue;
3) transporte de oxigênio e de dióxido de carbono no sangue e nos líquidos corporais, para e das células, e
4) regulação da ventilação e de outros aspectos da respiração.

Também é importante reforçar que o "centro respiratório" é constituído por vários grupos bastante dispersos de neurônios de localização bilateral no bulbo e na ponte. É dividido em três grandes conjuntos de neurônios:

1) o grupo respiratório dorsal, localizado na porção dorsal do bulbo, que desencadeia, principalmente, a inspiração;
2) o grupo respiratório ventral, localizado na parte ventrolateral do bulbo, que pode ocasionar tanto expiração quanto inspiração, dependendo dos neurônios do grupo que são estimulados e
3) o centro pneumotáxico, localizado dorsalmente na porção superior da ponte, que ajuda a controlar tanto a frequência quanto o padrão da respiração.

Além disso, vimos que os rins que desempenham duas funções principais. Em primeiro lugar, excretam a maior parte dos produtos terminais do metabolismo corporal e, em segundo lugar, controlam as concentrações da maioria dos constituintes dos líquidos orgânicos.

Vale a pena

Vale a pena ler,

GUYTON, Arthur C.; HALL, John E. *Tratado de fisiologia médica*. 9. ed. Rio de Janeiro: Guanabara Koogan; Rio de Janeiro: Elsevier, 2006.

SILVERTHORN, Dee Unglaub; JOHNSON, Bruce R. *Fisiologia humana*: uma abordagem integrada. 5. ed. Porto Alegre: Artmed, 2011.

Aula 4º

Sistema Digestório

> Prezados, esta é nossa quarta aula! CHEGAMOS À METADE!
> Para contribuir ainda mais, dessa vez iremos conhecer o sistema digestório! Responsável por atuar nos processos de digestão, motilidade e absorção de nutrientes para nosso organismo e excreção de metabólitos ou excessos em forma de bolo fecal, além de auxiliar no equilíbrio energético do corpo humano controlando a entrada e a saída. Vamos conhecer um pouco mais desse importantíssimo sistema para o ser humano? Boa aula!
>
> Bons estudos!

Objetivos de aprendizagem

Ao término desta aula, vocês serão capazes de:

- conhecer os mecanimos da digestão;
- diferenciar os processos de digestão dos nutrientes como: carboidratos, lipídeos e proteínas;
- entender como ocorre o equilíbrio energético e a função da bile nos processos de digestão.

Seções de estudo

1- Sistema Digestório
2- Secreção pancreática
3- Secreção de bile e funções da árvore biliar

1- Sistema Digestório

O sistema digestório tem a função de fornece ao organismo humano um suprimento necessário de água, eletrólitos e nutrientes de modo geral. Para desempenhar essa função, é necessário: (1) o movimento do alimento ao longo do tubo digestivo; (2) a secreção de sucos digestivos e a digestão do alimento; (3) a absorção dos produtos digestivos, da água e dos vários eletrólitos; (4) a circulação do sangue pelos órgãos gastrintestinais para transportar as substâncias absorvidas; e (5) o controle de todas essas funções pelo sistema nervoso e pelo sistema hormonal (Figura 24) (GUYTON, 2006).

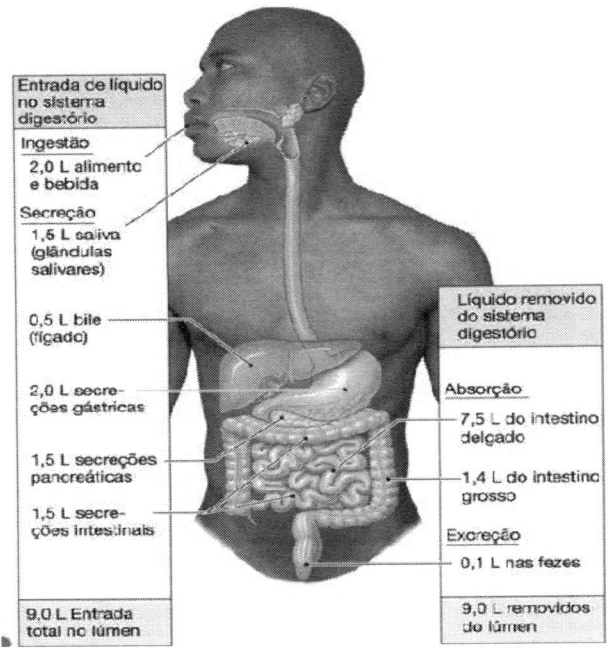

Figura 24. Sistema Digestório. Disponível em: SILVERTHORN, D. U. Fisiologia Humana. 5. ed. Porto Alegre: Artmed, 2010.

O processo de digestão pode ser dividido em dois momentos: 1) digestão química e 2) digestão mecânica. Esses processos, por vezes, ocorrem em conjunto e até mesmo simultaneamente para que o efetivo processo digestivo.

Na boca, existem tanto a digestão química através da liberação de enzimas como, principalmente, da Amilase Salivar e do processo de degradação mecânica por meio da mastigação do bolo alimentar. Ainda, vale destacar que após início na cavidade oral, a deglutição estimula a motilidade através do esôfago pela ativação da contração muscular lisa da região. Essa contração é conhecida como contração peristáltica que "empurra" o bolo alimentar até o estômago.

Vale destacar ainda, que a enzima amilase continua agindo no bolo alimentar digerindo carboidratos até a chegada ao estômago.

A saliva contém dois tipos principais de secreção proteica: (1) a secreção serosa, contendo ptialina (uma α-amilase), que é uma enzima para a digestão dos amidos, e (2) a secreção mucosa, contendo mucina, com função lubrificante. As glândulas parótidas secretam exclusivamente o tipo seroso, enquanto as glândulas submandibulares e sublinguais secretam tanto o tipo seroso quanto o mucoso. As glândulas orais secretam apenas muco. A saliva tem pH situado entre 6,0 e 7,4 ou seja, a faixa favorável para a ação digestiva da ptialina (GUYTON, 2006). Além disso, existem as secreções esofágicas de caráter totalmente mucóide e proporcionam sobretudo a lubrificação para a deglutição para facilitar a chegada do bolo alimentar ao estômago.

O estômago, anatomicamente, pode ser divido em quatro partes: cárdia, fundo, corpo e piloro. Do ponto de vista fisiológico, o estômago pode ser dividido em duas partes principais: (1) o corpo e (2) o antro (Figura 25). Além disso, o fundo, localizado na extremidade superior do corpo do estômago, é considerado por alguns anatomistas como uma entidade distinta do corpo; todavia, em termos fisiológicos, o fundo funciona principalmente como parte do corpo do estômago (GUYTON, 2006).

Vale destacar, que esse órgão tem grande atuação na digestão pelos seus mecanismos de ativação de outras enzimas digestivas como as pepsinas devido a ao seu pH ácido quando liberado HCl. Importante também reforçar, que o estomago suporta o contato com o HCl devido à grande camada de mucosa presente em sua constituição que protege a parede estomacal e suas células (Figura 26).

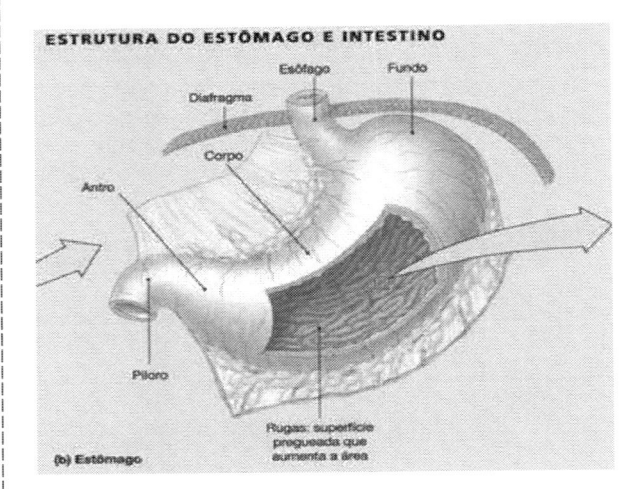

Figura 25. Estômago. Disponível em: SILVERTHORN, D.U. Fisiologia Humana. 5. ed. Porto Alegre: Artmed, 2010.

As secreções gástricas, partem de células secretoras de muco que revestem toda a superfície do estômago, a mucosa gástrica possui dois tipos importantes de glândulas tubulares: as glândulas oxínticas (ou gástricas) e as glândulas pilóricas. As glândulas oxínticas (que formam ácido) secretam ácido clorídrico, pepsinogênio, fator intrínseco e muco, enquanto as glândulas pilóricas secretam, principalmente, muco para proteção da mucosa pilórica, bem como algum pepsinogênio e, sobretudo, o hormônio gastrina. As glândulas oxínticas se localizam nas superfícies internas do corpo e do fundo do estômago, ocupando os 80% proximais do estômago (GUYTON, 2006).

É muito importante destacar que esse processo que as células pépticas e mucosas das glândulas gástricas secretam vários tipos diferentes de pepsinogênio. Mesmo assim, todos esses pepsinogênios desempenham praticamente as mesmas funções. Quando os pepsinogênios são inicialmente secretados, eles não possuem qualquer atividade digestiva. Entretanto, logo que entram em contato com o ácido clorídrico e, especialmente, quando entram em contato com a pepsina previamente formada, bem como com o ácido clorídrico, são imediatamente ativados, resultando na formação de pepsina ativa. A pepsina é uma enzima proteolítica ativa em meio altamente ácido (pH ótimo de 1,8 a 3,5). Todavia, acima do pH de cerca de 5, exibe pouca atividade proteolítica até mesmo se torna totalmente inativada em pouco tempo. Por conseguinte, o ácido clorídrico é tão necessário quanto a pepsina para a digestão proteica no estômago.

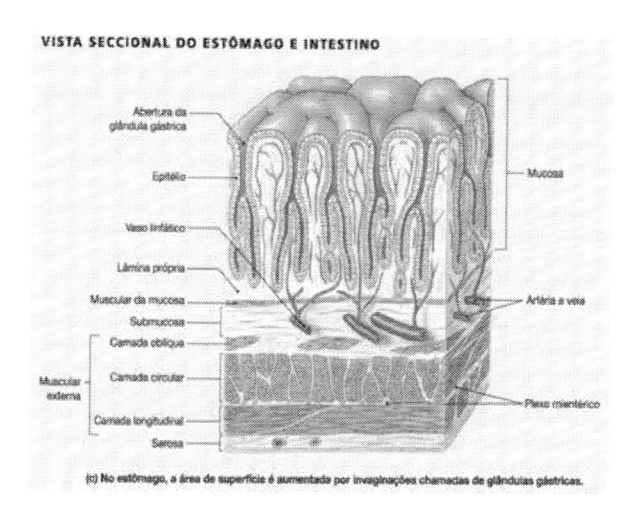

Figura 26. Mucosa estomacal. Disponível em: SILVERTHORN, D.U. Fisiologia Humana. 5. ed. Porto Alegre: Artmed, 2010.

Outras enzimas também podem ser secretadas no estômago em pequenas quantidades como: lipase, gástrica, amilase gástrica e gelatinase. É importante destacar ainda, que as amilases salivares não possuem boa atividade em pH baixo o que inibe suas funções.

As funções motoras do estômago são três: (1) armazenamento de grandes quantidades de alimento até que possam ser acomodadas no duodeno; (2) mistura desse alimento com as secreções gástricas até formar uma mistura semilíquida, denominada quimo; e (3) esvaziamento lento do alimento do estômago para o intestino delgado, com velocidade adequada para a digestão e a absorção eficientes pelo intestino delgado (GUYTON, 2006)

Os sucos digestivos do estômago são secretados pelas glândulas gástricas, que recobrem quase toda a parede do corpo do estômago, à exceção de uma faixa na curvatura menor do estômago. Essas secreções entram imediatamente em contato com o alimento armazenado situado na superfície mucosa do estômago; quando o estômago está cheio, ondas constritoras peristálticas fracas, também denominadas ondas de mistura, movem-se em direção ao antro, ao longo da parede do estômago, com frequência aproximada de uma a cada 20 segundos (GUYTON, 2006).

À medida que as ondas lentas se movem ao longo do estômago, elas não só ocasionam a mistura das secreções com as partes externas do alimento armazenado, como também proporcionam fraca propulsão para mover o alimento em direção ao antro. Quando o estômago está cheio, essas contrações de mistura começam habitualmente próximo à porção média do estômago; todavia, à medida que este se esvazia, as contrações tornam-se mais fortes e, também, originam-se na parte mais posterior da parede gástrica, propelindo assim os últimos vestígios de alimento armazenado para o antro gástrico. A seguir, quando totalmente vazio, o estômago torna-se quiescente até a chegada de novo alimento (GUYTON, 2006).

Após o alimento ter sido misturado com as secreções gástricas, a mistura resultante que passa para o intestino é denominada quimo. O grau de fluidez do quimo depende das quantidades relativas de alimento e das secreções gástricas, bem como do grau de digestão que ocorreu. O aspecto do quimo é de pasta, ou semilíquido, leitoso e escuro (GUYTON, 2006).

Após o esvaziamento gástrico inicia-se a motilidade a partir do intestino delgado. Os movimentos do intestino delgado, como em qualquer parte do tubo gastrintestinal, podem ser divididos em contrações de mistura e contrações propulsivas. Todavia, essa divisão é, em grande parte, artificial, visto que praticamente todos os movimentos do intestino delgado provocam, pelo menos, certo grau de mistura e propulsão.

O quimo é propelido ao longo do intestino delgado por ondas peristálticas. Essas ondas podem ocorrer em qualquer parte do intestino delgado e deslocam-se na direção anal com velocidade de 0,5 a 2 cm/s, sendo muito mais rápidas no intestino proximal e bem mais lentas na porção terminal do intestino.

De forma semelhante aos movimentos de segmentação que ocorrem no intestino delgado, verifica-se também a ocorrência de grandes constrições circulares no intestino grosso. Em cada um desses pontos de constrição, ocorre contração de cerca de 2,5 cm de músculo circular, reduzindo algumas vezes o lúmen do cólon até o grau de oclusão quase completa. Ao mesmo tempo, o músculo longitudinal do cólon, que está agregado em três feixes longitudinais denominados tênias cólicas, contrai-se. Essas contrações combinadas da musculatura lisa longitudinal e circular fazem com que a porção não-estimulada do intestino grosso se projete para fora e adquira a forma de bolsas, conhecidas como haustrações.

As contrações haustrais, uma vez iniciadas, costumam alcançar sua intensidade máxima em cerca de 30 segundos e, a seguir, desaparecem durante os próximos 60 segundos. Algumas vezes, elas também se movem lentamente na direção anal durante o período de contração, sobretudo no ceco e no cólon ascendente, proporcionando, assim, pequeno grau de propulsão do conteúdo colônico para a frente. Depois de alguns minutos, surgem novas contrações haustrais em outras áreas próximas (GUYTON, 2006).

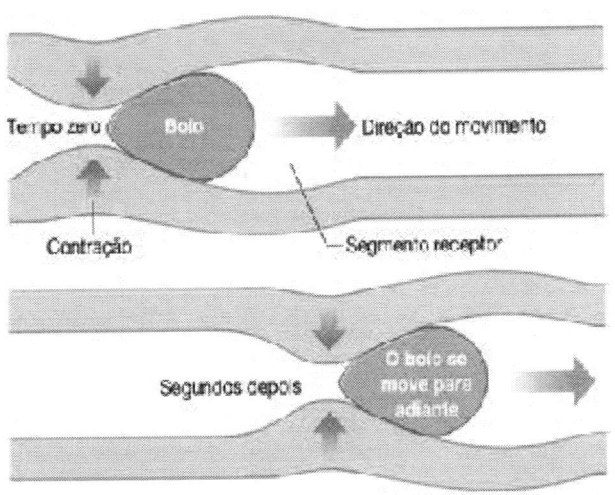

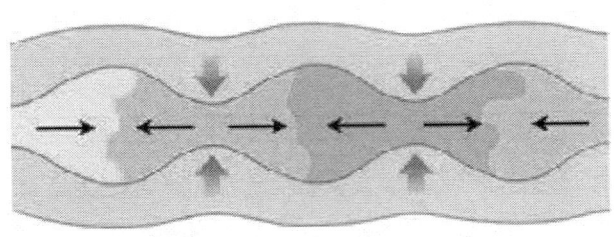

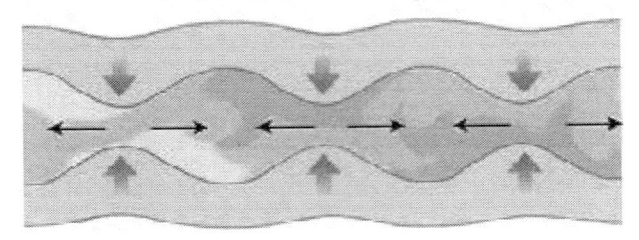

Figura 27. Movimentação peristáltica e segmentar. Disponível em: SILVERTHORN, D.U. Fisiologia Humana. 5. ed. Porto Alegre: Artmed, 2010.

2- Secreção pancreática

O pâncreas, situado paralelamente e abaixo do estômago, é uma grande glândula composta, cuja estrutura interna se assemelha à das glândulas salivares. Além da secreção de insulina pelas ilhotas de Langerhans, os ácinos do pâncreas também secretam enzimas digestivas e grandes volumes de solução de bicarbonato de sódio são secretados pelos pequenos dútulos e pelos dutos maiores que se originam dos ácinos. O produto combinado flui, então, pelo longo duto pancreático que habitualmente se une ao duto hepático imediatamente antes de desaguar no duodeno pelo esfíncter de Oddi. O suco pancreático é secretado em grandes quantidades em resposta à presença de quimo nas porções superiores do intestino delgado; as características desse suco são determinadas, em certo grau, pelos tipos de alimentos contidos no quimo (GUYTON, 2006).

O suco pancreático contém enzimas para a digestão dos três principais tipos de alimentos: proteínas, carboidratos e gorduras. Além disso, contém grandes quantidades de íons bicarbonato, que desempenham importante papel na neutralização do quimo ácido esvaziado pelo estômago no interior do duodeno.

3- Secreção de bile e funções da árvore biliar

Uma das numerosas funções do fígado consiste em secretar bile, normalmente em quantidades que variam de 800 a 1.200 ml por dia. A bile desempenha duas funções importantes.

Primeira: desempenha um papel muito importante na digestão e absorção das gorduras, não devido à presença de qualquer enzima na bile capaz de efetuar a digestão das gorduras, mas devido aos ácidos biliares contidos na bile que exercem duas funções: (1) ajudam a emulsificar as grandes partículas gordurosas do alimento em numerosas partículas pequenas que podem ser atacadas pelas lipases secretadas no suco pancreático e (2) ajudam no processo de transporte e absorção dos produtos terminais da gordura digerida através da membrana da mucosa intestinal (GUYTON, 2006).

Segunda: a bile serve como meio de excreção do sangue para vários produtos de degradação importantes. Incluem especialmente a bilirrubina, um produto terminal da destruição da hemoglobina, e excesso de colesterol, sintetizado pelas células hepáticas (GUYTON, 2006). Importante salientar que o canal biliar se encontra com o canal pancreático e ejetam no duodeno seus produtos.

A bile secretada continuamente pelas células hepáticas é armazenada normalmente na vesícula biliar até que se torne necessária no duodeno. O volume máximo da vesícula biliar é de apenas 20 a 60 ml. Todavia, a vesícula biliar pode armazenar secreção biliar de até 12 horas (em geral, cerca de 450 ml), visto que a água. O sódio, o cloreto e a maioria dos outros eletrólitos pequenos são continuamente absorvidos pela mucosa da vesícula biliar, concentrando os outros constituintes da bile, incluindo os sais biliares, o colesterol, a lecitina e a bilirrubina (GUYTON, 2006).

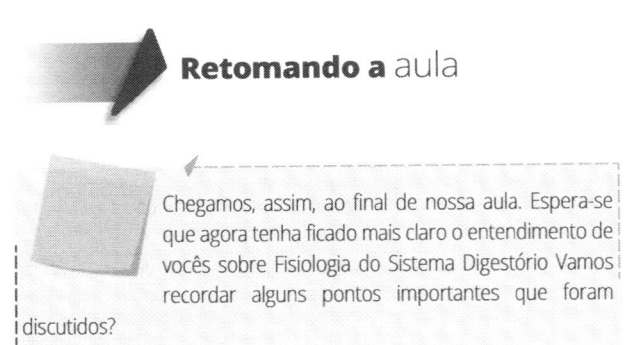

Retomando a aula

Chegamos, assim, ao final de nossa aula. Espera-se que agora tenha ficado mais claro o entendimento de vocês sobre Fisiologia do Sistema Digestório Vamos recordar alguns pontos importantes que foram discutidos?

O processo de digestão pode ser dividido em dois momentos: 1) digestão química e 2) digestão mecânica. Esses processos, por vezes, ocorrem em conjunto e até mesmo simultaneamente para que o efetivo processo digestivo. É válido destacar que diversas enzimas atuam na digestão química dos nutrientes principalmente as amilases, lipases e as derivados da ativação de pepsinogênio.

Além disso, é importante reforçar que o pâncreas, situado paralelamente e abaixo do estômago, é uma grande glândula composta, cuja estrutura interna se assemelha à das glândulas salivares. Além da secreção de insulina pelas ilhotas de Langerhans, os ácinos do pâncreas também secretam enzimas digestivas, e grandes volumes de solução de bicarbonato de sódio são secretados pelos pequenos dútulos e pelos dutos maiores que se originam dos ácinos. O produto combinado flui, então, pelo longo duto pancreático que habitualmente se une ao duto hepático imediatamente antes de desaguar no duodeno pelo esfíncter de Oddi. O suco pancreático é secretado em grandes quantidades em resposta à presença de quimo nas porções superiores do intestino delgado; as características desse suco são determinadas, em certo grau, pelos tipos de alimentos contidos no quimo.

Vale a pena

Vale a pena ler,

GUYTON, Arthur C.; HALL, John E. *Tratado de fisiologia médica*. 9. ed. Rio de Janeiro: Guanabara Koogan; Rio de Janeiro: Elsevier, 2006.

SILVERTHORN, Dee Unglaub; JOHNSON, Bruce R. *Fisiologia humana*: uma abordagem integrada. 5. ed. Porto Alegre: Artmed, 2011.

Minhas anotações

Minhas anotações

Aula 5º

Biomecânica

Prezados(as) alunos(as),

Nesta aula, vamos conhecer e discutir como adquirimos movimento e como a Física interfere nele. Estudaremos os comportamentos mecânicos dos ossos e músculos dos seres vivos. Veremos quais são os objetivos e as seções de estudo que serão desenvolvidas nesta aula.

Bons estudos!

Objetivos de aprendizagem

Ao término desta aula, vocês serão capazes de:

- compreender o significado das principais equações da cinemática;
- entender o significado teórico dos princípios e leis necessários para o estudo de problemas relacionados com o movimento de algumas partes de um espécime vivo;
- entender os efeitos biológicos resultantes do movimento da parte esquelética e muscular dos seres humanos.

Seções de estudo

1- Introdução
2- Biomecânica: as forças musculares
3- Forças elásticas: os ossos
4- Tecido muscular esquelético: força muscular

1- Introdução

O movimento mais simples que existe é o unidimensional. Os movimentos compostos ou bidimensionais são um pouco mais complexos. A análise de um movimento exige que se conheça algumas das variáveis, como deslocamento, velocidade e aceleração. Essas variáveis são quantidades vetoriais, logo são representadas por um vetor.

A periodicidade dos passos pode ser considerada semelhante à realizada por um pêndulo simples de comprimento igual ao da perna do humano. As corridas em que o humano participa são de longa, média ou curta distâncias e, em cada caso, a velocidade média V alcançada pelos atletas é diferente.

Um atleta vai realizar um salto à distância. Quando iniciar o salto, ele terá uma velocidade de 10,5m/s. Se o seu centro de massa estiver a 60cm do chão, que distância o atleta saltará? Desconsidere o efeito da resistência do ar. Está é uma questão que podemos resolver aplicando conceitos de Física, equações horárias de movimento.

Movimentos relativos
É quando um móvel que está em movimento se encontra em um meio que também está em movimento. É o caso de um passageiro caminhando no corredor de um trem em movimento ou um peixe nadando em um rio com correnteza.
O meio também pode estar em movimento com relação a um terceiro e assim por diante. Nessas situações, tanto a posição quanto a velocidade do móvel somente podem ser especificadas em relação a um meio.

2- Biomecânica: as forças musculares

Todo corpo inicialmente em repouso, ao acionar alguns de seus músculos, poderá se locomover. No caso dos vertebrados, a simplicidade ou a complexidade das forças que atuam sobre o corpo em movimento dependem do tipo de movimento e da estrutura do corpo. Também é comum, no reino animal, que certos animais corram mais rapidamente que outros. A biomecânica tenta explicar essa diferença nos movimentos dos seres vivos.

Por ser a força uma grandeza vetorial, para especificá-la, independentemente de sua natureza, é necessário conhecer a direção em que atua e sua intensidade. No SI, a força é medida em Newton (N) e, no sistema CGS, em dina.

São três as leis do movimento enunciadas e demonstradas por Newton, conforme escrito a seguir:

- Um corpo que está em repouso permanecerá em repouso, e um corpo que está em movimento em linha reta permanecerá em movimento, a menos que forças externas atuem sobre ele.
- A mudança de movimento é proporcional à força motora imprimida e é produzida na direção da linha reta na qual aquela força é imprimida.
- A toda ação há sempre oposta uma reação igual ou as ações mútuas de dois corpos um sobre o outro são sempre iguais e dirigidas as partes opostas.

As forças podem ser fundamentais ou derivadas. As forças fundamentais são forças de interação entre corpos macroscópicos e/ou partículas elementares. Podem ser forças:
- Gravitacionais
- Eletromagnéticas
- Nucleares fortes
- Nucleares fracas

Qualquer outra força cuja origem difere das quatro anteriores é uma força derivada.

3- Forças elásticas: os ossos

Todo corpo, ao ser submetido a certos esforços, de forma geral experimenta deformações em suas dimensões lineares. Esses esforços deformantes podem ser:

- **Tração:**

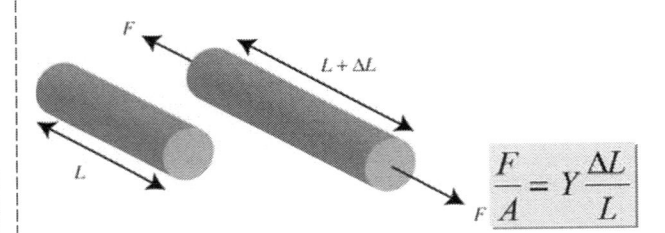

$$\frac{F}{A} = Y\frac{\Delta L}{L}$$

Figura 1. Tração. Fonte: Bauer (2013).

- **Compressão:**

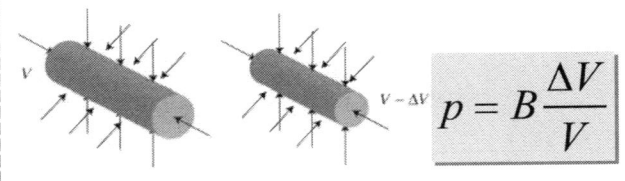

$$p = B\frac{\Delta V}{V}$$

Figura 2. Compressão. Fonte: Bauer (2013).

- **Cisalhamento:**

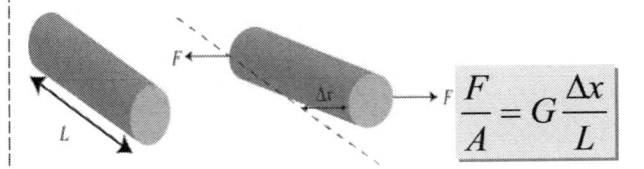

$$\frac{F}{A} = G\frac{\Delta x}{L}$$

Figura 3. Cisalhamento. Fonte: Bauer (2013).

- Flexão:

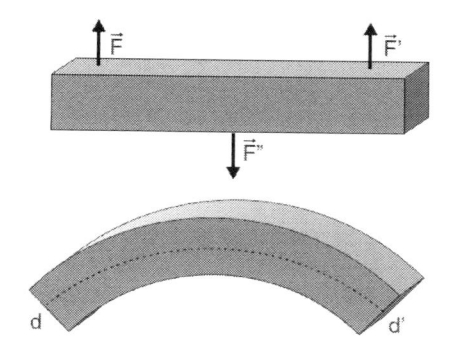

Figura 4. Flexão. Fonte: Bauer (2013).

- Torção:

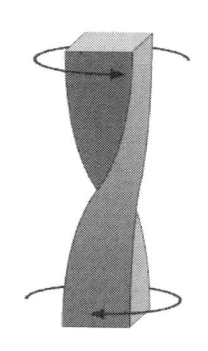

Figura 5. Torção. Fonte: BAUER, Wolfgang. Física para Universitários: relatividade, oscilações, ondas e calor. v. 2. Porto Alegre: AMGH, 2013.

A elasticidade de um corpo se manifesta como a capacidade de ele retornar à sua forma inicial, depois que um esforço deformador deixou de agir sobre ele. É caracterizada por um parâmetro denominado constante de força ou de elasticidade. Diz-se que estamos na região elástica de um corpo enquanto a intensidade da força deformadora ou simplesmente força aplicada satisfaz a relação:

$$F = k\, \Delta L$$

Também é muito usualrau de elasticidade de um material, usando-se uma constante Y, denominada *Módulo de Young*, *que definida como:*

$$Y = \text{TENSÃO/DEFORMAÇÃO} = (F/A) / (\Delta L / L_0)$$

Como exemplo, no intervalo linear, para o aço duro e para o osso compacto (tíbia de boi) temos os seguintes valores experimentais:

	Tração máxima (N/m^2)	Compressão máxima (N/m^2)	Y (N/m^2)
Aço duro	82,7 × 10^7	55,2 × 10^7	2,07 × 10^{11}
Osso compacto	9,8 × 10^7	14,7 × 10^7	1,79 × 10^{10}

Fonte: DURAN, José Enrique Rodas. Biofísica: conceitos e aplicações. 2. ed. São Paulo: Pearson Prentice Hall, 2011.

A figura a seguir mostra um gráfico típico na região linear da tensão e deformação, para um osso e seus componentes mineral e proteico.

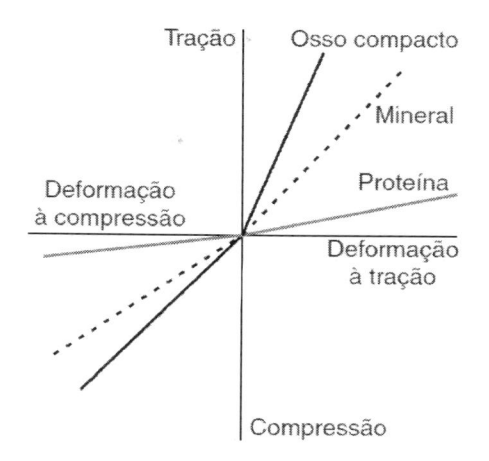

Figura 6. Região linear da tensão e deformação. Fonte: DURAN, José Enrique Rodas. Biofísica: conceitos e aplicações. 2. ed. São Paulo: Pearson Prentice Hall, 2011.

A figura a seguir mostra esquematicamente as linhas de tensão e compressão na cabeça de fêmur humano.

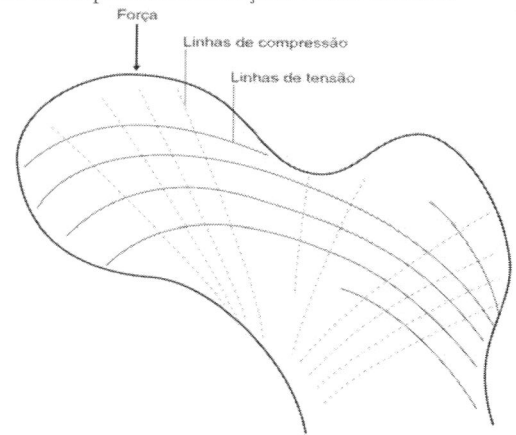

Figura 7. Linhas de tensão e compressão. Fonte: DURAN, José Enrique Rodas. Biofísica: conceitos e aplicações. 2. ed. São Paulo: Pearson Prentice Hall, 2011.

No caso do fêmur humano ou de outros animais, esse osso apresenta diferentes resistências às tensões deformadoras de tração ou compressão, como está mostrado a seguir:

Espécie	Tração × 10^7 N/m^2	Compressão × 10^7 N/m^2
Homem	12,4	17,0
Cavalo	12,1	14,5
Boi	11,3	14,7
Cervo	10,3	13,3
Javali	10,0	11,8
Porco	8,8	10,0

Fonte: DURAN, José Enrique Rodas. Biofísica: conceitos e aplicações. 2. ed. São Paulo: Pearson Prentice Hall, 2011.

4- Tecido muscular esquelético: força muscular

Os músculos são essenciais para qualquer animal, convertem combustível do organismo em movimento e são capazes de crescer com exercícios. No corpo humano, há três tipos deles:
- esquelético;
- liso;
- cardíaco.

O músculo pode ser entendido como o motor de um organismo que faz a seguinte transformação energética:

Energia química = Energia mecânica + Energia térmica

Na figura abaixo, o ventre se contrai e produz movimento; o tendão transmite a força de contração do ventre para o osso.

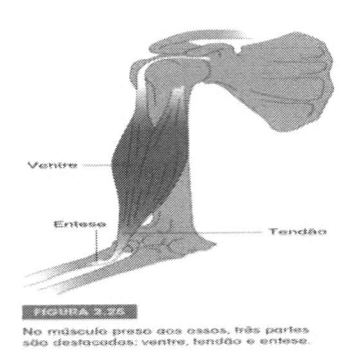

Figura 8. Força de contração. Fonte: DURAN, José Enrique Rodas. Biofísica: conceitos e aplicações. 2. ed. São Paulo: Pearson Prentice Hall, 2011.

A força muscular exercida pelo músculo na contração é medida pela unidade de tensão. O tamanho do músculo é dado como uma fração do componente do músculo em que ele é capaz de exercer maior tensão isométrica. A figura a seguir mostra a constituição básica de um tecido muscular.

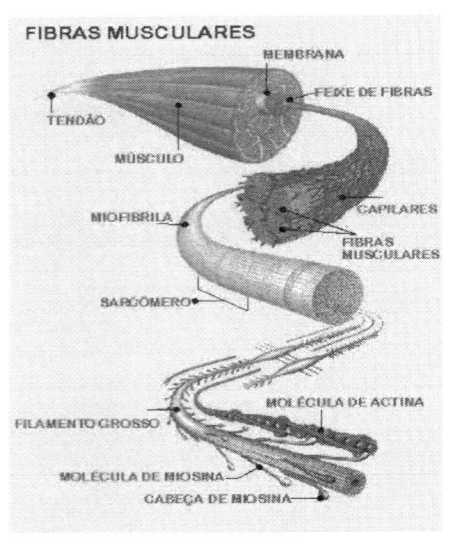

Figura 9. Fibra muscular. Fonte: http://www.ck.com.br/fibras-musculares/. Acesso em: 20 set. 2020.

A figura abaixo mostra a constituição de um sarcômero.

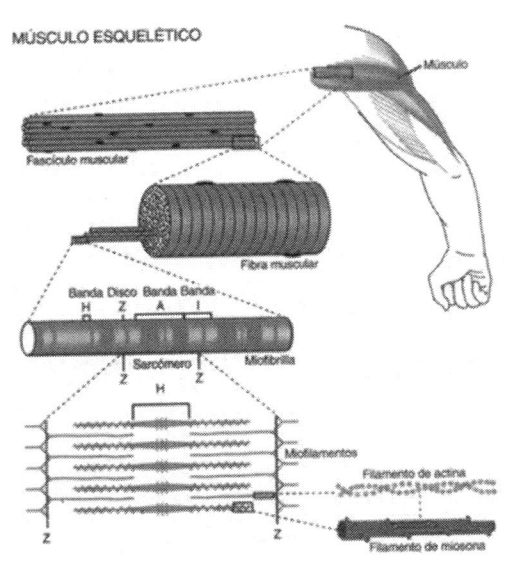

Figura 10. Sarcômero. Fonte: https://www.anatomia-papel-e-caneta.com/sistema-muscular/sarcomero-2/. Acesso em: 20 set. 2020.

De acordo com o movimento produzido no corpo as contrações experimentadas pelos músculos podem ser:
- Isométrica ou estática;
- Energia química em Energia térmica;
- Isotônica ou dinâmica;
- Energia química em Energia mecânica + Energia térmica.

As contrações isotônicas podem ser de dois tipos: Concêntrica e Excêntrica.

A alavanca é um sistema que, ao experimentar uma força de pequena intensidade F<, pode equilibrar ou erguer um corpo que exerce uma força de intensidade maior F>. A razão F>/F< é denominada vantagem mecânica.

É possível gerar três tipos de alavancas, como se vê na figura a seguir.

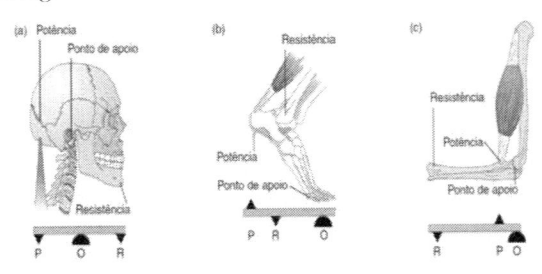

Figura 11. Alavancas. Fonte: DURAN, José Enrique Rodas. Biofísica: conceitos e aplicações. 2. ed. São Paulo: Pearson Prentice Hall, 2011.

Quando o momento sobre um corpo não é nulo, ele pode ter um movimento de rotação. Logo, para um corpo estar em total equilíbrio, deverá satisfazer as seguintes condições:
- que a resultante das forças externas que agem sobre o corpo seja nula; assim, permanecerá em repouso ou em movimento com velocidade constante.
- que o momento resultante por causa das forças externas sobre o corpo seja nulo; assim, permanecerá em equilíbrio de rotação.

Retomando a aula

Chegamos, assim, ao final de nossa aula. Espera-se que agora tenha ficado mais claro o entendimento de vocês sobre Fisiologia do Sistema Nervoso e Endócrino. Vamos recordar alguns pontos importantes que foram discutidos?

A Física lida com um amplo conjunto de grandezas. Dentro dessa gama de grandezas existem algumas, cuja caracterização completa requer tão somente um número seguido de uma unidade de medida. Tais grandezas são chamadas grandezas escalares. Alguns exemplos são: a massa e a temperatura.

Vimos que a Física está diretamente associada ao movimento, força, equilíbrio e estrutura de nossos ossos e músculos.

Aprendemos, nesta aula, as Leis de Newton, que são leis do movimento que serve de base para os sistemas mecânicos.

Entendemos os efeitos biológicos resultantes do movimento da parte esquelética e muscular dos seres humanos.

Vale a pena

Vale a pena ler,

BAUER, Wolfgang. *Física para Universitários:* relatividade, oscilações, ondas e calor. v. 2. Porto Alegre: AMGH, 2013.

DURAN, José Enrique Rodas. *Biofísica:* conceitos e aplicações. 2. ed. São Paulo: Pearson Prentice Hall, 2011.

HALLIDAY, D.; RESNICK, R.; WALKER, J. *Fundamentos da física.* Mecânica 4 ed. Rio de Janeiro: LTC, 2000. Vol. 1.

MÁXIMO, Antônio; ALVARENGA, Beatriz. *Curso de Física.* São Paulo: Scipione, 2000.

TIPLER, Paul Allan; MOSCA, Gene. *Física para cientistas e engenheiros:* mecânica, oscilações e ondas, termodinâmica; tradução Fernando Ribeiro da Silva, Gisele Maria Ribeiro Vieira. v. 1. Rio de Janeiro: LTC, 2006.

Vale a pena acessar,

Ensino de Física On-Line. Disponível em: http://efisica.if.usp.br/. Acesso em: 01/05/2017.

Notas de Aulas de Física - Disponível em: http://www.fisica.ufpb.br/~romero/port/notas_de_aula.htm. Acesso em: 01/05/2017.

Vetores de Forças. Disponível em: http://www.eletrica.ufpr.br/ufpr2/professor/49/TE224/Aula%202%20Vetores.pdf. Acesso em: 16/05/2017.

Física Universitária — Mecânica. Disponível em: https://www.youtube.com/playlist?list=PL1Dg4Oxxk_RL2fV9pwNUHtZTul6S6iRLq Acesso em: 26/07/2007.

Biofísica e Física Médica. Disponível em: https://portal.ifi.unicamp.br/pesquisa/temas-de-pesquisa/biofisica-e-fisica-medica. Acesso em: 01/07/2020.

Minhas anotações

Minhas anotações

Aula 6º

Dinâmica dos Movimentos

Prezados(as) alunos(as),

Nesta aula, vamos conhecer e discutir como adquirimos movimento e como a física interfere neste movimento. Estudaremos os voos dos animais e sua propulsão, a relação trabalho, energia e potência, bem como a Física interfere no movimento dos seres humanos. Vamos ver quais são os objetivos e as seções de estudo que serão desenvolvidas nesta aula.

Bons estudos!

Objetivos de aprendizagem

Ao término desta aula, vocês serão capazes de:

- aplicar as equações da dinâmica para explicar e quantificar os diversos tipos de movimento aéreo no reino animal.
- entender e quantificar a influência do meio no voo com propulsão dos animais.
- entender e quantificar o movimento dos animais utilizando os conceitos de trabalho, energia cinética e potência mecânica.
- calcular os resultados dos diversos saltos de humanos por meio da aplicação do princípio da conservação de energia mecânica.

Seções de estudo

1- Introdução
2- Dinâmica do movimento aéreo de animais
3- Voo com propulsão
4- Energia mecânica dos humanos ao fazer um salto

1- Introdução

Prezados(as) alunos(as), vamos começar nossos estudos relembrando nossa aula anterior sobre movimento.

Um corpo ou partícula está em movimento ou repouso com relação a um referencial, então, referencial é algo que possamos definir se um corpo está em movimento ou repouso.

Também vimos nas aulas passadas a definição de movimento, mas não definimos o que causa ele. Se um corpo está em repouso em um dado referencial para ele entrar em movimento é necessária uma ação sobre este corpo, a qual denominamos força (F).

As Leis de Newton relacionam a massa com a aceleração e às forças que atuam em um determinado corpo. Massa é uma propriedade intrínseca dos corpos, independente da circunstância em que estes estejam, bem como dos agentes externos ou tipo de força utilizado para medi-la. Essa grandeza escalar descreve quantitativamente a ideia intuitiva de inércia de um corpo ou quanto um corpo pode ser acelerado sob a ação de uma força externa. A massa de qualquer corpo é o resultado da comparação com uma massa padrão. No Sistema Internacional de Unidades (SI) a massa é medida em quilogramas (kg) e, no sistema CGS (cm, grama, segundo) de unidades, em gramas (g), tendo-se a equivalência 1kg = 1.000g. Para sistemas biológicos, é suficiente considerar que se não existe adição ou eliminação de matéria nesse sistema, a massa permanece constante.

O peso P de um corpo com massa m é definido como a força de atração gravitacional exercida pela Terra sobre o corpo, ou seja, $P = mg$ (veja a figura a seguir).

Fonte: http://superbichos.blogspot.com/2013/05/velocidade-maxima-de-voo-de-alguns.html. Acesso em: 20 set. 2020.

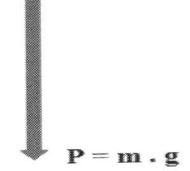

$$P = m \cdot g$$

O produto da força F pelo intervalo de tempo Δt é conhecido na física como impulso de uma força I. Ou seja:

$$I = F \cdot \Delta t$$
e
$$I = p_f - p_i = \Delta p$$

Fonte: https://www.jw.org/pt/biblioteca/revistas/g201211/mergulhao-do-norte/. Acesso em: 20 set. 2020.

2- Dinâmica do movimento aéreo de animais

A dinâmica envolvida no movimento aéreo de alguns espécimes (pássaros, morcegos, insetos etc.), quando estão se locomovendo, depende do tipo de movimento (paraquedismo, planeio ou um voo com propulsão) e, evidentemente, do meio onde se realiza o movimento. O paraquedismo e o planeio não são movimentos de voo na forma tradicionalmente conhecida. Esses movimentos resultam do deslocamento do animal no ar, quando ele segue uma trajetória descendente vertical (caso do paraquedismo) ou uma trajetória ascendente e/ou descendente retilínea (caso do planeio). Exemplos de animais que realizam esses movimentos são o sapo voador de Bornéu (paraquedismo), o galeopiteco da Malásia (paraquedismo), a lagartixa voadora (planeio) e o esquilo voador (planeio). A capacidade desses animais para voar deve-se ao patágio, uma espécie de membrana que se desenvolve em determinadas partes de seu corpo e que pode se abrir como asa, funcionando como um paraquedas quando o animal salta de um local para outro.

A figura abaixo mostra um esquilo voador, com o patágio ligando os membros de cada um dos lados de seu corpo:

Fonte: http://zoologicovirtualdokoba.blogspot.com/2016/11/esquilo-voador-japones-anao.html. Acesso em: 21 set. 2020.

- **Primeira aplicação:** **movimento de paraquedismo**

A figura a seguir mostra um sapo voador com movimento de paraquedas. A membrana que atua como paraquedas está desenvolvida entre seus membros superior e inferior. Nesse caso, a área efetiva A⊥ será a projeção da área superficial do sapo em um plano perpendicular à direção z do movimento.

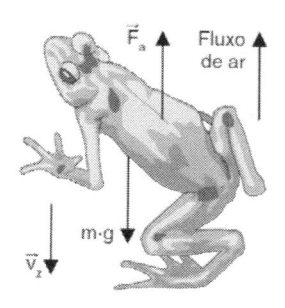

Fonte: DURAN, José Enrique Rodas. Biofísica: conceitos e aplicações. 2. ed. São Paulo: Pearson Prentice Hall, 2011.

- **Segunda aplicação: movimento de planeio**

O movimento de planeio de um animal com massa m seguirá uma trajetória linear que forma um ângulo θ com a direção horizontal. Esse ângulo denomina-se *ângulo de planeio*.

Fonte: https://docplayer.com.br/48211750-Movimento-dos-animais.html. Acesso em: 21 set. 2020.

3- Voo com propulsão

Neste tipo de movimento, os animais realizam um trabalho. O voo do animal depende da forma de seu corpo inteiro, da forma de suas asas e da direção de batimento. Em geral, a maioria das aves é voadora, e o tamanho de suas asas é importante na eficiência de seu movimento no ar. Os animais que voam podem fazê-lo de duas maneiras: batendo as asas ou planando.

A figura a seguir é uma representação aproximada da forma da asa de uma ave, da mesma maneira que as assas de um avião.

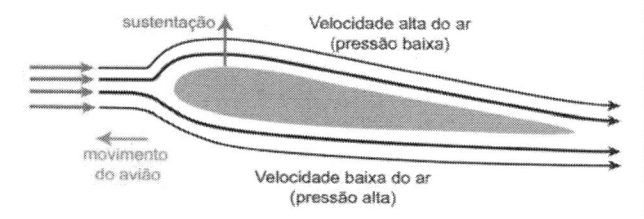

Fonte: https://docplayer.com.br/48211750-Movimento-dos-animais.html. Acesso em: 21 set. 2020.

Como mostra a figura abaixo, para ser mais veloz, a ave vira as bordas frontais na direção do vento, cortando o ar. Para diminuir a velocidade, ela volta a superfície da asa contra o vento, fazendo com que as asas resistam ao ar. A ave em voo, ao agitar suas asas, obtém um impulso maior provocado pelas batidas de cima para baixo.

Fonte: https://www.egnews.com.br/manchete/olhos-de-aguia-contando-tudo-da-politica-do-df/. Acesso em: 21 set. 2020.

Uma representação bastante aproximada das principais forças que agem sobre uma ave em voo aparece na figura abaixo:

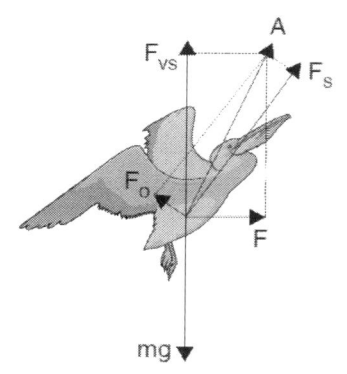

Fonte: DURAN, José Enrique Rodas. Biofísica: conceitos e aplicações. 2. ed. São Paulo: Pearson Prentice Hall, 2011.

A figura abaixo mostra: a força R age nos extremos laterais das asas; a força S, orientada para baixo, age no extremo inferior das asas; a força T, orientada para trás, age na parte superior das asas; a força de empuxo E, orientada para a frente, age no extremo inferior das asas.

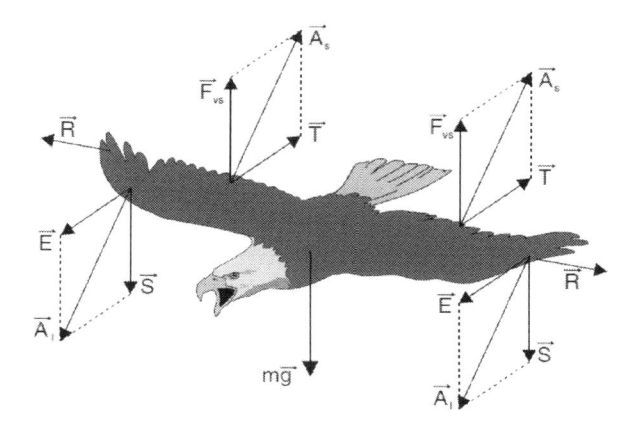

Fonte: DURAN, José Enrique Rodas. Biofísica: conceitos e aplicações. 2. ed. São Paulo: Pearson Prentice Hall, 2011.

Para ganhar altitude sem utilizar sua energia interna, a maioria dos animais voadores aproveita as correntes de ar. A figura a seguir mostra uma águia aproveitando esse tipo de corrente. E outro tipo de corrente muito utilizado pelos animais voadores são as termas.

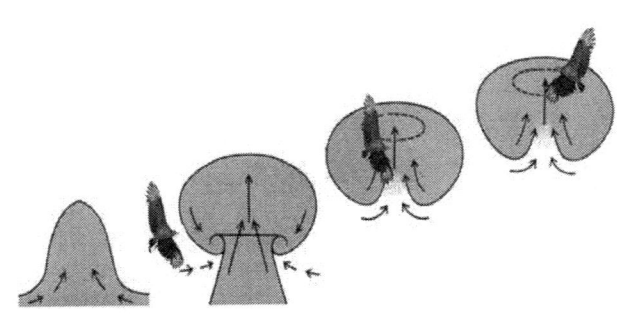

Fonte: https://www2.ibb.unesp.br/Museu_Escola/Ensino_Fundamental/Animais_JD_Botanico/aves/aves_biologia_geral_voo.htm. Acesso em: 21 set. 2020.

4- Energia mecânica dos humanos ao fazer um salto

Queremos relacionar trabalho e energia para uma maior facilidade nas abordagens aos problemas surgidos. Faremos isso, partindo-se da 2ª Lei de Newton aplicada a um corpo de massa (m) e aceleração (a). O móvel desloca-se em MRUV, em que vale a equação de Torricelli e após isolarmos a aceleração, como vimos nas aulas passadas e escreveremos F da seguinte maneira:

$$v_f^2 = v_i^2 - 2a(x - x_0) \text{ e } F = m.a$$

Temos:
$$F = m(v_f^2 - v_i^2) / 2(x - x_0)$$

Para $d = x - x_i$, a distância percorrida entre as posições inicial e final. Sabendo-se que o trabalho é igual a força (F) vezes a distância (d), obtém-se a equação:
$$W = \frac{1}{2} m (v_f^2 - v_i^2)$$
$$W = \frac{1}{2} m v_f^2 - \frac{1}{2} m v_i^2$$

O termo $\frac{1}{2} m v^2$ é conhecido como Energia Cinética – K.

Sendo K_f a energia cinética final do móvel e K_i a energia cinética inicial do móvel. Então, podemos escrever:

$$W = \Delta K$$

Temos, portanto, a relação entre trabalho e energia, ou o teorema Trabalho-Energia.

Energia não tem uma definição científica eficaz, então podemos dizer que energia é a capacidade de um corpo realizar trabalho.

Em todo e qualquer sistema físico conhecido a grandeza energia é sempre conservada, ocorrendo a mudança na forma como a energia se apresenta impondo ao corpo um estado diferente do anterior, não necessariamente visível.

- Um corpo encontrando-se a uma altura h é liberado e adquire velocidade (energia potencial gravitacional é transformada em energia cinética);
- Uma partícula em velocidade choca-se com uma mola comprimindo-a (energia cinética é transformada em energia potencial da mola);
- Um corpo escorrega sobre uma superfície perdendo velocidade (energia cinética é transformada em calor pela ação do atrito);
- Um corpo que está sobre uma mola comprimida, após a liberação, adquire uma velocidade vertical (energia potencial da mola é transformada em energia cinética e energia potencial gravitacional).

Chamamos a energia conservada no sistema em estudo de energia mecânica E, cujo valor é dado pela soma algébrica das energias cinética K e potencial U para uma equação geral da forma:

$$E = K + U$$

Considere a energia mecânica em dois pontos distintos com valores E_i e E_f, para uma diferença $E = K + U = 0$, E é uma constante, por haver conservação de energia de modo que a soma das variações das energias cinética e potencial também é nula.

$$\Delta K = -\Delta U$$

Pelo Teorema do Trabalho-Energia vimos que a variação da energia cinética é igual ao trabalho.

$$W = -\Delta U$$

Considerando-se as posições inicial y_i e final y_f do deslocamento de um corpo, calcula-se o trabalho executado pela força gravitacional como sendo:

$$W = m g (y_i - y_f)$$

Para a variação de energia potencial teríamos:

$$\Delta U = m g (y_i - y_f)$$

Podemos, então, definir a energia potencial gravitacional U como sendo o produto do peso mg vezes a altura y em relação a origem, por exemplo, fazendo-se $y_i = 0$.

$$U = m g y$$

Como havíamos definido anteriormente.
Unidade de Energia no SI também é o J – Joule
Como isso tudo se aplica na velocidade de corrida de animais e no salto do ser humano?

O trabalho realizado pelo conjunto de músculos da pata do animal será: $F_m \cdot d$, onde F_m é a força exercida por esse conjunto de músculos e d, a distância média que os músculos se contraem. A figura abaixo mostra um felino perseguindo uma presa; durante a corrida, ele dobra a coluna vertebral, colocando as patas traseiras na frente das dianteiras, o que possibilita que ele mantenha sua velocidade.

Fonte: http://globoesporte.globo.com/atletismo/corrida-de-rua/noticia/2011/08/grupo-unido-organizado-e-veloz-conheca-historia-dos-ghepards.html. Acesso em: 21 set. 2020.

Na corrida, quando suas patas ficam juntas, ele dobra a coluna para cima e, em seguida, seu dorso se curva para baixo, enquanto as patas posteriores projetam o corpo para a frente.

A resistência do ar interfere no salto de um animal e a altura alcançada depende muito do tamanho deste. Entretanto, é comum encontrar grandes diferenças entre os saltos de animais que têm tamanhos muito próximos.

Fonte: DURAN, José Enrique Rodas. Biofísica: conceitos e aplicações. 2. ed. São Paulo: Pearson Prentice Hall, 2011.

Uma relação empírica que permite caracterizar um salto é:

$$\text{comprimento do animal} \propto \frac{\text{massa muscular}}{\text{parte da superfície do animal exposta à resistência do ar}}$$

Comparado com os animais corredores, o humano não é um corredor eficiente. A velocidade máxima em uma corrida é da ordem de 10,4 m/s.

No caso dos humanos, os saltos executados por eles são normalmente feitos de duas maneiras:
- um simples salto vertical, ou seja, um salto a partir de uma posição de repouso;
- ou um salto que exige uma corrida prévia, como no caso do salto com vara ou do salto de altura, muito comuns em competições esportivas.

Toda vez que um animal está voando, seus músculos realizam um trabalho por unidade de tempo, ou seja, eles desenvolvem uma potência mecânica. Isso é consequência do consumo de sua energia química disponível. O consumo dessa potência durante o voo em função da velocidade do animal pode se dar de três maneiras:
- Potência induzida (P_i);
- Potência parasita (P_p);
- Potência de contorno (P_c).

Quando o salto vertical é realizado, a variação da energia potencial gravitacional é dada por $m \cdot g(h_{sv} + d)$, onde h_{sv} é a altura que se eleva o centro de massa (CM) e d é, aproximadamente, a distância entre os centros de massa do corpo inteiro e dos joelhos na posição ortostática.

Para realizar um salto em altura, um atleta deve antes adquirir energia cinética. Para isso, ele corre antes de realizar o salto. A equação abaixo permite estimar o valor mínimo da velocidade do atleta ao iniciar o salto.

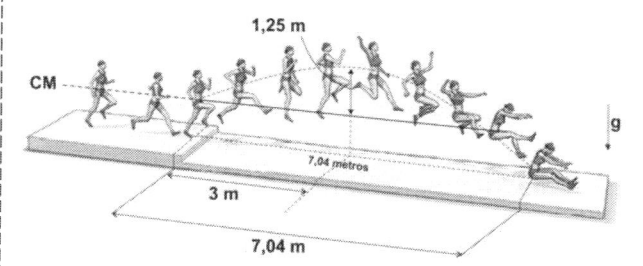

Fonte: HALLIDAY, D.; RESNICK, R.; WALKER, J. Fundamentos da física: Mecânica.

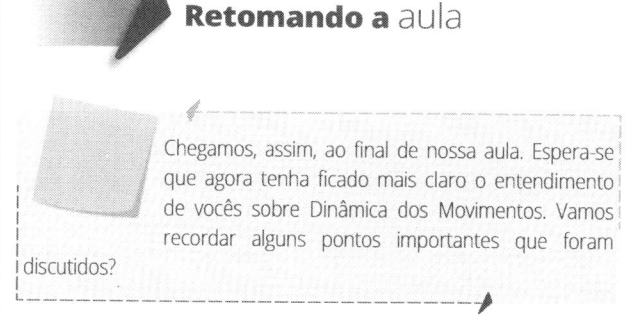

Retomando a aula

Chegamos, assim, ao final de nossa aula. Espera-se que agora tenha ficado mais claro o entendimento de vocês sobre Dinâmica dos Movimentos. Vamos recordar alguns pontos importantes que foram discutidos?

O trabalho, a energia cinética, a energia potencial e a potência são importantes grandezas físicas. O Teorema Trabalho-Energia Cinética é uma importante relação derivada das leis de Newton aplicadas a uma partícula. A soma das energias cinéticas e potencial de um sistema é chamada de energia mecânica total e pode ser expressa matematicamente da seguinte maneira:

$$E_{mec} = K + U$$

Se nenhuma força externa realiza trabalho em um sistema e se as forças internas que realizam trabalho são todas conservativas, a energia mecânica total do sistema permanece constante, ou seja:

$$E_{mec} = K + U = \text{constante}$$
$$K_f + U_f = K_i + U_i$$

A energia total do universo é constante. A energia pode ser convertida de uma forma para outra ou transmitida de uma região para outra, mas a energia não pode ser criada nem destruída.

Vimos que todas as leis da Física, bem como, a própria natureza interfere nos voos dos animais, em suas corridas e suas formações facilitam seus movimentos.

Vale a pena

Vale a pena ler,

BAUER, Wolfgang. *Física para Universitários:* relatividade, oscilações, ondas e calor. v. 2. Porto Alegre: AMGH, 2013.

DURAN, José Enrique Rodas. *Biofísica:* conceitos e aplicações. 2. ed. São Paulo: Pearson Prentice Hall, 2011.

HALLIDAY, D.; RESNICK, R.; WALKER, J. *Fundamentos da física:* Mecânica 4 ed. Rio de Janeiro: LTC, 2000. Vol. 1.

MÁXIMO, Antônio; ALVARENGA, Beatriz. *Curso de Física.* São Paulo: Scipione, 2000.

TIPLER, Paul Allan; MOSCA, Gene. *Física para cientistas e engenheiros:* mecânica, oscilações e ondas, termodinâmica; tradução Fernando Ribeiro da Silva, Gisele Maria Ribeiro Vieira. v. 1. Rio de Janeiro: LTC, 2006.

Vale a pena acessar,

Ensino de Física On-Line. Disponível em: http://efisica.if.usp.br/. Acesso em: 01/05/2017.

Notas de Aulas de Física. Disponível em: http://www.fisica.ufpb.br/~romero/port/notas_de_aula.htm. Acesso em: 01/05/2017.

Vetores de Forças. Disponível em: http://www.eletrica.ufpr.br/ufpr2/professor/49/TE224/Aula%202%20Vetores.pdf. Acesso em: 16/05/2017.

Física Universitária – Mecânica. Disponível em: https://www.youtube.com/playlist?list=PL1Dg4Oxxk_RL2fV9pwNUHtZTul6S6iRLq Acesso em: 26/07/2007.

Biofísica e Física Médica. Disponível em: https://portal.ifi.unicamp.br/pesquisa/temas-de-pesquisa/biofisica-e-fisica-medica. Acesso em: 01/07/2020.

Movimento dos Animais. Disponível em: https://midia.atp.usp.br/plc/plc0002/impressos/plc0002_12.pdf. Acesso em: 01/07/2020.

Minhas anotações

Aula 7º

Biofísica da Visão

Nesta aula, iremos estudar ótica e os princípios de reflexão e refração. Vamos analisar como a imagens são formadas em espelhos planos e esféricos. Vamos calcular a distância entre o objeto e a imagem e aplicar em nosso cotidiano.

Vamos identificar os principais conceitos de óptica que interferem na visão, bem como análise do espectro eletromagnético. A princípio, veremos quais são os objetivos e as seções de estudo que serão desenvolvidas nesta aula.

Bom trabalho!

Bons estudos!

Objetivos de aprendizagem

Ao término desta aula, vocês serão capazes de:

- aplicar os conceitos básicos da óptica geométrica na biofísica da visão;
- comparar e diferenciar os formatos das diversas formas de olhos existentes no reino animal e entender como é o funcionamento biológico deles;
- explicar o funcionamento do olho humano e suas limitações ao ser comparado com a visão de outras espécies do reino animal;
- entender a importância das lentes no funcionamento de diversos instrumentos ópticos;
- entender a origem e quantificar alguns defeitos visuais no humano.

Seções de estudo

1- Introdução
2- Biofísica da visão
3- O olho humano
4- Defeitos visuais do olho humano

1- Introdução

Prezados(as) alunos(as), vamos começar nossos estudos sobre a Biofísica da Visão. A visão dos espécimes vivos acontece através dos olhos, cujo funcionamento é uma resposta à ação da luz. O termo luz é utilizado para designar a radiação eletromagnética na faixa de luz visível e um pouco fora dessa faixa. A luz ultravioleta é uma faixa de radiação eletromagnética com frequências $\nu > 4,3 \times 10^{14}$ Hz, e a luz infravermelha é uma faixa de radiação eletromagnética com frequências $\nu < 7,5 \times 10^{14}$ Hz (TIPLER, 2006).

A natureza da luz pode ser ondulatória (nesse caso, apresenta-se como ondas transversais) ou corpuscular (constituída por corpúsculos ou quantum de energia). O olho humano é sensível a ondas eletromagnéticas com comprimentos de onda na faixa de 400 a 700nm (nonômetros = 10^{-9} m). O menor comprimento de onda do espectro visível corresponde à cor violeta e o maior à cor vermelha.

As cores que percebemos são o resultado da resposta fisiológica e psicológica do sistema olho-cérebro aos diferentes comprimentos de onda (e diferentes frequências) da luz visível. Embora a correspondência entre a cor percebida e os comprimentos de onda seja muito boa, existem algumas distorções interessantes (TIPLER, 2006). Por exemplo, uma mistura de luz vermelha e luz verde é percebida pelo sistema olho-cérebro como a luz amarela, mesmo da ausência de qualquer comprimento de onda na faixa do espectro correspondente ao amarelo.

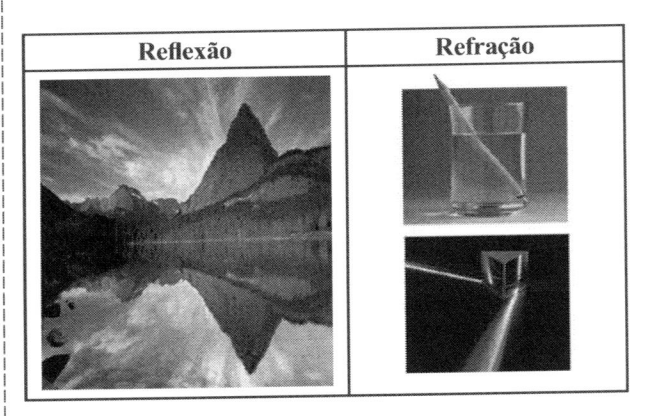

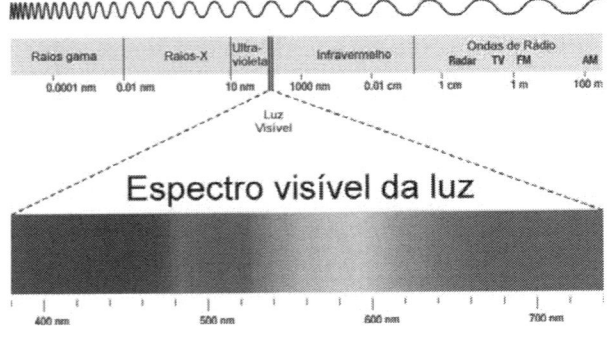

Fonte: https://www.infoescola.com/fisica/espectro-eletromagnetico/. Acesso em: 15 set. 2020.

Como o comprimento de onda da luz é muito pequeno em comparação com a maioria dos obstáculos e orifícios, a difração – o encurvamento das frentes de onda que ocorre quando uma onda encontra uma barreira – frequentemente pode ser ignorada no caso das ondas luminosas, portanto, a aproximação dos raios, que equivale a supor que as ondas se propagam em linha reta, pode ser empregada.

Toda vez que a luz incide sobre a superfície que separa dois meios ópticos transparentes à luz, esta será refletida e refratada.

Fonte: https://www.infoescola.com/fisica/espectro-eletromagnetico/. Acesso em: 15 set. 2020.

2- Biofísica da visão

O acionamento de sentido da visão inicia-se nos olhos. É a incidência de luz nos olhos que fornece a energia necessária para que células especializadas, localizadas em sua estrutura, sejam excitadas. O potencial receptor resultante do estímulo luminoso gera potenciais de ação que são conduzidos pelas células nervosas até o cérebro, onde é interpretada a mensagem do estímulo. Em alguns espécimes, sobretudo em mamíferos, a percepção das cores pelo sentido da visão é essencial e os mecanismos para isso dependem de fatores evolucionários, que, provavelmente, estão ligados à necessidade de busca e reconhecimento dos alimentos.

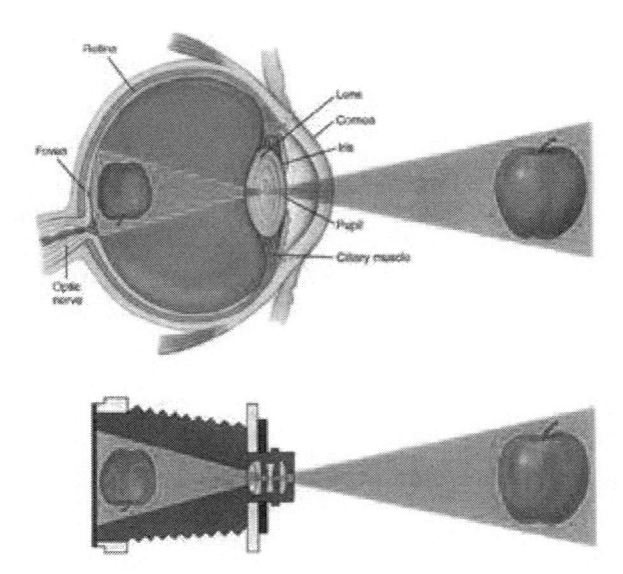

Fonte: http://blogcientificodefisica.blogspot.com/2011/11/lentes-esfericas.html. Acesso em: 15 set. 2020.

A forma dos olhos dos vertebrados apresenta uma lente de forma adequada para que os feixes de luz refratados cheguem a uma maior área da retina, a qual possui um formato côncavo. Algumas formas de olhos apresentam um conjunto de lentes de tamanhos diferentes alinhadas em série, como é o caso dos copépodes (ordem de crustáceos) pontella.

O arranjo das células fotorreceptoras no interior do olho adapta-se à forma do olho, como mostra a figura a seguir.

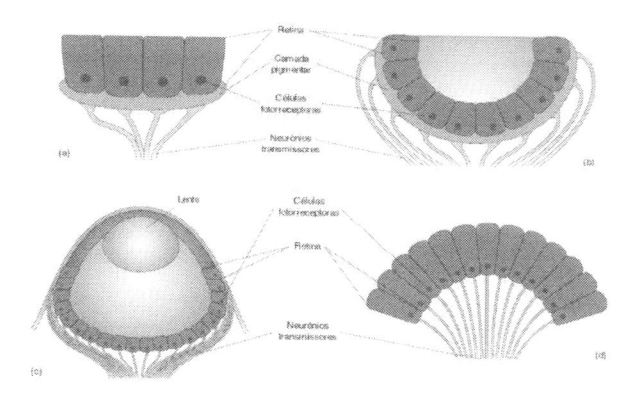

Fonte: DURAN, José Enrique Rodas. Biofísica: conceitos e aplicações. 2. ed. São Paulo: Pearson Prentice Hall, 2011.

Os olhos dos artrópodes e de alguns moluscos são denominados olhos compostos, por serem órgãos constituídos por um grande número de omatídios, pequenas facetas receptoras da luz que possuem lente e cone cristalino.

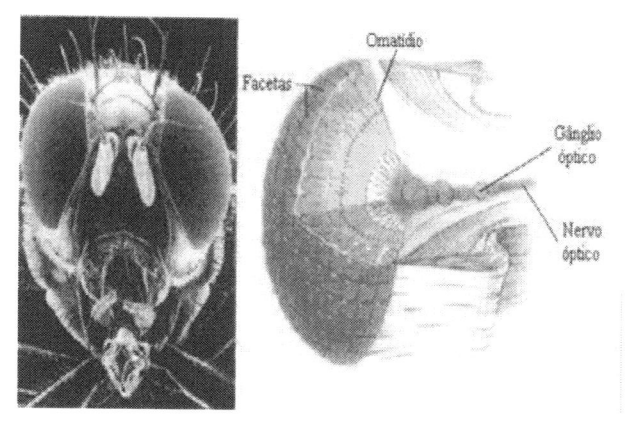

Fonte: https://www.sobiologia.com.br/conteudos/Reinos3/bioartropodes2.php. Acesso em: 15 ago. 2020.

Ao incidir na córnea, a luz a atravessa, ou seja, passa pelo cone cristalino e é focalizada sobre a extremidade do rabdoma. O conjunto córnea + cone cristalino é denominado dispositivo dióptrico do olho. Quando o olho composto é de aposição (por exemplo, o olho de uma abelha), os rabdômeros apresentam-se em formato compacto, bem como a camada de células da retínula, como mostra a figura ao lado. Nos olhos compostos de superposição neural (por exemplo, o olho de uma mosca), a disposição dos pigmentos é semelhante aos olhos de aposição, porém os rabdômeros não são contínuos.

3- O olho humano

O olho humano, apresenta externamente as seguintes estruturas: pupila, córnea, pálpebra, esclera, músculos extrínsecos e nervo óptico.

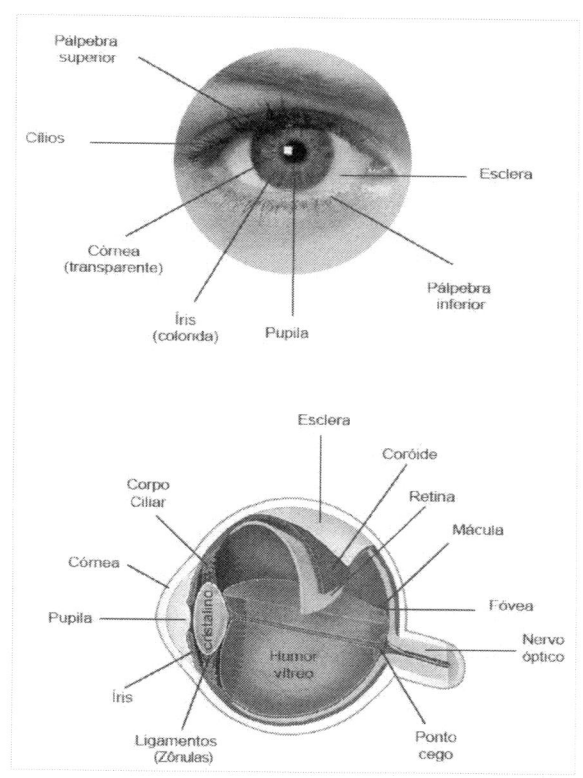

Figura 1.1

Fonte: https://www.optivista.com.br/pt/olho-humano/. Acesso em: 15 ago. 2020.

A maior parte da refração da luz incidente acontece na córnea. A espessura e forma do cristalino podem ser ligeiramente alteradas pela ação do músculo ciliar. A retina recobre a superfície posterior do globo ocular e contém uma estrutura sensível, na qual encontramos, aproximadamente, 125 milhões de receptores: os cones e bastonetes. Estes são células que recebem o estímulo luminoso e o transformam em um potencial receptor, que excita as células ganglionares fazendo com que elas disparem potenciais de ação por suas fibras aferentes que constituem o nervo óptico.

A pupila é a parte do olho que regula a quantidade de luz que incide no olho. A figura a seguir mostra como a variação do brilho muda em função do diâmetro da pupila.

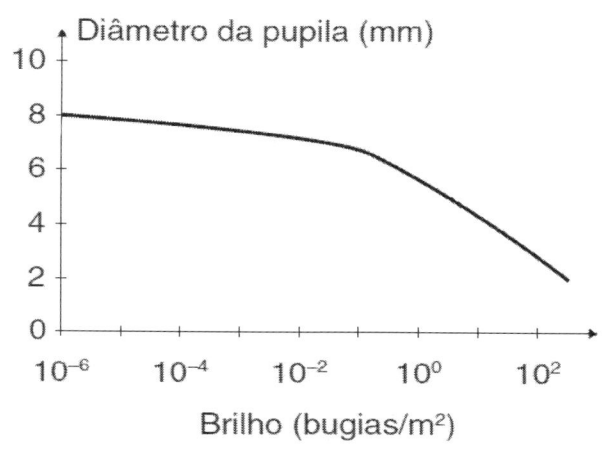

Fonte: DURAN, José Enrique Rodas. Biofísica: conceitos e aplicações. 2. ed. São Paulo: Pearson Prentice Hall, 2011.

Vejamos a forma e alguns componentes da célula bastonete:

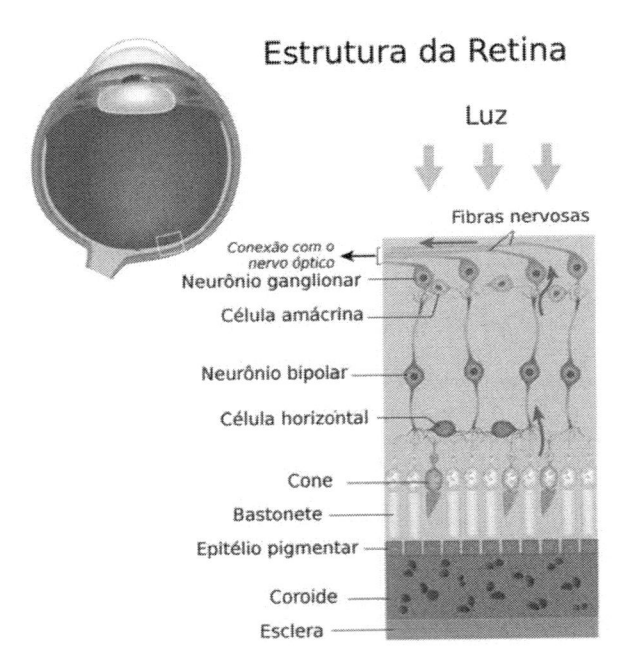

Estrutura da Retina

Fonte: https://www.infoescola.com/visao/retina/. Acesso em: 15 ago. 2020.

Alguns espécimes podem enxergar com pouca luminosidade, porque seus olhos percebem cada raio de luz duas vezes. Como mostra a figura a seguir, a luz incide nos bastonetes (A) e, em seguida, reflete como em um espelho no fundo do olho (B) e sensibiliza novamente os bastonetes; esse espelho é denominado tapete.

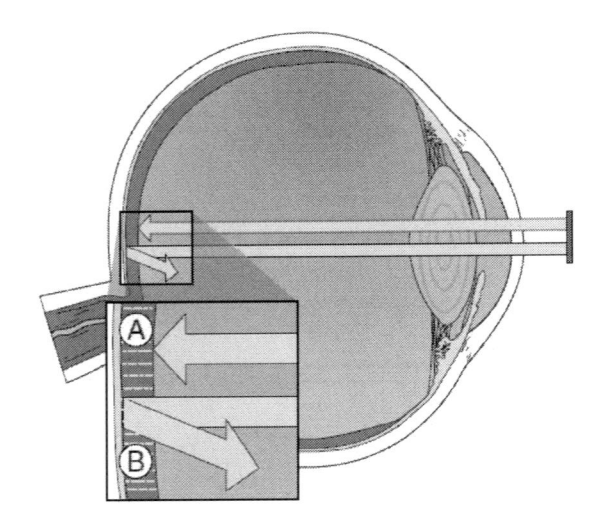

Fonte: DURAN, José Enrique Rodas. Biofísica: conceitos e aplicações. 2. ed. São Paulo: Pearson Prentice Hall, 2011.

Os cones no olho humano (cones S, M, L) têm receptividade máxima em três faixas de comprimento de onda. A visão tetracromática em virtude dos quatro tipos de pigmentos presentes na retina de aves e répteis está mostrada no espectro de absorvência. As curvas de absorção luminosa dos fotorreceptores dos olhos compostos de vários himenópteros que visitam flores. Observe as figuras:

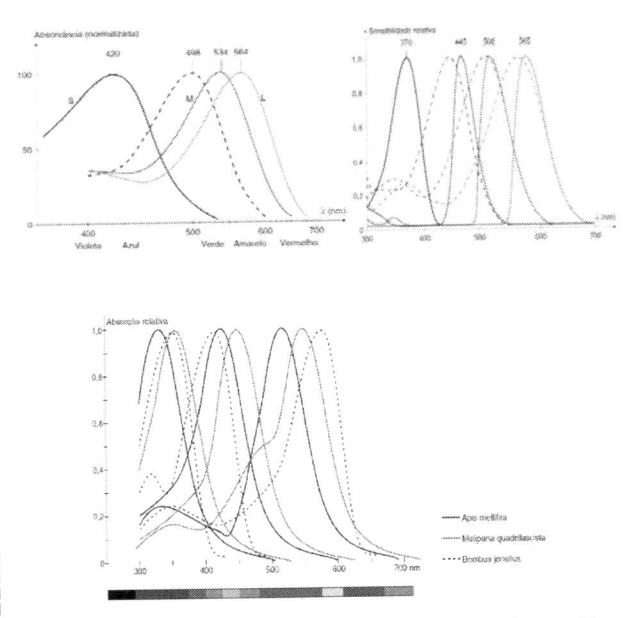

Fonte: DURAN, José Enrique Rodas. Biofísica: conceitos e aplicações. 2. ed. São Paulo: Pearson Prentice Hall, 2011.

4- Defeitos visuais do olho humano

Os defeitos visuais em grande número de casos estão relacionados aos problemas de focalização. Um olho normal pode focalizar nitidamente objetos localizados as distâncias que vão desde o infinito até aproximadamente 15cm a sua frente. Isso é resultado da ação conjunta do cristalino e do músculo ciliar. Se o músculo ciliar não é contraído, está focalizando um objeto distante do olho; por outro lado, se for contraído, está focalizando um objeto próximo do olho e o cristalino tende a uma forma esférica. Esse processo de arranjo dessas componentes do olho é denominado acomodação visual.

Vários defeitos de visão se devem à desarmonia entre o sistema óptico do olho e seu comprimento axial, ou seja, há uma relação incorreta entre os diversos elementos que constituem o globo ocular. O olho normal ou emétrope, quando está em repouso, forma na retina a imagem de objetos situados no infinito. O olho amétrope é aquele cujo ponto remoto não está situado no infinito e dá origem a dois tipos de defeitos visuais:

- Miopia (ou braquiometropia);
- Hipermetropia.

O astigmatismo é a dificuldade de enxergar de perto e de longe, como se fosse a soma da miopia e hipermetropia.

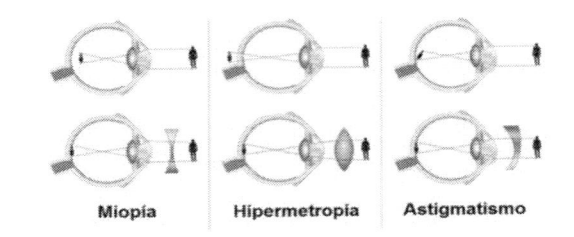

Miopia   **Hipermetropia**   **Astigmatismo**

Fonte: https://hospitaldeolhospantanal.com.br/entenda-a-diferenca-entre-miopia-astigmatismo-e-hipermetropia/.

Retomando a aula

Chegamos, assim, ao final de nossa aula. Espera-se que agora tenha ficado mais claro o entendimento de vocês sobre Biofísica da Visão. Vamos recordar alguns pontos importantes que foram discutidos?

Nesta aula, vimos que a visão dos espécimes vivos acontece através dos olhos, cujo funcionamento é uma resposta à ação da luz. O termo luz é utilizado para designar a radiação eletromagnética na faixa de luz visível e um pouco fora dessa faixa.

O acionamento de sentido da visão inicia-se nos olhos; é a incidência de luz nos olhos que fornece a energia necessária para que células especializadas, localizadas em sua estrutura, sejam excitadas. O potencial receptor resultante do estímulo luminoso gera potenciais de ação que são conduzidos pelas células nervosas até o cérebro, onde é interpretada a mensagem do estímulo. Algumas espécies possuem olhos compostos, como, por exemplo, as moscas.

O olho humano, apresenta externamente as seguintes estruturas: pupila, córnea, pálpebra, esclera, músculos extrínsecos e nervo óptico.

Vimos também que os defeitos visuais em grande número de casos estão relacionados aos problemas de focalização. Um olho normal pode focalizar nitidamente objetos localizados a distâncias que vão desde o infinito até aproximadamente 15cm a sua frente. Isso é resultado da ação conjunta do cristalino e do músculo ciliar. Alguns dos defeitos da visão são: Miopia, hipermetropia e Astgmatismo.

Vale a pena

Vale a pena ler,

BAUER, Wolfgang. *Física para Universitários*: relatividade, oscilações, ondas e calor. v. 2. Porto Alegre: AMGH, 2013.

DURAN, José Enrique Rodas. *Biofísica*: conceitos e aplicações. 2. ed. São Paulo: Pearson Prentice Hall, 2011.

HALLIDAY, D.; RESNICK, R.; WALKER, J. *Fundamentos da física*. Óptica 4 ed. Rio de Janeiro: LTC, 2000. Vol. 4.

MÁXIMO, Antônio; ALVARENGA, Beatriz. *Curso de Física*. São Paulo: Scipione, 2000.

TIPLER, Paul Allan; MOSCA, Gene. *Física para cientistas e engenheiros*: mecânica, oscilações e ondas, termodinâmica; tradução Fernando Ribeiro da Silva, Gisele Maria Ribeiro Vieira. v. 2. Rio de Janeiro: LTC, 2006.

Vale a pena acessar,

Ensino de Física On-Line. Disponível em: http://efisica.if.usp.br/. Acesso em: 01/05/2017.

Notas de Aulas de Física - Disponível em: http://www.fisica.ufpb.br/~romero/port/notas_de_aula.htm. Acesso em: 01/05/2017.

Física Universitária – Óptica. Disponível em: https://www.youtube.com/playlist?list=PL1Dg4Oxxk_RL2fV9pwNUHtZTul6S6iRLq Acesso em: 26/07/2020.

Biofísica e Física Médica. Disponível em: https://portal.ifi.unicamp.br/pesquisa/temas-de-pesquisa/biofisica-e-fisica-medica. Acesso em: 01/07/2020.

Biofísica da Visão. Disponível em: https://www.fcav.unesp.br/Home/departamentos/morfologia/ELISABETHCRISCUOLOURBINATI/materialdidatico/aula-7-visao-vet-2019.pdf. Acesso em: 01/08/2020.

Minhas anotações

Minhas anotações

Aula 8°

Biomagtetismo

> Nesta aula, iremos estudar os efeitos do eletromagnetismo nos seres vivos e como o campo magnético da Terra rege e influencia o comportamento de muitos espécimes. Vamos estudar as energias envolvidas nas ondas eletromagnéticas e definir como essas energias interagem com os seres vivos. Para tanto, primeiramente, ver quais são os objetivos e as seções de estudo que serão desenvolvidas nesta aula. Bom trabalho!
>
> — Bons estudos!

Objetivos de aprendizagem

Ao término desta aula, vocês serão capazes de:

- compreender a grande importância dos efeitos magnéticos (campos e forças) na vida e no comportamento de uma grande variedade de espécimes do reino animal;
- entender como o campo magnético da terra rege e influencia o comportamento de muitos espécimes;
- explicar o funcionamento de sistemas magnetossensoriais a partir das observações experimentais no comportamento de diversos espécimes do reino animal;
- compreender a origem do magnetotactismo observado em espécimes que possuem sensores ou materiais magnéticos especializados;
- quantificar a energia associada às ondas eletromagnéticas e entender a importância na biofísica das denominadas radiações eletromagnéticas ionizantes e não ionizantes.

Seções de estudo

1- Introdução
2- Magnetobioloiga
3- Biomagnetismo
4- Energia e ondas eletromagnéticas e o efeito nos seres vivos

1- Introdução

Prezados(as) alunos(as), vamos começar nossos estudos sobre o Biomagtetismo. Muitos dos efeitos físico-biológicos em organismos vivos que experimentam a ação de diversas forças têm sua origem nas características físicas naturais de nosso planeta. Esses efeitos, também conhecidos como forças geofísicas, têm como fontes principais:

- A radiação eletromagnética natural, cuja principal fonte é o Sol.
- O campo magnético da Terra.
- Os campos elétricos na atmosfera.
- A pressão exercida pelo ar e/ou água de nosso planeta.
- O campo gravitacional da Terra, combinado com os campos gravitacionais do Sol e da Lua.

É possível detectar nos corpos magnéticos – que denominaremos magnetos – a presença de polos magnéticos norte (N) e sul (S), localizados em extremos opostos do magneto. Quando ocorre a aproximação de dois magnetos, duas reações podem ser percebidas:

- se polos iguais estão frente a frente (N-N ou S-S), os magnetos se repelem;
- se polos diferentes (N-S) estão frente a frente, os magnetos se atraem.

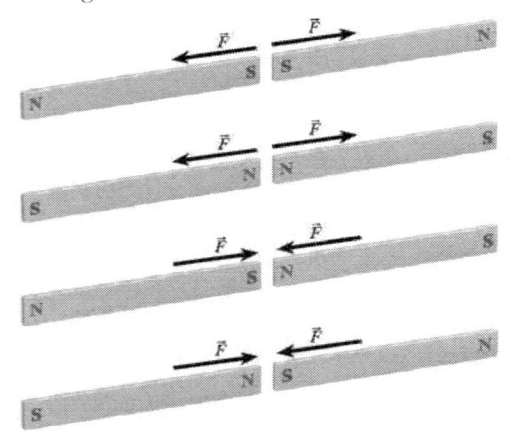

Fonte: https://grupoa.com.br/livros/fisica/fisica-parauniversitarios/9788580551594. Acesso em: 27 set. 2020.

Os polos N e S de um magneto não são independentes um do outro. O campo magnético B caracteriza o espaço em torno de um magneto permanente ou de um corpo magnetizado; ou, ainda, de um elemento que conduz uma corrente elétrica. B é uma quantidade vetorial. Normalmente, sua direção é determinada com compassos magnéticos.

As observações experimentais feitas por Oersted levaram a outro tipo de fonte geradora de campos magnéticos quando se tem uma corrente elétrica ao longo de um fio condutor. Medidas com compasso magnético mostraram que as linhas do campo magnético nas vizinhanças do fio condutor de corrente são circunferências concêntricas localizadas em planos perpendiculares ao fio. A figura a seguir, mostra também as linhas do campo magnético gerado por uma corrente elétrica que flui por uma espira metálica. Assim, a configuração das linhas do campo será semelhante à configuração das linhas de um dipolo magnético.

No início da década de 1830, Michel Faraday e Joseph Henry descobriram, independentemente, que um campo magnético variável pode induzir uma corrente em um condutor (HALLIDAY; RESNICK, 2000). As tensões e correntes causadas por campos magnéticos variáveis são denominadas tensões induzidas e correntes induzidas. O fenômeno é conhecido como indução magnética. Um campo magnético variável pode ser produzido por uma corrente variável ou por um ímã em movimento. As extremidades de uma bobina são ligadas a um galvanômetro (aparelho usado para medir corrente elétrica) e um ímã permanente é movimentado perpendicularmente nas vizinhanças da bobina.

A deflexão do ponteiro do galvanômetro mostra que existe uma tensão induzida no circuito bobina-galvanômetro, conforme mostra a figura. Uma corrente também é induzida quando uma bobina é movimentada nas proximidades de um ímã permanente ou quando se faz girar uma bobina submetida a um campo magnético fixo. Uma bobina girando em um campo magnético é o elemento básico do gerador, um dispositivo que transforma energia mecânica em energia elétrica.

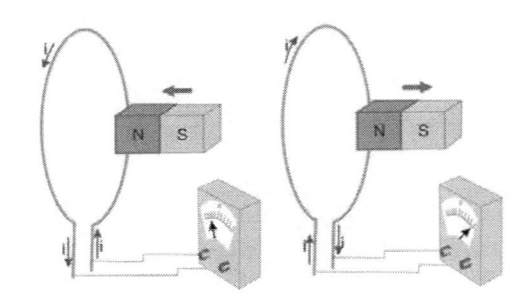

Fonte: http://educacao.globo.com/fisica/assunto/eletromagnetismo/inducao.html. Acesso em: 27 set. 2020.

O geomagnetismo estuda a ação da força geofísica cuja origem é o campo magnético da Terra, que origina uma diversidade de efeitos em espécimes vivos. Algumas propriedades físicas do campo geomagnético podem ser determinadas a partir de sua semelhança com as linhas do campo magnético geradas por um dipolo magnético ou de uma barra magnética. A posição na Terra dos polos norte e sul do campo geomagnético é oposta à dos polos norte e sul geográficos. Na realidade, o magnetismo terrestre não é estático, pois muda muito lentamente com o tempo. Como mostra a figura abaixo, a atual direção do eixo do magneto não coincide com a direção do eixo de rotação da Terra.

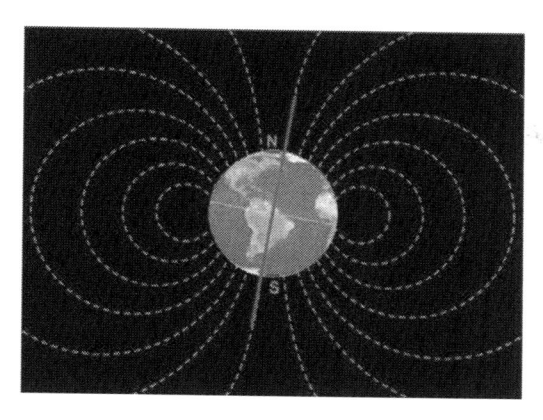

Fonte: https://grupoa.com.br/livros/fisica/fisica-para-universitarios/9788580551594. Acesso em: 27 set. 2020.

Sobre a superfície da Terra, denomina-se meridiano toda linha que une o NG com o SG. Definindo-se um meridiano inicial, podemos determinar a posição de outro, dando o *ângulo diedro* (longitude) formado pelo plano do meridional buscado e o plano denominado inicial. A latitude é utilizada para distinguir pontos diferentes sobre um mesmo meridiano e é definida como o ângulo formado pela linha de um prumo traçado desde o ponto dado sobre a superfície terrestre em relação ao plano do equador. Tanto a determinação da latitude quanto o estabelecimento da direção do meridiano estão intimamente vinculados ao movimento das estrelas. Denominamos paralelo a linha que une os pontos com igual latitude. Assim, meridianos e paralelos definem o sistema de coordenadas geográficas, e cada ponto sobre a superfície terrestre possui uma longitude e uma latitude bem determinadas.

As observações experimentais da influência do campo geomagnético na orientação dos espécimes sensíveis a esses campos sugerem pelo menos três modelos para explicar a detecção de um campo magnético. Eles são fundamentados:

- em reações químicas que são moduladas por campos magnéticos e envolvem receptores de luz (fotorreceptores);
- no fenômeno de indução eletromagnética;
- na presença de partículas magnéticas (magnetos permanentes de magnetita).

2- Magnetobioloiga

A magnetobiologia tenta explicar a origem físico-biológica dos efeitos dos campos magnéticos sobre organismos vivos, observando como o comportamento dos animais é influenciado pelos campos magnéticos. O processo geral da formação de minerais em organismos vivos pode ser em virtude de um alto nível de controle bioquímico pelo organismo ou por um processo biologicamente induzido. A formação da magnetita em organismos vivos é o exemplo mais claro da formação de minerais com controle bioquímico em uma matriz orgânica.

Pode-se afirmar que a magnetita é um composto mineral que se forma sob um estrito controle bioquímico. Sua propriedade ferrimagnética é a principal característica que fornece informações de interesse no biomagnetismo. A função da magnetita biogênica está compreendida em uma classe de moluscos que fortalecem a maior parte lateral de seus dentes com esse mineral. Graças aos torques magnéticos, o efeito orientador da interação da magnetita com o campo geomagnético tem sido observado em bactérias e algas magnetotácticas.

As bactérias denominadas bactérias magnetotácticas apresentam um tipo de tactismo denominado magnetotaxia ou magnetotactismo. A magnetotaxia é um mecanismo de resposta de alguns espécimes ao campo geomagnético associada à existência de sensores ou materiais magnéticos nesses espécimes; esses sensores interagem com campos magnéticos de intensidade variável. Nas bactérias magnetotácticas, a formação da magnetita acontece por meio do controle de uma matriz sobre o processo de biomineralização.

As bactérias e as algas magnetotácticas apresentam resposta passiva a um campo magnético e não dependem de nenhuma função vital de seu organismo para isso. As bactérias magnetotácticas apresentam cadeias de 10 a 20 cubos de magnetita pura, cujas dimensões estão entre 400 Å a 1.000 Å. Essa cadeia, localizada no interior da bactéria, funciona como uma microscópica agulha magnetizada, e cada um desses cubos é um domínio único ferrimagnético ou monodomínio magnético com momento dipolo $m = 1,3 \times 10^{-15}$ A·m²

A orientação das bactérias magnetotácticas na água à temperatura ambiente é determinada pela competição entre o torque exercido pelo campo geomagnético sobre o momento dipolo da bactéria e as forças aleatórias resultantes do movimento térmico das moléculas da água. As figuras mostram o efeito para bactérias que rumam para o norte (BRN) e para as que rumam para o sul (BRS).

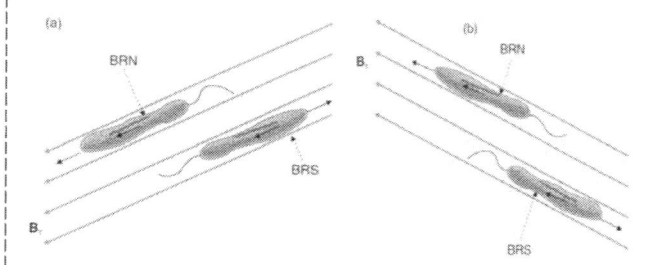

Fonte: DURAN, José Enrique Rodas. Biofísica: conceitos e aplicações. 2. ed. São Paulo: Pearson Prentice Hall, 2011.

3- Biomagnetismo

É o estudo das origens e dos efeitos biológicos dos campos magnéticos nos sistemas vivos.

A determinação do campo magnético associado às correntes celulares é feita a partir da relação conhecida entre o potencial transmembranar e o fluxo de corrente na biomembrana e nos fluidos celulares. O campo magnético gerado por cada uma dessas correntes é calculado utilizando-se o modelo:

- resultante da aplicação das leis de Ampère ou de Biot-Savart;
- analítico de um volume condutor.

Os campos biomagnéticos gerados pelas correntes iônicas em diferentes partes do corpo humano têm intensidades bastante diferentes entre si. Em ordem decrescente de intensidade, podemos mencionar:

- o campo resultante da atividade do miocárdio no coração tem intensidade um pouco maior que 10^{-10} T (Tesla) e dá origem ao magnetocardiograma (MCG);
- o campo resultante da atividade dos músculos do esqueleto tem intensidade um pouco menor que 10^{-10} T e dá origem ao magnetomiograma (MMG).

O campo gerado pelo coração fetal tem intensidade um pouco maior que 10^{-11} T e dá origem à magnetocardiografia fetal (FMCG). O campo resultante do estímulo externo de um olho tem intensidade um pouco menor que 10^{-11} T e dá origem ao magneto-oculograma (MOG) e ao magnetorretinograma (MRG).

O campo decorrente da atividade espontânea do cérebro de um humano acordado é denominado ritmo-alfa e se manifesta na parte posterior da cabeça; sua intensidade é da ordem de 10^{-12} T. O campo que se deve aos sinais neuromagnéticos do cérebro tem intensidades entre 10^{-12} T até 10^{-13} T e dá origem ao magnetoencefalograma (MEG).

A figura a seguir mostra, em uma escala de intensidade de campo magnético, os correspondentes a alguns valores de campos biomagnéticos.

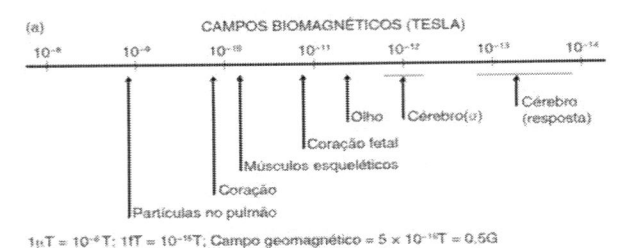

Fonte: DURAN, José Enrique Rodas. Biofísica: conceitos e aplicações. 2. ed. São Paulo: Pearson Prentice Hall, 2011.

A figura a seguir mostra o local de origem desses campos no corpo humano:

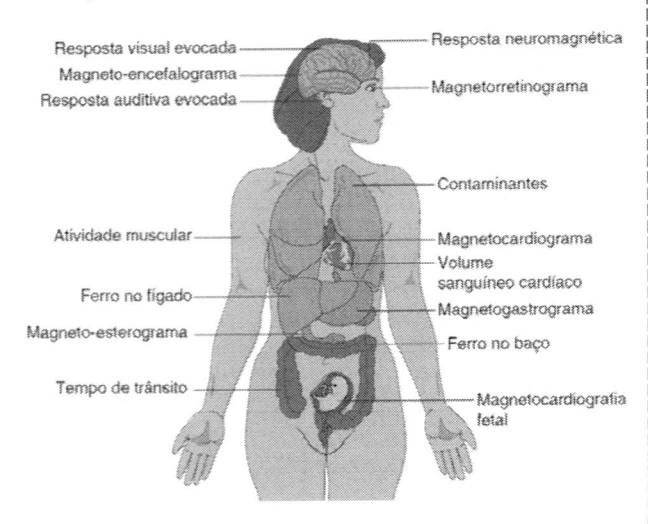

Fonte: DURAN, José Enrique Rodas. Biofísica: conceitos e aplicações.

4 - Energia e ondas eletromagnéticas e o efeito nos seres vivos

A próxima figura mostra o espectro eletromagnético, que está constituído por duas partes principais; uma envolve as radiações eletromagnéticas não ionizantes e outra, as ionizantes. A interação das OEMs com a matéria é dependente da frequência da onda. Ondas de rádio não conseguem atravessar superfícies metálicas; já os raios X e gama conseguem isso com facilidade. A grande variedade de interação das OEMs com a matéria faz com que essas radiações tenham um uso extraordinário.

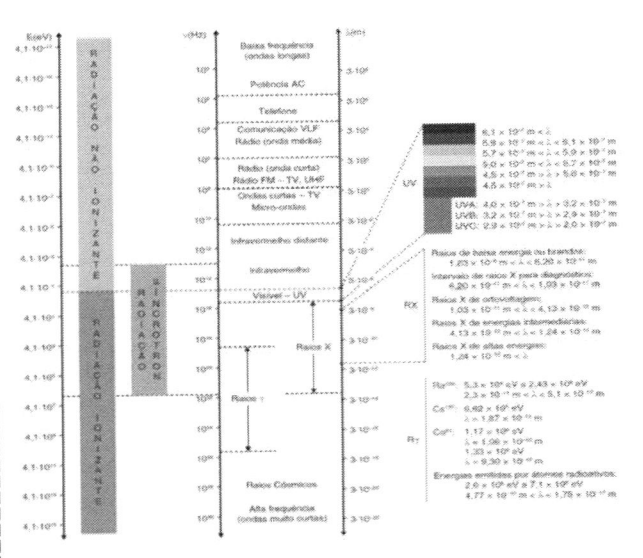

Fonte: DURAN, José Enrique Rodas. Biofísica: conceitos e aplicações. 2. ed. São Paulo: Pearson Prentice Hall, 2011.

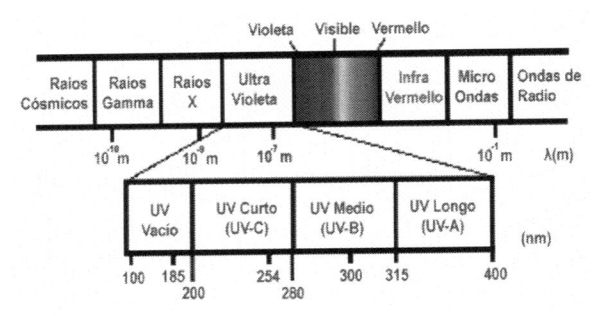

Fonte: http://www.if.ufrgs.br/tex/fis01043/20022/Carla/espectro.htm. Acesso em: 27 set. 2020.

Estudos dos bioefeitos das REM-NI em espécimes vivos mostraram que essas radiações têm diversas influências, como:

- **Cardiovasculares**: produzindo alteração do ritmo cardíaco.
- **Endocrínicos**: produzindo mudanças histológicas na glândula tireoide.
- **Imunológicos**: produzindo mudanças transientes e inconsistentes na integridade funcional do sistema de defesa imunológico.

Alguns efeitos biológicos das radiações eletromagnéticas não ionizantes.

Teratogênicos: quando são aplicados campos intensos, estes estão associados, com certo grau de confiança, à indução de teratogêneses.

Neurológicos: por causa da ação das correntes contínuas (DC) fraca no crescimento de neurônios.

Comportamentais: quando a exposição prolongada a certos campos eletromagnéticos pode incrementar a incidência da depressão.

Nas células: produzindo alterações na permeabilidade dos elementos eletropositivos plasmáticos; diminuição dos eritrócitos; alteração do metabolismo energético; alteração na razão de crescimento dos micro-organismos; liberação de íons Ca^{++} de células in vitro; orientação de neurites; incremento da reprodução; alteração da permeabilidade da biomembrana; fusão celular; diminuição celular etc.

Os efeitos biológicos da radiação ionizante em amostras biológicas ou em espécimes vivos podem ser divididos em diretos ou indiretos:

- **Efeitos biológicos diretos**

São as mudanças que aparecem como resultado da absorção da energia irradiada pelas moléculas que estão sendo estudadas (alvos).

- **Efeitos indiretos**

São as mudanças das moléculas em uma solução, em virtude dos produtos da radiólise da água ou outra solução, e não pela absorção de energia pelas moléculas em estudo.

Retomando a aula

Chegamos, assim, ao final de nossa aula. Espera-se que agora tenha ficado mais claro o entendimento de vocês sobre Biomagtetismo. Vamos recordar alguns pontos importantes que foram discutidos?

Nesta aula, vimos os efeitos do campo magnético terrestre nos seres vivos, desde sua orientação e comportamento até efeitos psicológicos nos seres humanos.

Vimos que a magnetobiologia tenta explicar a origem físico-biológica dos efeitos dos campos magnéticos sobre organismos vivos, observando como o comportamento dos animais é influenciado pelos campos magnéticos.

Aprendemos que o biomagnetismos é o estudo das origens e dos efeitos biológicos dos campos magnéticos nos sistemas vivos.

Entendemos os efeitos das radiações ionizantes e não ionizantes no comportamento das células e que as ondas eletromagnéticas transportam energia suficiente para causar danos em tais células.

Vale a pena

Vale a pena ler,

BAUER, Wolfgang. *Física para universitários*: Eletricidade e Magnetismo. v. 3. Porto Alegre: AMGH, 2013.

DURAN, José Enrique Rodas. *Biofísica*: conceitos e aplicações. 2. ed. São Paulo: Pearson Prentice Hall, 2011.

GREF. Grupo de Reelaboração do Ensino de Física. Eletromagnetismo. São Paulo: Editora Edusp, 1998.

HALLIDAY, D.; RESNICK, R.; WALKER, J. *Fundamentos da física 3*. 4. ed. v. 2. Rio de Janeiro: LTC, 2000.

OKUNO, E. *Física das Radiações*. São Paulo: Oficina de Textos, 2010.

TIPLER, Paul Allan; MOSCA, Gene. *Física para cientistas e engenheiros*: eletricidade, magnetismo e óptica. Tradução Fernando Ribeiro da Silva, Gisele Maria Ribeiro Vieira. v. 1. Rio de Janeiro: LTC, 2006.

YANG, Hugh D. *Física 3*. 12. ed. São Paulo: Addison Wesley, 2008.

Vale a pena acessar,

Ensino de Física On-Line. Disponível em: http://efisica.if.usp.br/. Acesso em: 01/05/2017.

Notas de Aulas de Física. Disponível em: http://www.fisica.ufpb.br/~romero/port/notas_de_aula.htm. Acesso em: 01/05/2017.

Física Universitária – Eletromagnetismo. Disponível em: https://www.youtube.com/playlist?list=PL1Dg4Oxxk_RL2fV9pwNUHtZTul6S6iRLq. Acesso em: 26/07/2020.

Biofísica e Física Médica. Disponível em: https://portal.ifi.unicamp.br/pesquisa/temas-de-pesquisa/biofisica-e-fisica-medica. Acesso em: 01/07/2020.

Biofísica. Disponível em: https://www1.univap.br/spilling/BIOF/BIOF_05_Luz%20como%20uma%20onda.pdf. Acesso em: 01/08/2020.

Referências

BAUER, Wolfgang. *Física para universitários*: Eletricidade e Magnetismo. v. 3. Porto Alegre: AMGH, 2013.

DURAN, José Enrique Rodas. *Biofísica*: conceitos e aplicações. 2. ed. São Paulo: Pearson Prentice Hall, 2011.

GREF - Grupo de Reelaboração do Ensino de Física.

Eletromagnetismo. São Paulo: Editora Edusp, 1998.

GUYTON, Arthur C.; HALL, John E. *Tratado de fisiologia médica*. 9. ed. Rio de Janeiro: Guanabara Koogan; Rio de Janeiro: Elsevier, 2006.

HALLIDAY, D.; RESNICK, R.; WALKER, J. *Fundamentos da física 3*. 4. ed. v. 2. Rio de Janeiro: LTC, 2000.

MÁXIMO, Antônio; ALVARENGA, Beatriz. *Curso de Física*. São Paulo: Scipione, 2000.

OKUNO, E. *Física das Radiações*. São Paulo: Oficina de Textos, 2010.

SILVERTHORN, Dee Unglaub; JOHNSON, Bruce R. *Fisiologia humana: uma abordagem integrada*. 5. ed. Porto Alegre: Artmed, 2011.

TIPLER, Paul Allan; MOSCA, Gene. *Física para cientistas e engenheiros*: eletricidade, magnetismo e óptica. Tradução Fernando Ribeiro da Silva, Gisele Maria Ribeiro Vieira. v. 1. Rio de Janeiro: LTC, 2006.

YANG, Hugh D. *Física 3*. 12. ed. São Paulo: Addison Wesley, 2008.

Minhas anotações

Printed in Great Britain
by Amazon